启笛

创新思维老

Ulrich Bröckling

后英雄时代
一幅时代画卷

［德］乌尔里希·布吕克林 著

张文奕 译

Postheroische

Helden

Ein Zeitbild

歌德学院（中国）
翻译资助计划

北京大学出版社
PEKING UNIVERSITY PRESS

目 录

导言

英雄与后英雄：对立共存

　　一篇关于英雄，也包括后英雄之英雄的社会学文章，需要自陈其意义所在。如果这篇文章是为诊疗时代症候（Gegenwartsdiagnostisch）而作的，就更应如此。我们通常会把英雄与勇武好斗，甚至带有悲剧性的人物联系起来，他们做出超越常人的举动，对抗强大的敌人，抵御灾难，在逆境之中砥砺突破，为了正义的事业而置自身于危难之中；他们漠视规矩和老套的繁文缛节，并因此受到尊敬和钦佩。一份包含上述内容的文献，与其说是社会学的时代图卷，倒不如说是浪漫故事、军事檄文、教谕文学或大众神话的图卷——社会学处理起英雄化的问题来终归不易。因为它感兴趣的是小人物，而非伟人；更注意频率分布，而非奇点；它关注社会秩序，而非那些不同寻常的事件。男英雄或女英雄是否必须存在？对此必要性的疑虑丝毫不亚于对英雄生成机制本身的质疑。社会学将英雄主义作为意识形态来怀疑，将其归为那个前现代的、等级僵化的世界里无可救药的过时遗存。不论从哪个角度来看，它对理解当下帮助都有限。

面对时代症候，不仅要找到正确的答案，更要提出正确的问题。毋庸置疑，为了描述当代社会，比起考察英雄形象的危机和变迁，有更好的研究路径。就算是对英雄特质的问题化处理也不一定总能达到批判的效果：我们常常打着去魅的旗号，却在无形中继续着英雄所表征的那个等级世界观。从这个意义上讲，尤尔根·哈贝马斯（Jürgen Habermas）的"每当'英雄'备受推崇时，我都会问这样的问题，谁需要英雄以及为什么需要英雄"[1] 1 这一评注应一并引申至社会学研究中来。这一问题意识同样可以被用来质问当下，即"我们生活在后英雄时代"这一命题。这一时代诊断容易助长一种错觉，即一种令人满意的、扁平化的后现代社会不需要英雄，也无须创造英雄。概因后英雄社会视个体之"伟大"为谵妄，要以谈判沟通来解决矛盾冲突，既不愿意也不能够做出志愿牺牲的行为。因此，在后英雄时代，我们同样需要问：谁需要英雄，以及为什么需要？

不管是英雄叙述还是其后英雄转向都充斥着政治渗透，我们有必要对其意图和效用质问，与此同时，也可以借此来获得解锁当下的力量：这些英雄和后英雄叙事可被视作范例，展现社会制度对其成员的期待，以及这一制度如何取信于人，它以哪种价值观念、行为准则和情感机制来约束人们，它准许或褫夺什么样的主体性，又让哪些想

---

[1]　译文引自 [德] 尤尔根·哈贝马斯：《分裂的西方》，郁喆隽译，上海译文出版社，2009。原文为瓦萨学院（Vassar College）的哲学教师吉瓦那·博拉多利（Giovanna Borradori）于 2001 年 12 月对哈贝马斯进行访谈的记录。全书脚注均为译者注。

象成为可能。此外，本书还探讨规范化的愿景和层级制度，评估一致性和差异性、主体诉求和公共诉求、个人在高度复杂的机械化运转社会中所处的位置、领导范式、自我牺牲精神，以及由之而来的面对死亡的态度问题，也评估性别角色或宗教纽带的重要性。谁需要英雄人物，为什么需要；谁又否定这种需求，为什么否定，这些问题都涉及对危机的认识和对常规化的期许。

上述话题充满争议，所以截至目前，人们尚未就英雄主义的价值定位达成共识。笔者接下来的思考，其出发点来自一个充满矛盾的观察：一方面，自 1980 年代以来，"后英雄"这一定语在不同的语境中大量出现，人们宣称其能够被用来进行时代诊疗；另一方面，也是在这样的社会中，几乎每天都有新的男性或女性英雄被召唤出来，或者是经典的英雄剧目被再次搬上前台。唱衰和鼓吹英雄气概的声音并驾齐驱。随着传统的"英雄阵地"逐渐褪色，此前从未出现过英雄的领域里繁衍出了全新的英雄。英雄主义叙事的号召力可能减退了，但其娱乐价值似乎并未被动摇。那些现实中我们不忍再见的被缚的榜样，被我们在想象的世界里更加狂热地追寻。

有关未来战争的政治和军事科学论述首先察觉并指出了后英雄时代的来临。据其论点，西方社会不再能够动员大规模的牺牲，也不再能接受自己的军队遭受长时间的巨额损失。这促使他们利用高科技武器系统发动不对称战争，然而，敌手会以殊不畏死的英雄气概来弥补技术上的劣势，这就使得他们更易受到伤害。与此同时，组织和管理理论家们公布了后英雄的领导范式。这些范式告别了计划型政府的乐观主义，也告别了理性管理的"操纵幻觉"，转而青睐一种参与式的领导风格，这种风格旨在提升人们自我控制的潜能，或主张在自我面临的实际选择中，以后英雄的方式去解决问题，而不再是英雄式的。心理学研究则鉴定出了后英雄人格在当代的社会特征，它通过不断适应加速前进的社会变革而获得灵活性。据说，连流行音乐都迈进了"不反文化的反文化主义"[2] 2 的后英雄主义阶段。还有很多其他领域中的佐证可以补充进来。即便形形色色的讨论枝节在很大程度上相互脱节，彼此之间并无密切关联，它们仍然共同凝结成了时代的画卷。

"后英雄"几乎只作为形容词被使用，这一点令人震惊。后英雄可能会在所有领域被提及，但几乎没有任何关于后英雄者或后英雄主义的讨论。与其他带有"后"这一前缀的时代标记一样，这一定语也无法用精确的概念来阐明。有时，它指一种精神气质或举止特征；有时，它指现代化进程中的一个阶段，或一种作战形式。"后英雄"也

---

[2]　在哲学领域，文化主义本身与人类学相关，强调文化背景对个人产生的影响，并在此基础上衍生出了一些支派，如方法论文化主义，指科学研究和理论形成，要以对既往文化成果及它们之间的联系进行的系统性梳理和考察为基础。但文化主义引发了一系列后续复杂问题，如有批评者认为，后现代左派，因受文化主义思想影响，已经演变成纯粹的文化左派，他们不再呼吁废除特权，不再关注经济体制改革，甚至有意忽视阶级对立问题，转而捍卫起城市自由享乐主义的生活方式，这表明他们在实践中忽视了文化主义的"历史哲学使命"。时至今日，其特点变成了拜金、泛道德化，大搞夸张的身份政治等。基于此，社会学领域中的文化主义开始强调，相较于其他社会因素，文化对个人产生的影响被高估了。文化主义的对立面，亦即此处提到的反文化主义，有观点认为其对应于自然主义，但应当指出，除文化外，社会中还有许多其他因素也在发挥着影响力，反文化主义与自然主义之间并不能简单画等号。而即便文化主义在发展过程中出现了种种问题，文化本身无错，"不反文化的反文化主义"即基于此背景而来。

可用来定义一种对治理艺术（Foucault）的理解，这种艺术认识到社会的复杂性，因此抛弃了技术官僚主义治国的傲慢。此外，这一定语也用于描述某些态度和情绪，它们对激情程式（Pathosformel）过敏，对牺牲的呼吁无动于衷，或者拒绝接受毫无保留的身份认同，并且在大多数情况下，对伟人及其事迹崇拜持挖苦讽刺态度。最后，与这类心态相关的物件和文化实践（Kutuelle Praktiken）也被描述为后英雄。

正如谈论后现代并不等同于告别现代一样，标记后英雄时代的意向并不意味着英雄主义导向的终结，而是使其具有了问题性和反身性。将当下诊断为后英雄时代，意味着在语意上指涉那些英雄叙述的断裂并与之划分界限。但是英雄主义号召的凝聚力和动员力绝未枯竭。后英雄主义社会一方面认为英雄形象值得怀疑且已经过时，可另一方面又充分利用着从未间断过的对英雄的饥渴。这种渴求得到了很好的满足。漫画和电脑游戏的世界中满是被重塑和被全新创作出的英雄，超级英雄大片实时打破票房纪录，竞技体育中英雄人才辈出。"9·11"事件中的消防员被称为英雄，气候活动家、吹哨人和政治自由斗士们同样如此。需要注意的是，这种英雄主义不再与职责和效忠联系在一起，新英雄更被刻画出反成规和拒绝顺从的特征。英雄气概表现为勇于表达自我、刚正不阿。英雄气概成了公民勇气。与此同时，被指称为英雄的对象经历了民主化和日常化。最终，就像大卫·鲍伊（David Bowie）承诺过的那样，每个人都可以成为英雄——"哪怕只有一天"，抑或如安迪·沃霍尔（Andy Warhol）所言，在大众传媒时代，每个人都能拥有哪怕只有"十五分钟的名气"。[3]

　　然而，随着民粹主义领袖的崛起，另一种英雄类型卷土重来：他不是一个体现法律权威的父亲形象，而是反法律权威的带头大哥，因为对其人而言，法律不够专断独行。他唤起一个暴力的世界，在这个世界里，只有力量最重要，只有那些缺乏同情心的人能获得机会。他任由追随者们宣泄情绪，而不去关注社会的繁荣稳定。他告诉追随者们对哪些人冷酷残暴可以不受惩处。他将真实与谎言之间的区别置之一旁，唯强调其个人的权力意志 [3]：谁对事实核查不屑一顾，谁就可以肆意捏造事实。这些"民间英雄"进行个人表演，商业巨擘、意见领袖和军阀首脑间相互攀比，挑衅般地展示他们拥有的惊人私产，他们的外表不仅要亮丽炫目，还要表现出一种咄咄逼人的大男子主义，摆出具有男性阳刚之气的姿态，向女性发出唯有他们掌握着生杀予夺大权，是真正的权势人物的讯号，但又绝不仅限于此。无政府主义者也很难将他们推翻下台。他们叫嚣着，满嘴英雄主义伴随着暴力威胁和对弱者的鄙夷，与胸怀坦荡、具有大无畏勇气的平民英雄们（Alltagsheldinnen）形成了鲜明对照。

　　不同英雄模型之间的矛盾，尤其是在英雄与后英雄范式之间的碰撞，勾勒出当代社会的裂隙与冲突。在本篇中，我将探究这些共时的对立面（diesen gegenstrebigen Gleichzeitigkeiten），动态考察当代

---

　　[3]　"权力意志"（Wille zur Macht）是德国哲学家弗里德里希·尼采哲学理论中的关键词。尼采认为，德国哲学家叔本华"唯意志论"（Voluntarismus）中涉及的意志，只是生存和生殖等较低层面的生活意志，而高级的、具有追求性的意志是权力意志。权力意志论把追求权力、要求统治一切事物、征服所有妨碍"自我扩张"的东西的意志看作宇宙的本原。

英雄化与去英雄化之间的话语前沿（die diskursiven Fronten）和混合区域。我将讨论英雄叙事（及相应的消费）中情感（affektiv）、道德感、合法性和号召性的面向，并关注对这些面向具体的相对化处理（Relativierung），批判和消解。因此，我既不附和"我们生活在后英雄社会"这一论断，也不排斥它。相反，我对针对时代症候而作的二阶诊断 [4] 感兴趣。二阶诊断考察那些谈论我们当下的言说。一方面，在许多不同领域，当下被认为具有后英雄的特征。另一方面，英雄的生产在我们所处的当下仍然在全速运转。在这一背景下，有哪些当代特征被聚焦，又有哪些被边缘化了？当代英雄主义回应哪些挑战？"后英雄"这一定语回答的又是哪些问题呢？

风评认为，在诊疗时代症候的过程中，人们易将个别突出事例泛化至普遍情况，有时只依据个人道听途说的轶事作出判断，以致其结论戏剧化地前后矛盾，它忽视新旧事物之间的延续性，优先考虑贴标签，而不重视分析差异。这些论断被认为"有趣，但也有一点不可靠"[4]。对后英雄社会的诊断，将在这里得到批判性的阐释。虽然其本根植于当代诊断之中，但也只是作为一种平行的行动而存在，即这样的诊断或多或少仍然在粗略地使用着同样的标签，这些标签被用来描述迥异的当代现象，它们的效力面和解释力都是不确定的。

---

[4] 此处移用德国著名社会学家尼克拉斯·卢曼（Niklas Luhmann）提出的二阶观察（Beobachtung zweiter Ordnung）概念，二阶诊断即指对诊断者及其诊断结论的再诊断（观察、评估等）。例如，通过分析一阶诊断如何得出结论的过程，查找其盲点，观察出其先验与潜在结构，从而发现诊断者的局限性，得到反身性的认识。

为避免社会学研究容易宽泛的陷阱，我在对英雄的社会形象以及英雄主义的驱动力和影响力进行分析考量时嵌入对时代症候的探求（第一章）。它并不等同于一种英雄主义理论（那将是一项不可能完成的任务），而是一个由异质模块汇聚构成的启发性方法，引导我们深入英雄主义理论的核心层面。接下来的部分涉及英雄崇拜与现代社会之间的矛盾关系，是与其相关的思想史研究。我追溯了从黑格尔（Hegel）到恩岑斯贝格（Enzensberger）之间的范式，进行了反思，同时揭示了后英雄主义对"英雄主义的现代性"[5]的摒弃。通过对阐述后英雄人格的社会心理学篇章进行话语分析（第三章），对后英雄主义管理（第四章）、后英雄主义战争（第五章）和对那些为后英雄主义社会所承认或是在后英雄社会中产生的男女英雄们的类型学（第六章）进行分析，这些分析将研究视野从思想史移开，并聚焦在当下。材料选择方面，除了科学论文和新闻素材，我还利用指南类文献（通常指成功学、心灵鸡汤类书籍）和其他流行文化现象，察明英雄人物形象在当下如何以后英雄之名被进行去中心化改造。它将他们发配至不易引起他人警觉的领域，用庸碌的日常生活圈禁其非凡之处，或者将他们置于待机状态——危机一旦发生，他们便随时可被激活。在后英雄时代，英雄的形象充满矛盾，其首要特征即在于他能够灵活地在"开机"和"关机"这两种模式间来回切换。

英雄化的基本特征之一，是我们无法对它无动于衷。英雄形象以情动的方式蔓延开去。我对此深感疑虑：有太多的情绪，太多的阳刚之气，太多的道德指摘，太多的自我克制，太多的死者崇拜。在结语部分，我尝试让反英雄主义的情动贯穿全书，我将继续利用它们展开一场激进的质问。在这里，倘若我宽泛地借用伊曼纽尔·沃勒斯坦（Immanuel Wallerstein）的一本书名，提出要对英雄主义进行"否思"，[5] 那就最好不要抱有一种廉价期望，认为在摆脱对英雄的渴求，或者更确切地说，在摆脱"英雄相思病"这回事上可以一劳永逸。这本身就是一种英雄主义的巨大幻梦。只要政治或宗教制度仍依赖于献身精神，只要被普世化了的竞争仍在驱动人们不断进行自我提升，并驱使他们参与其中；只要充满无助感的经验仍在滋生关于伟大的幻觉，而

---

[5] 否思（kaputtdenken），译名引自郑莱：《否思社会科学：国家的迷思》，《读书》，1998 年第 5 期；[美] 伊曼纽尔·沃勒斯坦：《否思社会科学——19 世纪范式的局限》，刘琦岩、叶萌芽译，生活·读书·新知三联书店，2008。按照郑莱的说法，沃勒斯坦对 19 世纪社会科学发起了"否思"的挑战，矛头所向是那种视国家为唯一分析单位的社会科学取向。沃勒斯坦指出，传统社会科学分析的国家中心主义取向是一种理论上的化约：它假定存在着一些同质性的空间，而每一空间都构成了一个主要通过诸多平行过程而运行的自律系统。基于这样一种假定，传统社会科学所追问的乃是"什么是社会"这样的问题。然而，沃勒斯坦所倡导的历史社会科学却认为这是一种伪问题，因为在真实世界中并不存在这样一种抽象的独立的社会，相反，存在的只是一种具有特定时空规定性的具体社会……在把这种分析单位变成一个质疑对象的同时，世界体系理论转换传统社会科学"什么是社会"的问式，转而追问"社会存在于何时和何地"或者"社会生活发生于其间的实体存在于何地和何时"。正是在这样一种追问中，社会科学分析单位的问题得到了开放。

译者在此特别提示，"否思"是理解本书作者意图与方法的关键之一。沃勒斯坦的"否思"可被视作对韦伯在《社会科学认识和社会政策认识中的"客观性"》（»Die ›Objektivität‹ sozialwissenschaftlicher und sozialpolitischer Erkenntnis«）一文中提出的该如何看待"理想"与"实在"之间的关系这一问题的回应。举"国家"这一实例，沃勒斯坦试图解决的不仅是理论问题、现实问题，更有方法论问题。对事物进行否思，意味着要将其原有的概念认知打破，从源头和底层重新出发。"否思"是一种破坏性思考，其方向、路径与反思，或再思不同，并因此具有更彻底的颠覆性。

日常规范仍煽动着人们对僭越的渴望——人们就会一直寻觅并找到英雄。英雄是一种标志，他们出现在哪里，人们都会必然想到是那里出了问题。他们又是一种索引，指向社会对个体的要求。即便英雄主义本身及其外在表现看起来与此截然相反，英雄仍然更多地表现为危机出现，而非危机解除的征兆。[7]

对英雄主义的"否思"并不仅限于对其后英雄转义的描摹。相反，它始于拒绝，拒绝将假定的所谓虚假与真实英雄气概进行二元对立区分，而不对后者进行审问。需要讨论的并非英雄行为本身，而是那些支撑英雄主义的框架：毫无疑问，那些挺身而出与强者抗衡，或者为了挽救他人生命而自愿置身于险境之中的人令人尊重、值得钦佩。然而，宣称一些人是英雄，并要求他人效仿这些榜样，就将道德情状变成了规范说教[6]。任何借助英雄榜样的力量来说服他人，要求后者做出壮举、牺牲的人，都将英雄用作实现其自身目的的手段。反之，英雄们被推至遥不可及的位置，以致其行为似乎从源头上就无法被复制，这巩固了一种秩序。在这种秩序里，一些人抬头仰望，而另一些人被他人仰望；一些人的职责就是领导，而另一些人寄望于被领导。英雄模范超义务地承担着履行着自己的分外职责，他们也许能起到鼓舞人心的作用，但不得不提的是，他们主要通过让人良心不安来达到这一效果的。

---

[6]　在平面美术、制图的透视法中，依据人们的视觉经验，凡是平行的直线都消失于无穷远处的同一个点，即消失点（Fluchtpunkt）。

从这个意义上讲，对英雄主义的"否思"意味着把英雄化理解为一种号召手段，在它的影响下，人们受到诱导，抑或有意识地诱导自己做出壮举，承认等级制度，把社会看作一场持续的斗争，并为了实现更高目标而将自身幸福旁置。这种号召的效能也源自英雄主义叙事的魔力。正是感人至深、激动人心的传闻故事，促动我们将男女英雄们捧上神坛，我们想要效仿他们，或者沐浴在他们的荣光之中。因此，对英雄主义的"否思"总意味着讲述不同的故事，或用不同的方式讲述故事。

第一章

英雄主义理论的模块

英雄理论只可能与叙事相关。英雄是被述说的人,他们是被述说出来的,无一例外。除非被指认,否则任何行为乃至任何死亡都不被视作英雄无畏的。换句话说,英雄形象、英雄纪念碑、英雄崇拜,以及人们进行崇拜的方式,共同构建出了符号单元,其参考资料是传说故事。英雄的重要价值首先由解释学来阐明。"英雄的"这一定语可用来表示一个人的品质,他在一次行动中展现出的品德,或者表明他采取的行动伴随着麻烦和危险,又或者"英雄的"干脆只是一个意指非同凡响的代号——它永远与归因相关,且自始至终都需要一个共享它的社群。但还可更进一步去讨论。英雄是由叙事创造出来的,这一事实也意味着在"英雄如何被认定"和"谁会被认定为英雄"这两个问题上,充斥着偶然性和意见分歧。汝之英雄,彼之恶魔。在此处被颂为英雄的,在别处只被视作理应如此、实属寻常。总体而言,在谁可以并应当成为英雄这个问题上,答案随时移而事易。天才、大人物、明星与冒险家、领袖人物、统治者、圣人、殉道者等相关人物形象之间的界线并不十分清晰。无法颁定出一部具有约束性的英雄典范录。越努力尝试，条条框框之外的反例越会激增。但若是每个人都私下景仰自己的英雄，英雄崇拜就会丧失凝聚力和导向作用。

英雄的语义也在裂变：舞台上或电影里的戏剧主角，或是文学作品中的主人公被称为英雄，人们隐喻性地使用英雄主义风景（一种绘画风格）这一提法，或是谈论英雄交响乐（*Eroica* [1]），而在日常表达中，使用这一定语通常只比拍拍背以示鼓励多出那么一点点褒奖意味。当需要坚持、忍耐或必须克服困难时，庸常的工作也会被冠以英雄的威名。在市场营销的话术中，这一概念更是完全的假大空，商品要把买家包装成英雄，与此同时它们自己或也英雄化了。女性内衣品牌香蔻慕乐（Hunkemöller）将其客户称为"英雌"（Sheroes），奥乐齐超市（Aldi-süd）甚至在不久前将一款蛋糕命名为"日常英雄"。从文化批评的角度来看，类似的例子也许微不足道，但从中亦能发现一些有效的治愈消解手段：捧杀那些膨胀之徒，讽刺他们冒出的傻气，总归比坚持不懈地喊英雄口号来得更人道一些。语义含混和语带嘲讽本身即可被描述为后英雄应激的症状——心口不一以问题化的形式呈现出来。

---

[1] 指德国作曲家贝多芬著名的降 E 大调第三交响曲《英雄》。此外，华裔作曲家谭盾创作，首先上传于油管网（YouTube），而后于 2009 年在美国纽约卡耐基大厅作正式世界首演的《第一号互联网交响曲》（*The Internet Symphony No. 1*），亦题名为《英雄》（*Eroica*），致敬贝多芬。

这种含混当然给英雄理论带来了一系列影响。首当其冲的就是在这样的理论是否真能以单数形式存在的这一问题上悬而不决。因其涉及的对象五花八门、变化多端，英雄理论只能与时俱进，它必须是唯名论 [2] 的，且在作标准化陈述这件事上始终保持谨慎克制。[3] 1 它不去

---

[2]　唯名论（Nominalismus）是哲学术语。在西方哲学传统中，自古希腊柏拉图学派始，经中世纪欧洲经院哲学家发展至今，它始终是哲学探讨最重要的主题之一。唯名论和唯实论皆在讨论事物的概念（共相）与现实中的具体事物（自相）各自的性质问题，同时关注二者之间的关系，即它们出现的先后顺序等问题。唯名论否认共相具有客观实在性，认为共相后于自相，只是对感性认识的一种归纳总结。因其强调共相非实存，只是一个用来代指的名称，故称"唯名"。相对地，认为共相是客观实存，且先于自相存在的，就是唯实论，或称存在论。

[3]　此处行文参考自米歇尔·福柯于 1982—1983 年在法兰西学院所作的课程演讲（1983 年 1 月 5 日第一课时）。需要注意的是，福柯的这段讲话并非针对英雄理论而作，他强调的是人们在普遍的认识过程中需要注意的事项，同时，也不应简单推断说福柯认为对某一种理论的认识"必须是唯名论"的。实际上，他强调了"不同的认识进路"（les différentes voies d'accès），进而在一段口述的发挥性言论中先后提到了对既往这些认识进路的历史化（历史决定论）的、唯名论的和具有虚无主义倾向的三种否定态度（法语原文：négativisme，又译消极主义、否定主义），阐述了不同否定态度各自的意义。在谈到唯名论的意义时，福柯说："这是唯名论的否定态度，因为重要的是用构成特殊历史形式的经验分析取代一些共相。"而他也谈到了在运用历史决定论、唯名论和虚无主义进行否定时，其本身可能存在的问题，具体到唯名论，他说："第二，唯名论的问题是，在文化、知识、制度与政治结构的分析中，唯名论批判的作用是什么？"尤其是，福柯在此段表述的中段提到："在种种不同的异议 / 责备之下，我们假设或规定一种涉及理论判定的暗含契约，即历史决定论、唯名论、虚无主义一开始就感到失去信誉所根据的契约：没有人敢发表这样的意见，并且难点在于可能要接受挑战，即同意……"这里，……代表福柯在此终止了前述话题。"一种涉及理论判定的暗含契约"（une sorte de contrat implicite de la decision théorique）显然是唯实论的提法，福柯对此的态度并非断然否定，而是踟蹰不决，觉得有难点、有挑战，他直接终止话题，应是并未思考成熟。（转下页）

定义谁是男英雄或女英雄，也不去定义什么才是英雄的，而是着眼于观察叙事，它关注在特定的时期、在特定的文化框架里，什么人或哪些事会被标定为英雄或英雄行为，这一定语是基于哪些经历和价值取向而来的，人们需要作出哪些反应，被认为要完成哪些任务，要产生什么样的影响，或者要对抗怎样的阻力——简而言之，英雄理论关注英雄化的模式和去英雄化的模式，以及这些模式的动态变化。

此种理论的适用范围是有限的，确切地讲，它不仅面临着时代性的考验，还要面对本土化的问题。它并不提供一个系统，而代之以能用不同方式进行组合的启发式[4]模块，这些模块无须在英雄研究领域表现得全知全能。启发式具有暂时性和辅助性功能，通过研究需要在其帮助下解决的问题，启发式模块自身获得调节校正。这意味着，

（接上页）由此可见，认为对某一理论的认识必须（muss）是唯名论的，是本书作者个人的观点，它受福柯启发而来，却远不能概括福柯本人观念之复杂，但也正出于观念之复杂，才存在"在作标准化陈述这件事上始终保持谨慎克制"一说。（译文引自 [法] 米歇尔·福柯：《治理自我与治理他者》，于奇智译，上海人民出版社，2020。原文引自 Mechel Foucault, *Le gouvernement de soi et des autres. Cours au Collège de France 1982-1983*, Gallimard le Seuil，2008。）

　　[4]　启发式（heuristische）一词在数学、信息学、经济学、化学等多个领域皆有其特定内涵及相对应的具体方法论。在哲学、社会学领域，它指利用与已知单元（模块）的相似性，来扩展对未知单元（模块）的认知，加深理解，进而获得一种接近于全局性的认识的方法。从这个意义上来讲，明喻、隐喻甚至寓言都可被视为促进人们认知过程的启发式工具。但就搭建起单一英雄理论或后英雄理论的具体工程而言，本书作者提出了利用启发式模块这一路径的可行性，论证了部分模块的特征，讨论了其性质（功能），勾勒了整体轮廓，却未见更具体的搭建说明，尚需聪明的读者发挥想象，亲自动脑动手，搭建出专属于自己的一个理论。这个理论又可拆解（否思），可重构，可随着时间世事的变幻而反复把玩，实在有趣。

针对不同问题需要不同的理论。再打个建筑方面的比方：一座大厦要能矗立起来，不仅由其要使用哪些建筑构件决定，也必然取决于这些构件是如何被一一排列起来的。其中没有普遍有效的顺序或一目了然的层级，有的只是变换交错的观点组合，根据观察到的现象和各自研究兴趣的不同，这些组合各具特征。无须对术语作出终极定义[2]，而要将关涉其中的有意义的元素彼此联结起来，让它们以联结体的形式呈现，而联结体中的元素彼此之间可以相互拆解。过于僵化的结构并不可取，它们会使必要的重组变得更加困难。应该把它想象成儿童用乐高积木搭出的物体，而不是用石头、钢筋和混凝土造出的纪念碑。

此外，具有启发式主张的理论只能是视角性的。即便聚焦于二阶观察，它也会将自己放在与其考察对象相对立的视点上。英雄理论的理念正是要强调它与英雄叙事的内在逻辑之间存在批判性距离，然而，英雄叙事旨在鉴别英雄，并经常激发反向鉴别，但究其手法却绝非分析洞透，它在审美上用力过度，但类似的情况不会出现在它厘清因果关系和阐明功能的尝试中。下述思考提供了一种视角，由此出发，人们可以依据对后英雄时代症候的诊断来尝试定义究竟何为英雄，但它又不仅只是提供一个视角，还在如何应对当前挑战和解决问题这两处画下了特别的重点。仓促发布的英雄讣告和对英雄复活的坚定尝试令它感到不安。鉴于英雄传奇的说服力正在衰退，旧有的英雄传奇持续存在且全新的英雄传奇不断涌现这一状况带给人们的惊讶，无疑要远大于失去它们的痛苦。一种英雄理论，如果能够揭示其叙事主题的过时之处，又能够说明英雄叙事为何依然能引起共鸣，那它就是当代的理论。

从这个角度来看，尽管存在语义上的模糊性，存在历史变化和文化差异，但可以识别构成英雄性状的元素，于我而言就是启发式的指南针。所有这些元素并非总是一起出现，此外，它们的权重也会发生变化，当然还会有更多元素被发现。但在每一个英雄传奇和每一个进行了后英雄解构的故事中，都能找到不止一种元素。先得承认这些元素处于不同的分析层级之中：其中，一些与英雄人物的品质相关（独特性、僭越、斗争、阳刚、行动力、牺牲），另一些是英雄叙事的特征（悲剧、道德感、审美营造 [5]、神话），还有一些有关话语竞技场 [6]（教育学）和分析路径（类型学、历史学）。

---

[5]　营造（Inszenierung）一词内涵复杂。例如，在舞台演出中，它指与导演、策划、布景、表演者的声台形表等相关的剧本情节之外的设计，及其带给观众的体验；在大众传媒研究中，它被认为可能与"媒体操纵"相关，媒体操纵主要指一些媒体在传播事实时，通过使用戏剧化形式等手段，扭曲、篡改真相，以达到传媒为特定利益集团服务的目的；在人的自我刻画中，它指一种不完全真实的、带有表演性质的呈现，如晒幸福、秀恩爱、公众人物打造"人设"等。在本书中，它指统治者或英雄借助种种手段，刻意展现出一定的气场、气象、氛围等。因此根据不同语境，它被译为"帝王之相"（Herrscherinszenierung）、"营造"、"气场氛围"等。

[6]　话语竞技场（Diskursarena）为跨学科、多样化和有巨大社会争议的话题提供讨论空间。人们应当假设这些讨论未必会产生统一和明确的"结果"，但参与讨论者一定会捍卫各自的立场，赢得支持或有所妥协，人们应当期待这些讨论会趋于白热化，由此，"竞技场"就是一种不同观点之间进行激烈冲突的角斗场。而哈贝马斯提出的"话语伦理"（Diskursethik），本身强调民主元素，强调团结、互动和对话。综合二者各自特征，话语竞技场可被视为羽扇纶巾的角斗士们就焦点议题唇枪舌剑，场上针尖麦芒，场下却能把酒言欢的空间。

1. 独特性

英雄叙事围绕真实或虚构的人类或类人展开，他们以某种方式鹤立鸡群。若论什么是英雄的勋章，那就是他们的独特性。由于在成就、家世、高阶职位或凯若斯（Kairos，关键节点）[7]上的独特性，他们自人群中脱颖而出，摆脱了平凡。这是令英雄罕见的原因。尽管英雄不止一个，但若想把人人都培养成英雄，那这项表彰就会失去它独特的力量。成为英雄必须始终是少数人的计划。如果以经济学来作比喻，那它应被置于紧缩经济之中，通货膨胀会导致贬值。让－雅克·卢梭（Jean-Jacques Rousseau）在《论英雄最为必要的美德》（Überdie Tugend des Helden，法语原名"Discours sur la vertu du héros"）一文中写道："英雄主义亦是如此，好比那些珍稀金属，其价值在于稀有难求，一旦数量变多，就显得有害或无意义……英雄的

---

[7]　凯若斯（Kairos），是一个宗教哲学术语。在古希腊语中，其本意为"正确的时间""时机"等，并以拟人的神格出现，但与广为人知的时间之神克洛诺斯（Chronos）相比，其文学及艺术形象少有展现，仅在公元前3世纪左右的古希腊语警句诗人佩拉的波赛狄波斯（Poseidippos von Pella）的只言片语，以及少量浮雕、壁画作品中留存。在基督教《圣经》文本中，凯若斯一词指"上帝赋予的时刻，完成使命的特殊机会"。20世纪以来，宗教哲学家保罗·蒂利希（Paul Tillich）在描述其社会主义历史哲学观点时用到此词。在《否思社会科学——19世纪范式的局限》一书中，伊曼纽尔·沃勒斯坦再次启用了这一术语，将其运用到关于社会变革的后现代理论中。在宗教及哲学领域，"凯若斯"尚含有其他多种意味，而在本书中，把握住凯若斯，应被理解为"抓住了关键时机，采取了正确的行动或措施，使局势变得有利"。

民众不可避免地成为英雄的废墟。"[8] 3

　　在这种语境下，独特性究竟意味着高于平均值，还是无法估量——英雄是不是边缘人物？这些问题没有定论。英雄们仍在高斯正态分布的框架内，还是已经超出了正态连续性框架，这亦是未知数。两种状况皆会出现。一个人只需超额完成计件工作就可被擢升为社会主义劳动英雄，而要成为英雄科学家则需要一项具有开创性的发明或发现。然而，科学家也是站在巨人的肩膀上的。英雄应当非同凡响，这一信条适用于黑格尔在其历史哲学中提出的运筹帷幄的"世界历史个人"，如凯撒和拿破仑，他们在追求个人特定目标的同时，成为"世界精神的代理人"，而能有此突破的原因在于，他们见到"什么是需要的东西和正合时宜的东西"[9] 4。但它也适用于日常生活中的平凡英雄，他们至少在某一个节点和某一个时刻比其他人伟大了一点——从而超出了日常生活的界域。在英国社会学家、文化研究者麦克·费瑟斯通（Mike Featherstone）看来，英雄生活几乎可以被定义为日常生活的反概念。"如果日常生活的自我理解是指有必要将自己的作为和不作为置于理论上难以理解的多样性和缺乏系统性的实践经验和惯例之下，那么，英雄式的生活在这种紧密的事实中开辟了一条道路，它指的是命运或个人意志打造的生活，在这种生活中，日常被

　　[8]　译文引自 [法] 卢梭：《有关如下问题的论述：英雄最为必要的德性是什么？哪些英雄欠缺这一德性？》，《文学与道德杂篇》，吴雅凌译，华夏出版社，2009。

　　[9]　译文引自 [德] 黑格尔：《历史哲学》，王造时译，上海书店出版社，2006。此版本根据约翰·西布利（J. Sibree）的英译本转译。

视为需要驯服、抵制或否认的东西，被视为为了更高的目标而要去征服的东西。"5

伟大是相对的，英雄之伟大要与小人物之微渺形成对照，才能被确认。因此，英雄叙事在塑造英雄的同时也打造出了应该仰慕或想要仰慕英雄的非英雄们。一人的卓越品质印证了另一人的平庸，反之亦然。独特性基于不对等的目视制度[10]：从将军山[11]上往下看的人，看到的都是没有面目的大众；只有那些在平原上仰望的人，才能认出伟大的个体。6 从这个意义上讲，仰慕英雄和敬奉英雄都是一种自我矮化的策略；是一种退出程序，而非赋能计划。正如雅各布·布克哈特（Jacob Burckhardt）所言："我们人类谈不上伟大"；但在非凡历史人物的"独一无二"和"不可替代"中，我们还是认识到自己的"渺

---

[10] 让-保罗·萨特在《存在与虚无》（*L'Être et le Néant*）中描述了"凝视"（Le regard），米歇尔·福柯在《规训与惩罚：监狱的诞生》（*Surveiller et punir : Naissance de la prison*）中发展了凝视的概念，用以讨论社会政治权力关系和规训机制等。他还讨论了凝视与瞥视之间的关联。雅克·拉康（Jacques Lacan）、罗兰·巴特（Roland Barthes）、莫里斯·梅洛-庞蒂（Maurice Merleau-Ponty）等在不同领域中，均就凝视制度议题发表过重要看法。视觉文化和图像理论研究专家 W. J. T. 米切尔（W. J. T. Mitchell）以"观看行为"（Spectatorship）一词总括了哲学和社会学、美学等领域中的注视、凝视、瞥视、观察实践、监视、视觉愉悦等概念。此处所译"目视制度"（Blickregime）即基于此理论背景，目视（Blick）可以是眺望，也可以是四目相对、会心一笑。

[11] 将军山（Feldherrnhügel）是亚历山大·罗达·罗达（Alexander Roda Roda）和卡尔·罗斯勒（Carl Rössler）创作的同名军事喜剧中的地点。该剧于 1909 年首演，因受到奥匈帝国的严格审查，很快于 1910 年被禁演，但自 1926 年起，它多次被翻拍成电影，搬上大银幕，剧作者亚历山大·罗达·罗达亲自参与了部分拍摄，扮演剧中的军队指挥官一角。

小"。[12] 7 英雄崇拜教导下位者向上目视，尤其具有教谕和政治意义。在电影语汇中，英雄镜头（Hero shot）是一种运镜手法，它用特写镜头凸显主角，仰拍，并让观众的视线抬高到主角身上。崇拜英雄者在面对他们所崇敬的对象时所表现出来的自卑，与他们在面对自己鄙视的无知莽汉时表现出的自大相伴随，这些莽汉甚至无法识别出伟大，因此对英雄崇拜无动于衷。8

崇拜者们通过探求个人的上限和下限来确定自己的位置。这样一来，处于其上的英雄也不至过分脱离人类世界：英雄可能拥有超人的力量，但他们不是神。这也同样适用于远古英雄，他们反过来形成了一个类目汇编，在其中，不同类别的事物被集中在了一起：像赫拉克勒斯（Heracles）一样的半神半人、如荷马史诗中的英雄一样被传颂的神话中的人物，或是已故的地方伟人和杰出的祖先，在他们去世之后，后人基于其神迹而对其虔诚供奉，但对他们的祭礼与供奉神明的仪礼之间有着严格区分。9

英雄必有一死，事实上，死亡往往是他们成为英雄的前提。在最好的情况下，其声名会永垂不朽，但沧海桑田，英雄的死后令名常常也会湮没世间。英雄人物这种夹在神人之间的位置，导致他们在差异性和相似性之间往来游走，对此有着各式各样、五花八门的阐释：英雄作为榜样是有一个有效性限度的，因为他们要与普通人，亦即他们

---

[12]　译文引自 [瑞士] 布克哈特：《世界历史沉思录》，金寿福译，北京大学出版社，2007。

的受众有差距，但为了能被认同，能被模仿、被效仿，二者之间又不能有不可逾越的鸿沟。遥不可及和触手可及之间的层级过渡由不同级别的英雄来完成——从像神明一般的英雄，到那些因其优越而出众、但仍具人类特质的英雄，再到虽然是"我们中的一员"、却又不平凡的英雄虽是较普通人优越但仍属人类特质的英雄。他们反过来又对应于不同文学体裁和不同高度的文学风格——神话和传说在描述英雄时所采取的方式，与描述其他人物时不同，且又与小说和新闻报道的策略有所区别。[10] 英雄也不总是单打独斗。除伟大的个人外，还有各式各样的英雄群体，其中不仅包括由杰出个体组成的联盟（从阿尔戈英雄 [13]，到圆桌骑士 [14]，再到复仇者联盟 [15]），也包括由集体联合而来

---

[13] 阿尔戈英雄（Argonauts），他们是希腊神话中同伊阿宋（Jason）一道乘坐以其建造者阿尔戈斯（Argus）命名的船只"阿尔戈号"（Argo，也意为"水手"），从伊奥尔克斯（Iolcus）出发，前往科尔基斯（Colchis）取回金羊毛，以（按照神谕）使伊奥尔克斯恢复繁荣的五十位英雄。阿尔戈英雄作为一个整体，并无明确英雄名录，但因其声名煊赫，后世总愿意让各路英雄攀附其中。赫拉克勒斯、拉奥孔（Laocoön）、珀修斯（Pēleus）、俄耳甫斯（Orpheus）等都被认为是阿尔戈英雄。忒修斯（Theseus）则显得尤为与众不同，一些人试图将他归入阿尔戈英雄，另一些人则对此持强烈的反对意见。

[14] 圆桌骑士（Knights of the Round Table）是传说中不列颠的亚瑟王的骑士团，因在议事时，国王和全体骑士围绕一个圆桌入座，不分等级地位，人人得以自由发言而得名。圆桌意味着平等和团结，是骑士精神的一部分。在这一系列的传说故事里，还出现了以亚瑟王之妻、王后桂妮薇尔（Queen Guinevere）为核心的王后骑士团，以亚瑟王之父乌瑟·潘德拉贡（Uther Pendragon，又称乌瑟王）为核心的旧桌骑士团（Knights of the Old Table），以及专以寻找圣杯为任的圣杯桌（Grail Table）骑士们。

[15] 复仇者联盟（The Avengers）是美国漫威漫画（Marvel Comics）打造的漫画超级英雄团体，改编自斯坦·李（Stan Lee）和杰克·柯比（Jack Kirby）于 1963 年创作的同名漫画系列。联盟中的超级英雄包括钢铁侠（Iron man）托尼·史塔克（Tony Stark）、（转下页）

的共同体（"伟大军团"[16]、无产阶级）。

英雄由其独特性而获得权力。英雄传说和英雄特质是营造帝王之相的重要组成部分。英雄主义建立起了一个自我论证的循环：只有杰出的人物才是天生的领导者，而成为领导者则证明了此人具有杰出的才干。哪里在召唤英雄式的领导者，哪里的人们就理应追随他。与此相对应，如若你想要顺从谁，就会去寻找一个这样做的理由，并选定那个你把他当作英雄追随的人。不管先出现的是什么，是对权力的渴望，还是对顺从的需求，一个人的权威依赖于另一人的顺从。即使共和制下也可能出现英雄或平民英雄，英雄叙事本质上仍是反平等主义的。它商讨等级秩序，并将世界切分为少数的和多数的。长期以来，在西方社会中，成为英雄既是贵族的特权，也是对男性贵族成员的标

（接上页）美国队长（Captain America）史蒂夫·罗杰斯（Steve Rogers）、绿巨人（Hulk）布鲁斯·班纳（Bruce Banner）等。其知识产权由漫威娱乐（Marvel Entertainment, Inc.）持有。2008 年起，漫威娱乐的子公司漫威影业（Marvel Studios）开始拍摄漫威电影宇宙（Marvel Cinematic Universe）系列影片，将漫画中的故事重新搬上大银幕，并受到全球漫画迷与影迷热烈追捧，由此引发超级英雄消费狂潮。2009 年起，漫威影业被华特迪士尼公司（Walt Disney Studios）收入麾下。2008 年至 2022 年 7 月，漫威电影宇宙系列已发行了 29 部影片，从《钢铁侠 I》（*Iron Man* I，2008）到《雷神：爱与雷霆》（*Thor: Love and Thunder*，2022），数量仍在不断攀升。以《复仇者联盟》为代表的漫威系列产品所取得的成功是现象级的，因此也是研究英雄问题时不可忽略的素材，无论这种研究是后英雄的，还是消费主义的。

[16] "伟大军团"（La Grande Armée）是拿破仑战争期间，拿破仑指挥的法兰西帝国军队的野战部队，其前身是法国海岸部队（L'Armée des côtes de l'Océan）。1804—1808 年，该军团取得了一系列重要军事胜利，从而使法兰西第一帝国实现了对欧洲大部分地区前所未有的控制。伟大军团被认为是欧洲历史上最强大的战斗力量之一，但它在 1812 年对俄罗斯的灾难性入侵中遭遇重创，此后再未恢复其作战优势。

准要求。迟至启蒙运动时期，中产者们才获得了进入英雄预备役的机会，[11] 却也还在工人阶级英雄于 19 世纪登上历史舞台之前。无论从什么立场出发，无论英雄出自哪个阶级，统治集团的政治野心总与他们关联在一起。树立起英雄人，在其他领域亦欲执牛耳。

尽管英雄叙事描述了一个权力关系不对等的纵向秩序世界和一个只有被选中的少数人可以从一方到达另一方的二分法 [17] 叙事空间，英雄也不可以是全能的，否则他们将无法为故事提供素材。"他不可能无所不能——而且，明知不可为而为之，势必应该在各种可能性中萌生'奇点'[18]，达成艺术性的升华。"[12] 这一原则甚至同样适用于漫画

---

[17]　二分法（dichotomie），是数学、哲学、社会学等学科常用的概念，指将一个整体事物分割成两部分，且这两部分必须既互补，即所有事物必须属于双方中的一方；又互斥，即没有事物可以同时属于双方。在本书中，它指普通人要么处于这个叙事空间，要么处于那个叙事空间，非此即彼，而英雄的独特性正在于他们可以在两个叙事空间之间穿梭。在许多神奇故事里，他们甚至以分身的形式同时存在于多个叙事空间，但我们也应该注意到，此时，总有一个叙事空间是最主要的，即英雄在其间采取行动的那个空间。

[18]　奇点（singularität）本是数学、天文学、人工智能等领域共用的一个术语，但其定义相当宽泛，不仅在不同学科中其具体所指有较大差异，在各学科内部，它也常常是充满争议的话题。在此，我们作一个最简单的理解，奇点事件，通常是依据既往经验和逻辑而绝无可能发生的。奇点是从量变到质变的临界点，是上一段量变的终结，下一段量变的起点。只不过，这里所说的量变，并不一定是物质性的，或其形式与我们这个物理世界有很大差异，因此常常超出人们的认知范围；它又不必然符合一定的逻辑，更不必然符合我们这个讲求因果关系、习惯于决定论的所谓理性世界的逻辑，甚至于世界"在我们的逻辑雷达之外"才是常态。从这个角度来看，奇点理论可以是对康德不可知论在方法上的补充。这也就引出了以下关键问题：奇点出现的条件是什么？有观点认为，在我们已然所处的这个"奇点—常点—奇点（还未到）"的区间中，事物越复杂、越看似无序无章，越显得冗杂多余、不可理喻，其中就越有可能萌生出奇点，从而发生翻天覆地且不可逆转的变化。（转下页）

世界和电影世界中那些具有字面义上的梦幻超能力的超级英雄。为了能让系列英雄传奇正常运转下去，超人及其同类不仅需要（面对）强大的敌人，还必须处理自身的弱点。相思、酗酒、傲慢、暴躁、抑郁等其他所有人类可能会有的缺陷都是他们的终身伴侣。这让他们的形象更贴近于读者或观众："部分被希冀、本能和执念控制，部分内心压抑，为了避免出现对随时会再次失控的不断担忧，从未充分融入过社区。"他们"一生都不得不处于某种境地，对正在青春期的那部分读者或观众而言，这种生活看起来一定再熟悉不过了"。[13]

　　无论是什么构成了英雄之伟大，都必须得到其追随者的认可。英雄主义是一种接受效应[19]，因此处于关系范畴中。取得了成就的角色，即杰出的个人，与公众的角色，即钦佩和崇拜他的一众人等之间相互依存。英雄必须被信任，而这种信任不能是强制而来的。它既需要人们有去崇拜的基础，有对某人的热望，有遵循某人指引的意愿，也需要一个被认为值得崇拜的对象。这种一拍即合的关系促生了英雄的超凡魅力。对其信任是有依据的，根据马克斯·韦伯（Max Weber）的定义，"'（超凡）魅力'应该叫作一个人的被视为非凡的品质（在预言家身上也好，精通医术的或者精通法学的智者也好，狩猎的首领

（接上页）这也就是作者在此所言，如同水至清则无鱼，生活井井有条、居所一尘不染则无英雄。尤其是在故事里，他们一定要陷入各种混乱状态——自身的、外界的，越混乱、越难堪，才有越多的可能性，他们才越有机会触发那个奇点，从而一改态势，成为真正的超级英雄。最后补充一点，在成为奇点之前，奇点通常毫不起眼。

　　[19]　接受效应（Rezeptionseffekt），指受众占据一定主导地位，只有被受众接受、认可，相应的事物才能真正成立、发挥其效用的情况。

或者战争英雄也好，原先都是被看作受魔力制约的）。因此，他被视为（天分过人），具有超自然的或者超人的，或者非凡的、任何其他人无法企及的力量或素质，或者被视为神灵差遣的，或者被视为楷模，因此也被视为'领袖'"[14][20]。被看重的人是否必须接受分派给他的角色，这一问题未有定论：一时的不情愿可能会增加人们对他的信任，但如果他长期拒绝进入角色，就可能要面对崇拜者群体转身离去的风险。

英雄化意味着人格化。超凡魅力归因于一种基于社会认可的个人品质，这也就是英雄为什么不是一个金饭碗，且必须接受检验的原因。一旦他未能取得成功，负面信息堆砌，或是另一个英雄上台了，人们就开始怀疑他是否真的具有独特性，信任甚至会突然消失。如果不能与日俱进，英雄的声望就会枯萎，或者化作奇谈轶事挥发到空中。日常生活是非凡的大敌，而超凡魅力一旦常态化就成了平庸。超凡魅力型英雄们所负悖论在于，一方面，英雄必须调动起追随者的热情，并维系好他们之间的情感纽带。另一方面，大众期待值一再拔高，他始终面临着无法满足期待的风险，也面临着反噬效应被激起，也会招致他无法回避。[15]因此，非凡是一项永恒的互动式挑战。此

---

[20] 此处译文引自 [德] 马克斯·韦伯：《经济与社会》（上卷），约翰内斯·温克尔曼整理，林荣远译，商务印书馆，1997。需特别指出，超凡魅力（charisma）是马克斯·韦伯理论中的关键术语，也是社会学研究的关键词之一。韦伯将权威类型划分为传统型、超凡魅力型和法理型三种，而所谓超凡魅力型是其中最难给出确切定义的，因此，也有学者将其翻译成"天纵神才型"等，部分中国学者认为不宜对它进行强行意译，只有采用音译，如译作"卡理斯玛型"，或直接写作"Charisma 型"，方不至于伤害其原有之意。

外，还有要保持充分距离感的问题——"仆从眼中无英雄"。黑格尔曾这样说："'但是那不是因为英雄不是英雄，而是因为仆从只是仆从。'仆从给英雄脱去长靴，伺候英雄就寝，知道英雄爱喝香槟酒等等。"[16][21] 伟大需要距离来成就，而亲近将它抹平。

2. 僭越

英雄的非凡之处还在于他们超脱了社会秩序划下的界限。他们每个人身上都存在着一个"普尔·罗伯斯图"[22]（puer robustus），一个难以控制的寻衅滋事者。[17] 独特性使得他们的人物形象高度两极化，且以矛盾的形式出现：一方面，他们是遵守社会法则的典范，为之挺

---

[21]　译文引自 [德] 黑格尔：《历史哲学》，王造时译，上海书店出版社，2006。

[22]　普尔·罗伯斯图，完整的写法为 "puer robustus, sed malitiosus"，拉丁语意为"强壮而心怀恶意的小伙子"。1651 年，著名的英国政治哲学家托马斯·霍布斯（Thomas Hobbes）于《论公民》（De Cive）一书中首次使用这一形象。1847 年，在《"莱茵观察家"的共产主义》（Der Kommunismus des Rheinischen Beobachters）一文中，马克思用这一形象来指代普鲁士无产阶级。他写道："而真正的人民即无产者、小农和城市贫民，正像霍布斯所说的，是 'puer robustus, sed malitiosus'，一个结实而调皮的孩子；他不会让国王（无论是瘦瘦的还是肥胖的）牵着自己的鼻子走。"（译文引自 [德] 卡尔·马克思、[德] 弗里德里希·恩格斯：《马克思恩格斯全集》（第 4 卷），中共中央马克思恩格斯列宁斯大林著作编译局译，人民出版社，1958。）恩格斯在 1880 年的著作《社会主义从空想到科学的发展》（Die Entwicklung des Sozialismus von der Utopie zur Wissenschaft）中继续使用了这一形象（译为：强壮而心怀恶意的小伙子），指代宪章运动中的英国工人阶级。德国哲学教授迪特尔·托马（Dieter Thomä）于 2016 年出版的研究专著中称这一形象为"麻烦制造者"（Störenfried，或译"寻衅滋事者"，以强调其具有主观动机），认为它代表了政治哲学的一个基本问题：秩序与混乱之间的关系。

身而出，不惜牺牲自我以维护社会结构——这是正派英雄们所遵从的范式；另一方面，倘若他们不遵守本应适用于他人的规则，他们自己就破坏了这一结构的稳定性——这就成了法外英雄。英雄们要么通过他们对法律的绝对忠诚来给自己正名，要么通过不打算遵守任何法律（他们自定的规矩除外）来证明自我。二者各自为政，从而和平共存：法外英雄们假定自己处于秩序之上，从而否认秩序的有效性；正派英雄们出于自主决定，而非因为恐惧而服从秩序。其德行之伟大在于即便有能力否定，他们依然肯定了秩序。并且，他使得其中的非必然性清晰可见。

按照尼克拉斯·卢曼的说法，英雄的形象提供了"也许是欧洲历史上为背离道德规范者打造出的最令人印象深刻的语义形式……因其超乎想象的性能，一个人可以同时走上两条路：适从和背离；且既无须对他人隐瞒，亦无须自欺欺人"[18]。英雄"通过背离而做出适从（从众）的姿态"，卢曼进一步提到，他们还将这一矛盾置于公共视域之下，以便能够实现其"促进社会发展的教育功能"。[19] 英雄的行为在制定规范、（过度）履行规范和打破规范之间反复横跳。英雄们展现出自恋甚至到了通常为"世所不容"的程度，他们"做出符合社会美德的行动，其驱动力却是非社会的"。[20] 英雄叙事关注僭越行为，给予此类行为以积极评价并建议人们效仿，它们按部就班地传达出越过规范不仅可能，而且可行，在某些情况下甚至必须如此的信息。或者，这些僭越行为至少是可以接受的——只要释放出了勇武的热血激情，就无须理会服从命令的天职。就像在海因里希·冯·克莱斯特（Heinrich von Kleist）的剧作《洪堡亲王弗里德里希》（*Prinz von Homburg*）中一样，本剧的同名英雄拒绝服从选帝侯，也就是统帅的命令，并由此在战斗中取得了胜利。因为违反了军纪，他被判处死刑，为了维护军纪，他甘愿赴死，要求自我了结，这一举动反令他在最后一刻得到了宽赦，而此前，他的临终遗愿是不再与敌人媾和，要重启战事。

即便社会大众并不热衷于效仿英雄，且英雄的僭越之举会被普通民众视为不法行为而加以谴责，这些举动依然增添了英雄的声誉。他化身为被确认合法的规条中的例外，他表现出其崇拜者们可望而不可即的种种特质。这就将英勇的法外之徒变成了一个浪漫的人物，有关他的故事是如此地不可思议。无视统治者的力量，违抗他们的命令，我不入地狱谁入地狱，自始至终与受压迫和迫害的人站在一起——这就是编织成神话的元素。尤其是在受传统束缚的社会中，反叛英雄反对既定秩序，他以另外的、被臆称为天然权利的名义质疑其合法性，其超凡魅力因此得到滋养。[21] 通过挑战现状的维护者并展示他们的脆弱性，他向追随者们证明了自己。一方面，他是一个反制度主义者，"因为不熟悉规条而非理性地"[22] 施展力量；另一方面，他是一位民粹主义领袖，其叛逆姿态总是暴露出他自己的统治野心。他并非法的代表，却时而是破旧革新、创建新法之力量的化身。

英雄与暴力之间的密切关系同样是僭越的。它加强了英雄们在创造、巩固和破坏秩序之间的摇摆：自我牺牲和对他者的杀戮损害了社会互动的互惠性根基。己所不欲勿施于人的黄金法则并不是英雄主义的标尺。与此同时，正是通过暴力篡取和灭绝行为，英雄们方才取得最终胜利，好处占尽。力不胜智，但暴力仍一刻也不能过度。英雄的僭越行为威胁到了社会的根基，因此其自身必须受到限制：英雄之怒不孤。与狂躁无边、因其暴虐而失去成就和美德的莽汉相比，那些能够控制暴力并适时放弃暴力的人，才是真正的英雄好汉。当普里阿摩斯（Priamos）恳求对方交还其子赫克托尔（Hektor）被侵害的尸身时，就连作为僭越英雄原型的阿基琉斯（Achilles）的愤怒也烟消云散了。[23]

3. 斗争

无论英雄做什么——开疆拓土、建立帝国、冒险、拯救生命、在体育竞赛中获胜、写诗或启发科学新知——他们都要去战斗。即使是劳动英雄、体育冠军、艺术天才或科技功勋，最终都要以战士模式

---

[23]　荷马史诗《伊利亚特》（*Iliad*）中的情节。史诗第 24 卷，也就是最终卷讲道：战争结束后，阿开亚（"Achaean"，荷马史诗中用来指代全体希腊的主要术语之一）的英雄阿基琉斯沉浸在悲痛中，整日哀悼他的好友帕特洛克罗斯（Patroclus），并将特洛伊（Troy，是史诗中希腊人的敌对方）勇士，也是国王之子的赫克托尔的尸体拖到战车后面。宙斯对阿基琉斯继续虐待赫克托尔的尸体感到沮丧，决心要把尸体还给他的父亲普里阿摩斯。在赫尔墨斯（Hermes）的引领下，普里阿摩斯等人驾着一辆满载礼物的马车离开特洛伊，穿过平原，悄悄进入阿开亚人的营地。这位父亲"站在阿基琉斯面前，抱住他的膝头，亲那双使他的许多儿子丧命的杀人手"，以乞求归还赫克托尔的尸体。阿基琉斯感动落泪，他那贯穿了整部史诗的怒火终于平息，两人一起哀叹起战争带来的损失。阿基琉斯同意归还赫克托尔的尸体，并给特洛伊人 12 天的时间来进行哀悼并举办葬礼。（参考自 [古希腊] 荷马：《荷马史诗·伊利亚特》，罗念生、王焕生译，人民文学出版社，1994。）

运行，内忧外患必须被打败，超人的能力被调动起来。任何一场胜利都不会是终局，真实的和隐喻中的武器只在英雄倒下后才会静默。斗争行为既不遵循互惠互利原则，也不遵循人们日常所理解的社交法则，而是要全力以赴，将自己置于危险之中。妥协并非英雄之美德。除了关切生死存亡的斗争之外，英雄传奇还涉及勇气和作出牺牲的意愿——尤为重要的是要战胜自我。这就是其号召力所在，是其导向行动的力量所在。每一个报道英雄及其事迹，或传播英雄肖像、英雄纪念品、英雄电影、英雄漫画的人，都想说服他们的受众，甚至可能是说服他们自己，去超越自我，去冒险，去成就伟大、争取声望，至少要承认英雄的优越之处，并且/或者在审美上消费他们。

英雄需要对手，这就是为什么每个英雄都有一个挑衅者，一个引诱他作恶或威胁要摧毁他的敌人。在战斗意志方面，敌人与英雄不分伯仲。英雄传奇的戏剧性需要一种力量上的动态平衡来营造。如果不制造出事情可能以不同方式结局的可能性，故事就会缺乏张力——即便大家知道英雄通常都会取得最终的胜利。使情节放缓的各种元素能够吸引人们的注意力，并为复杂的叙事模式创造空间。如果没有英雄软弱的瞬间和短暂的屈服，它就只能是一个短篇小故事。大卫（David）对战歌利亚（Goliath）[24]，主人公以弱敌强，战胜不可一世的强大敌

---

[24] 大卫和歌利亚是希伯来圣经《塔纳赫》（*Tanakh*）中的人物，其形象经希腊文《圣经七十子译本》（*Septuagint*）而进入了基督教圣经之《旧约》。伊斯兰教《古兰经》中亦载有其事迹。据《撒母耳记》（*Sefer Shmuel*）所言，大卫是统一的以色列的第三位国王。他被描述为一个年轻的牧羊人和竖琴手，因在迦南（Canaan）南部只身杀死（转下页）

人这类故事，和势均力敌的双方大战三百回合，不打不相识的类型一样具有叙事潜力。反之，"强大的英雄打败了弱小的对手"这种情况则缺乏戏剧性。

英雄传奇不仅描述满怀斗志的个人及其对手，还描绘了一个全面竞争的世界，这一世界需要并产生出了这样的人。除英雄主题外，这些故事又总是或内隐或外显地涵盖了社群和社会理论。这些理论强调社会中存在各种结构性的矛盾，并宣称解决矛盾、弥合分歧是一种英雄行为。因为达成合作共识的空间很小。田园牧歌式生活和社群主义乌托邦中不会诞生英雄。

战争是考验英雄人物的试金石，是检验英雄传奇背景设定的试验场。是的，将英雄的历史记录下来，就在很大程度上写就了一部部军事史。按照卡尔·冯·克劳塞维茨（Carl von Clausewitz）提出的著

（接上页）非利士人（Philistines）的勇士歌利亚而声名鹊起，成为以色列第一位国王扫罗的宠儿；他还与扫罗的儿子约拿单（Jonathan）建立了密切的友谊。但因为有意欲篡位之嫌，大卫躲藏了起来。扫罗和约拿单在一场与非利士人的战斗中身死，30 岁的大卫即被立为全以色列和犹大的王。大卫掌权后，征服了耶路撒冷城，并将它建成以色列的首都。他随后夺取了约柜（Ark of the Covenant）并将其放置在耶路撒冷，该城因此成为以色列宗教活动的中心，同时也是基督教和伊斯兰教的圣城。大卫和歌利亚的形象其后在各类文学、艺术作品中被发扬光大。如 1738 年，亨德尔（George Frideric Handel）创作的清唱剧《扫罗》（*Saul*）就以大卫为主要人物之一；1983 年，鲍勃·迪伦（Bob Dylan）在《丑角》（*Jockerman*）一曲中唱道："米开朗基罗确可雕刻出你的神韵。"（Michelangelo indeed could've carved out your features.）这指文艺复兴三杰之一米开朗基罗为大卫所作的著名雕像。鲍勃·迪伦显然对这个故事有所偏爱，早在 1964 年，他就已在《当船驶入》（*When the ship comes in*）中提到过大卫战胜歌利亚的事迹。

名的论断，战争中交错着两种行动逻辑：一方面，它是"扩大了的决斗"，双方都试图"通过体力迫使另一方顺从自己的意志"，其最直接的目的是"战胜对手，从而使对方无力再做任何抵抗"。另一方面，交战各方"以技术和科学的各种发明武装自己，以对付暴力"。[23][25] 他们竭尽全力进行装备竞赛，要在武器装备上超越对手，并更高效地运用技术手段，以使对手丧失行动力。这两种彼此竞争的行动逻辑对应着不同的角色模型——"热血"斗士和"冷酷"机械。前者尤具英雄气概，后者则缺乏个体伟大的光辉和殊不畏死的激情。荷马史诗中的英雄们在文化记忆中存活了逾两千年，这要归功于《伊利亚特》仍然将战争描述为一系列的决斗，决斗中的一方运筹帷幄，有组织且技术性地合理运用了力量，从而占据上风。除拥有神力的战士们奋勇战斗外，正如荷马所描述的那样，古人已经通晓了如何运用方阵，进行集体有序的行动："坚守阵地，同时向敌人冲锋，以盾牌对抗盾牌，所有人整齐划一，共同进退，仿若是同一个人，所有这些不同的行动都被概括为一个术语：秩序（taxis）。装甲兵们攻城略地，作战技术与自我约束、遵纪守规等伦理道德一样重要。"[24] 在军事史上，服从命令被认为是军人的天职，纪律严明的勇者占据了上风；在英雄崇拜史上，光荣属于独臂难支却兀自战斗的战士，他们是榜样，即便此去经年，战场上已无他们的身影。

---

[25]　译文引自 [德] 卡尔·冯·克劳塞维茨：《战争论》（第 1 册），陈川译，民主与建设出版社，2020。

军事英雄主义叙事假设了一种基本的交换关系：只有愿意牺牲自己的人才能成为战争英雄。在对战士的美德的叙事中，袭击和杀死敌人却不使自己面临同样的危险被认为是不光彩的。从历史上看，这种对所谓对等的决斗的美化——作为从安全距离外进行定点杀戮的逆向模式——总是有助于"使屠杀变得可以接受，或更进一步，使屠杀变得光荣"。[25] 从长远来看，仅靠强迫不足以使人们走上战场，去杀害他人，并将自己置于可能被杀的险境。但因为君主、祖国、国家利益至上原则、国家解放运动或无论哪种当局对他们的要求正是如此，战斗意愿和牺牲意愿啮合在一起，被拔高到了英雄式的位置。军事实力通过人们是否愿意战斗并能够作出牺牲这两者来展现。上述交换关系的精神内核提供了这样一种标准框架：被杀的风险为对杀戮的普遍禁止按下了暂停键。只因为对方想杀了我，按照逻辑，我可以且必须先下手为强。英雄美德的魔咒从来不曾，也绝不会与战争的现实有太大关系。战士们在战场上最不想要的，就是一场公平的战斗。想要生存，就得利用一切机会施展出自身的技术优势。然而统计损失和计算伤亡数字无法发挥出故事的认同建构作用，也起不到动员效果。英雄诗篇可以利用战斗中你死我活的戏剧性冲突来打消人们对战斗造成的经济损失的顾虑，以此弥合认知与动机之间的罅隙。

4. 男性气概

概因从荷马时代到现在，发动战争的主要是男性，而战斗活动也多与阳刚之气有关，所以英雄主要是男性的领地。英雄传奇涉及男性气概的不同层面，而其反面也对应着女性气质的各个方面。最重要的是，它们将彼此截然区分开来。英雄的性别秩序是二元的，且几乎没有给中间层级留下空间。这些刻板印象反映出了等级制度中的性别差异，而这是父权制的核心。基于此，男性渴望行动、好胜、被暴力吸引、想要涉险、喜欢冒险并且偶尔会僭越——所有这些都与英雄的特征重叠。与此同时，女性被认为需要被保护、被体贴关怀，她们敏感，容易被情绪操控，并且诱人。在传统的英雄叙事中，她们主要扮演英雄的仰慕者或是英雄努力追求的对象——她们更多地作为战利品，或是一面映射出男性自恋情结的镜子出现，而并非自我意志的代言人。女性特征被具象化为蛇蝎美人（femme fatale）的形象，她威胁到了英雄，令他神魂颠倒，并阻碍他获得新的成就。

英雄叙事中，提到女战士的篇章屈指可数——荷马史诗中的亚马逊（Amazonen）女战士 [26] 或《尼伯龙根之歌》（*Nibelungenlied*）中

---

[26]　据荷马史诗和其他一些古希腊文献所言，亚马逊人是一群女性战士和女猎手，她们崇拜战神，她们的身体力量和敏捷性，她们的箭术和骑术，以及她们所掌握的战斗技艺，都与男性不相上下。亚马逊人只抚养女儿，儿子生下来后或被杀死，或被送还给父亲，而亚马逊女战士只出于繁衍的目的而与男性短暂接触。在女王的指挥下，亚马逊人常年在世界各地进行军事远征，并与诸多神庙和古城的建立有关。亚马逊人也被称作"与男性平起平坐者"（Antianeirai）。尽管在古希腊历史学家希罗多德（Herodotus）笔下，她们是"男性屠手"（Androktones）、"男性毁灭者，谋杀犯"（Androleteirai），埃斯库罗斯（Aeschylus）称她们是"厌男者"（Styganor），但其形象仍受到后世文人艺术家的喜爱。如亚马逊女王希波吕忒（Hippolyta）的形象不仅出现在了莎士比亚（William Shakespeare）的戏剧《仲夏夜之梦》（*A Midsummer Night's Dream*）中，亦出现在他与约翰·弗莱彻（John Fletcher）共同创作的《两个贵族亲属》（*The Two Noble Kinsmen*）中。亚马逊女战士形象出现在 （转下页）

的布伦希尔德 [27]（Brunhilde）这样的英勇女性是少数例外——人们讲述更多的，是英雄为女性而战的故事。女性被拯救，女性被征服，

（接上页）不可枚举的漫画和影视作品，如 DC 扩展宇宙（DCEU）系列的《神奇女侠》（*Wonder Woman*，2017）和《正义联盟》（*Justice League*，2017）中，也出现在《暗黑破坏神》（*Diablo*）系列、《最终幻想 IV》（*Final Fantasy IV*）和《塞尔达传说》（*The Legend of Zelda*）等多款深受玩家喜爱的电脑游戏中。如今，它更成为全世界最成功的商业符号之一，堪称消费主义的女神了。

[27] 布伦希尔德是在日耳曼和斯堪的纳维亚地区广泛流传的尼伯龙根传奇（Nibelungensage）系列中的女性形象。这一传奇以不同版本、不同介质流传，其中最著名的书面作品即中古高地德语史诗《尼伯龙根之歌》，它大约成书于 1200 年的帕绍（Passau）地区。19—20 世纪，《尼伯龙根之歌》被推崇为德国的民族史诗，史诗主人公屠龙者齐格弗里德（Siegfried der Drachentöter）被视为德国民族英雄。该史诗由不同素材拼接而成，情节主要分为两个部分：第一部分重点讲述克里姆希尔德（Kriemhild）与齐格弗里德，以及克里姆希尔德的兄长冈瑟（Gunther）与冰岛女王布伦希尔德这两对男女的婚事，以姑嫂矛盾为导火索，最终导致冈瑟的忠臣哈根（Hagen）设计杀死了齐格弗里德；第二部分重点讲述克里姆希尔德的复仇，但复仇也许只是借口，她的真实目的在于得到尼伯龙根宝藏，早前，这一传奇宝藏被哈根沉入了莱茵河。克里姆希尔德求宝不成，恼怒之下杀死了哈根。伟大的勇士哈根居然死于一个女人之手，周围的男人们，不论此前的立场如何，全都惊呆了，希尔德布兰特（Hildebrand）因此径直砍下了克里姆希尔德的头，结果了这个杀死了男人的女人，史诗进入终章。布伦希尔德主要出现在史诗第一部分。她的名字由两个古高地德语名词组成，"brunni"意为胸甲（盔甲），"hild"意为战斗，因此这个名字的本义就是"穿着盔甲战斗"，但相对于英勇，布伦希尔德更多地被称为剽悍。故事之初的冰岛女王美且凶狠，凡是向她求婚的人都必须与她进行投枪、掷石和跳远三项比赛，只要在其中任何一个项目上败给了她，不但求婚不成，还要赔上性命，即便在新婚之夜，她也先把新郎捆起来吊打了一顿。但史诗中写道，她所谓的"彪悍"在"失去童贞"后随即消失，她变成了一个温顺的妻子。更有学者研究称，在后来的版本中，布伦希尔德形象中彪悍好斗的一面，越来越被淡化。与此同时，在 W. R. 瓦格纳（Wilhelm Richard Wagner）代表性的四幕歌剧《尼伯龙根的指环》（*Der Ring des Nibelungen*）中，布伦希尔德作为第二幕中的重要角色，位列女武神（Walkür）之一，而除她以外的八位女武神都是瓦格纳本人杜撰的。

凡此种种被认为应当是男性英雄主义的证明。又或者，这些叙事讲述"英雄母亲"和"战争新娘"的故事，她们恐惧但又自豪地把自己心爱的儿子或丈夫送入战场，再为他们英勇牺牲而哀悼。[26] 在传统经典中占有一席之地的女性英雄榜样主要是拥有自我牺牲精神的女性。"大多数女英雄是属于古怪类型的"，西蒙娜·德·波伏瓦（Simone de Beauvoir）指出，"（她们是）女冒险家、是特立独行的女人，是由于她们命运的特殊性，而不是由于她们行动的重要性才显得与众不同的……伟大人物（Der groβe Mann）从群众中产生，他被时势载着走，可妇女群众处在历史的边缘，对她们每一个人来说，时势是一个障碍，而不是一个跳板。为了改变世界面貌，首先必须牢牢地扎根在其中，但牢牢地扎根在社会中的女人，却是屈从于社会的女人"[28] [27]。

性别上的这种不对等在对荣誉这一概念的认知中达到了顶峰：女性的荣誉在于保持贞操，或仅进行合法的性接触，并服从父亲、兄弟或丈夫的安排，男性则必须在与其他男性的战斗中捍卫自己的荣誉，也守卫女儿、姐妹和妻子的荣誉——这样他们就有资格成为英雄。女性荣誉是一种被动的资产，男性荣誉则需要主动获取。这就是决斗只在男性之间出现的原因，只有被认定能满足荣誉感的人，才能被英雄化。

随着传统性别形象的衰退，作为女性自我赋能榜样的女英雄们越

---

[28]　译文引自 [法] 西蒙娜·德·波伏瓦：《第二性（合卷本）》，郑克鲁译，上海译文出版社，2014。

来越多了。而与之相反的是，只要或新或旧的英雄崇拜在一地蓬勃发展起来，父权制文化也就确定无疑地在那里复兴。尤为重要的是，当代英雄主义试图缝合起男性霸权结构的裂缝。与此同时，女英雄传奇通常会将主人公塑造成接近经典男性角色的样子，以此确立男性英雄符号——中世纪晚期战争中的女英雄圣女贞德 [29]（Jeanne d'Arc），是电子世界中的女版印第安纳·琼斯 [30]（Indiana Jones），劳拉·克罗夫

---

[29] 圣女贞德是法国的守护圣徒（Patron saint），她也被视为法国的民族英雄。在 1337—1453 年的英法百年战争中，她带领法兰西军队抵御英格兰军队的入侵，数次获胜。1430 年，贞德被捕，后被移送给英格兰当局，1431 年，她被指控犯有十二条罪行，其中包括：穿着男装，亵渎上帝。指在行军途中，贞德经常身着当时的男式服装，并剪了男款短发。面对审判，她称自己这样做是听从了上帝及其天使的命令。1456 年，即百年战争结束三年后，在贞德年迈母亲的奔走下，教宗加理多三世（Callistus PP. III）为贞德平反。1920 年，贞德被罗马教廷封圣（canonized），并于 1922 年被宣布为法国守护圣徒之一。贞德生前，也就是在她还自称少女贞德的时期，就已经被比作圣经中的女英雄，如以斯帖（Esther）等。时人认为她既履行了军事领袖这一传统男性角色的职责，又保持了贞洁，符合当时对女性美德的要求，她为信仰而战，集两性各自的最佳品德于一身，因此受到英法双方贵族女性的推崇。贞德是后世西方文化中的一个重要人物形象。自拿破仑时代起，这一形象就是法国乃至西方社会不同政治派别各自进行宣传、动员的利器，也为文人艺术家看重，莎士比亚、伏尔泰、席勒（Schiller）、威尔第（Giusepe Verdi）、柴可夫斯基（Tchaikovsky）、萧伯纳（George Bernard Shaw）与布莱希特都有圣女贞德相关作品传世，以其为题材的戏剧、影视，甚至漫画、电子游戏产品至今层出不穷。

[30] 印第安纳·琼斯是美国好莱坞于 1981 年起拍摄的《夺宝奇兵》（Indiana Jones）系列影片中的男主角，一位传奇的考古学家。与如今流行的将热门文学、游戏作品改编翻拍成电影以求卖座的情况不同，由著名导演乔治·卢卡斯（George Lucas）主导，史蒂芬·斯皮尔伯格（Steven Spielberg）参与制作的《夺宝奇兵》系列影片以其自身的成功而带动了一大批文学、漫画和游戏衍生品的热销。

特 [31]（Lara Croft）²⁸——或者如个别女性运动一样，被戴上象征战斗的光环——洗涤剂广告中的标志性家庭主妇，在她的战场上与污垢搏斗。只将女性作为英勇的"忍辱负重者"来称颂的叙事已经过时。几乎没人能将贝托尔特·布莱希特（Bertolt Brecht）的《汉娜·卡什之歌》（*Ballade von der Hanna Cash*）继续读作一首女性英勇的赞歌："就算他是瘸子，就算他是疯子 / 就算他爱怎么打她就怎么打 / 汉娜·卡什只问，我的伙计 / 她仍爱他吗？"²⁹ [32] 在今天，诗中的女主人公更可能是家庭暴力咨询中心的一个案例。当代流行文化可能在为女孩和成熟女性们提供越来越多的英雄身份认同，但女英雄仍然是男人的幻想，即使是女超人、神奇女侠、蜘蛛女侠或蝙蝠女侠，也逃不出这一窠臼。女性超级英雄极富性感的身体图式证明了这一点，她们用过于纤长的腿和过于丰满的胸部来对抗男性"同行"的硕大肌肉。然而，具有芭比娃娃特征的女英雄们和那些强势的男英雄们一样，都失去了情色魅力。她们的性感是漫画式的，是对陈词滥调的讽刺，而不是欲望出逃的重点。

---

[31]　劳拉·克罗夫特是于 1996 年起发行的电脑游戏《古墓丽影》（*Tomb Raider*）系列中的女主角。其角色身份是一名来自英国的考古学家。游戏围绕她周游世界，在古墓遗址探险并寻找失落文物的系列经历展开。游戏自上市之后大获成功，美国好莱坞女星安吉丽娜·朱莉（Angelina Jolie）也凭借其在同系列电影中的演出而收获大批影迷，一跃成为世界顶级电影明星，拥有极高的商业价值。2006 年，劳拉作为"最成功的电子游戏女英雄"被收入吉尼斯世界纪录。

[32]　译文引自 [德] 贝托尔特·布莱希特：《致后代——布莱希特诗选》，黄灿然译，北京联合出版公司，2022。

进化心理学 [33] 还涉及英雄的性这一主题，因为英雄主义通常代表着各式各样的男性求爱行为。刻在基因中的英雄主义的行为倾向由来已久，其持久性基于这样一个事实，即女性更喜欢规避风险，并更青睐勇敢的性伴侣，因为首先，她们认为勇敢者拥有更好的遗传基因组合，其次，她们假设这一类型的人努力工作以养育后代的意愿更强烈。[30] 与此同时，社会生物学 [34] 家解释了这样一个事实，被选中

---

[33] 进化心理学是心理学的一个热门分支，它将对人类行为的经验性观察和进化论结合起来，以作出相应的心理学解释。进化心理学由一系列庞杂的理论组成，如受诺姆·乔姆斯基（Noam Chomsky）普遍语法理论而来的思维模块化理论等，在方法论上也较为复杂。本书此处所涉及的主要是进化心理学中的性别理论部分。该支理论认为：从逻辑上讲，每个人的每一个直系祖先都必然要存活足够长的时间，以繁衍出至少一个后代，才生成了现在的人群，因此，有利于长寿与繁衍的行为偏好，如食物选择、伴侣选择偏好等，也被其后代继承下来，具体的偏好虽然对环境敏感，但因其基于进化而来，在人群中仍表现为相对稳定的心理机制。与社会心理学、认知心理学等分支有着较为明确的适用范围不同，进化心理学号称适用于心理学的各个分支，也正因如此，它虽取得了广泛的影响力，被认为获得了巨大的成功，却也受到各个具体领域专家们的批评。比如，有认知机制研究专家称进化心理学不过是讲些听上去似是而非的故事，无法得到证实或在科学研究的框架内被证伪。社会心理学家则批评说，在解释特定行为的性别差异时，进化心理学倾向于将差异归因于先天的生物学特性，而忽视社会现实因素，太过简单粗暴。当然，进化心理学者对相关批评也有所回应。

[34] 1960 年代末，英美学界兴起了动物社会学研究的新思潮，它综合了群体遗传学和种群生态学的自然选择理论，在此基础上从适应性遗传角度来研究动物的社会行为和社会现象。研究对象延伸到了人类社会，就形成了社会生物学。社会生物学特别强调要把利他行为，以及在配偶间或其亲族内部所观察到的对立关系，看作是遗传的适应产物，其特异性都是在一定的生存条件下进化而来的，是自然选择的结果。在此特别值得一提的是，针对一些物种中的个体也为无亲属关系的其他个体作出牺牲的现象，社会生物学家以交互利他原则来进行解释，即一个人对自己现在为他人所做之事，总抱有有朝一日也会（转下页）

成为英雄的主要是年轻人，是因为已被认可的头人在试图摆脱年轻的竞争对手："尤其是在等级社会里，青年人是最可被牺牲的，且往往远超社会其他群体……派青年们去对抗敌人会造成许多伤亡，并造出许多空缺职位。青年人是理想的士兵。他们中很少有人能幸存下来，只有极小的概率能取得杰出成就，成为英雄。因为强权可能需要个别英雄，却绝不需要以下克上的年轻军队。更受青睐的是那些陨落的英雄，他们在死后得到了纪念。事实证明，对当权者而言，青年的英勇就义能起到双重效益：领导者的个人声望被抬高，青年死后则不再对上位者构成威胁。"[31] 女英雄的身影甚至没有出现在这样的理论中，因男性过度争斗而受害的女性仍然是隐形的。通过将所有历史都置于适者生存（survival of the fittest）的原则之下，社会达尔文主义将英雄气概变成了男性竞争中的战略要素。优先进化要么归于那些孔武有力、能为自己加分的英雄，要么归于那些生存艺术家，这些人把危险的任务推给竞争者，并甘愿让出身后的英雄之名以作回报。

（接上页）有其他人为自己而做的信念，以实现一种间接、具有一定滞后性和不确定性，但全社会皆参与其中的普遍的利益交换。社会生物学家相信，交互利他只在具有复杂的社会结构，并且个体之间彼此能够认识的种群中才有可能达成。与孔子的"夫仁者，己欲立而立人，己欲达而达人。能近取譬，可谓仁之方也已"相比，交互利他原则显然更具功利性。因此，这些观点不仅因其带有浓重的拟人论色彩而受到严格遵循实验研究方法的比较心理学家的严厉批评，也经常受到人文主义者从道德伦理角度出发的批判。

5. 行动力

英雄者需要英雄事迹来成就。行动，而非懈怠无为，是他们的特点。英雄之伟大为人所赞颂，至少基于这样一种暗示，即他们是使时间进程发生决定性转变的人。那些创造历史的伟人们的神勇事迹常常栖居在各个英雄传奇里。从这个角度来看，历史为拥有统治权的行动者们全盘掌控，历史遵照他们的计划呈现，而不是随机事件的混乱陈列。历史是由（事业和）行动组成的，恩斯特·卡西尔（Ernst Cassirer）总结了托马斯·卡莱尔（Thomas Carlyle）关于英雄的讲稿的基本论点："而没有一个行动者，没有一个伟大的、直接的、人格的推动力，就没有行动。"[35] 32 以这种思路来叙述历史，可以支撑起它的意义，并驱散人们对偶然事件的恐惧。

要将焦点集中在英雄的行动力上，就必须分散其他角色的影响力，且将非人为的影响因素隐去，或至少是弱化掉。英雄主义叙事是高度选择性的，因此不太可能搭建起现实中的世界，为了使充满复杂性的社会看起来清晰明确，作者在虚构中对其进行了极致的简化。33 布莱希特在《一个读书工人的疑问》[36]（Fragen eines lesenden Arbeiters）

---

[35]　译文引自 [德] 恩斯特·卡西尔：《国家的神话》，范进，杨君游，柯锦华译，华夏出版社，2015。

[36]　此诗有包括冯至先生译本在内的多个汉译本，题名为《一个工人读历史的疑问》《一个工人读书时的疑问》《工人眼中的历史》等，但 "读书工人"（lesenden Arbeiter）实际是一个定中短语。布莱希特与画家汉斯·汤布洛克（Hans Tombrock）之间的一些讨论表明，诗人在此诗中有意识地处理了 "读书工人" 形象，而到了第二次世界大战期间，"读书工人" 形象愈为布莱希特所重视。有鉴于此，译者对本书中引用的诗歌题名和句子作了重新翻译。

中问道："是谁建造了七座城门的底比斯？是国王们拖来了山岩吗？""年轻的亚历山大征服了印度。孤身一人？"[34] 压根不要提问是最好的。对英雄人物的迷恋在很大程度上基于对强大的力量和过度发育、通常也过度活跃的主体的离奇想象。他们通过踢开摆在前路上的绊脚石而得到成长。他们的伟大随着他们克服的挑战而增长。如果一切事务都按照规则和计划进行，英雄将无用武之地。英雄行为需要经受阻力。因此，英雄的对手绝不能被削弱。唯有他们，不会被英雄的光环掩盖。英雄团队中的其他角色——同伴、导师或恋人——只能作为配角出场。

　　如伊万·冈察洛夫（Iwan Gongtscharow）描述的奥勃洛摩夫（Oblomow）[37]，或赫尔曼·梅尔维尔（Herman Melville）笔下的书

---

　　[37]　俄罗斯作家伊万·冈察洛夫在 1859 年首次出版的小说《奥勃洛摩夫》（*Oblomow*）中塑造了这一同名形象。奥勃洛摩夫是小说的中心人物，一位年轻、慷慨的贵族，他似乎无法作出重大决定或采取任何重大行动，在整部小说中，他很少离开他的房间，甚至很难下床。在小说的前几十页中，他只是设法从床上移动到了椅子上。作者刻画出这样一个人物，被认为是对当时俄罗斯知识分子的讽刺。这部小说一经问世就广受好评，奥勃洛摩夫被认为是 19 世纪俄罗斯文学中的代表性形象之一 ——零余者的终极化身。值得一提的是，俄罗斯文学中最早的零余者形象出自普希金《叶甫盖尼·奥涅金》（*Eugene Onegin*）中的同名主人公，但直到屠格涅夫（I. S. Turgenev）的中篇小说《多余人日记》（*Diary of a superfluous person*）发表后，零余者（俄文拉丁转写：lishnego cheloveka），或称零余人、多余人，这一称谓才流行开来。在我国，零余者这一形象因郁达夫的刻画而流传开来，进入读者和研究者视线，但郁氏笔下的零余者不再是自感生活无意义的苦闷贵族，而是 20 世纪初那些有着清晰的生活目标，却苦于现实而无法实现追求的普通青年。也因此，中国版的零余人形象反而在行动上更富张力，表面"沉沦"之下涌动着的是呐喊、是反抗，是对新生活的向往。

记员巴特尔比（Bartleby）[38] 那样消极怠工的"零余人"充其量只能是反英雄。他们不仅缺乏行动，更重要的是，他们没有采取行动的意愿。英雄可能会迟疑拖延——阿基琉斯在这方面的表现和他的愤怒 [39] 一样典型——但最终他必须去做那些必须做的事情。[35] 他至少必须得有采取行动的意愿。如果外界阻止他采取行动，他就只会像《伊利亚特》第九章中那个纨绔子弟，那个文雅的浪荡子 [40] 一般作

---

[38] 巴特尔比是美国作家赫尔曼·梅尔维尔的中短篇小说《书记员巴特尔比》（*Bartleby, the Scrivener*）的主人公。这部小说分两期首发在 1853 年 11 月和 12 月的《普特南月刊》（*Putnam's Monthly Magazine*）上。小说中，作为一名 1850 年前后为美国华尔街律师工作的青年书记员，巴特尔比沉默寡言，老板认为他能很好地平衡之前两位书记员的暴躁情绪。起初，巴特尔比工作投入，很有效率，但忽然之间，面对递来的工作，他都简单回答说："我不愿意……"他似乎失去了一切生活动力，最后甚至死于不愿饮食。这一人物形象得到了非常广泛的讨论，有人认为巴特尔比是一个经典的社会边缘人，零余者的形象；但也有观点认为，梅尔维尔只是描述了一个患有临床抑郁症的病人；还有人认为，巴特尔比身上体现了哲学中对自由意志的探究，等等。

[39] 据《荷马史诗》讲述，阿伽门农王从阿基琉斯的营帐中夺走了受他钟爱的少女布里塞伊斯，引发了英雄的愤怒。一般认为，整部《伊利亚特》都围绕着阿基琉斯的愤怒这一主题展开。史诗"叙述了愤怒的起因、愤怒的后果和愤怒的消解，把其他有关事件统统作为穿插，从而做到情节的整一性"。（参考自 [古希腊] 荷马：《荷马史诗·伊利亚特》，罗念生、王焕生译，人民文学出版社，1994。）以此，阿基琉斯的愤怒是西方文学中最常被讨论的经典主题之一。

[40] 《荷马史诗》第九卷中讲道，愤怒的阿基琉斯拒绝为阿开亚人出战，阿伽门农派奥德修斯（Odysseus）和福尼克斯（Phoenix）等人去做说客。使者到来时，发现"他在弹奏清音的弦琴，愉悦心灵，那架琴很美观精致，有银子做的弦桥，是他毁灭埃提昂的城市时的战利品"。使者对其许以重利，但阿基琉斯不为所动，声称自己要继续唱歌饮宴、寻欢作乐，并劝其他人也都航海回家去。为了打动英雄，福尼克斯对他讲述了埃托利亚（Aetolia）的卡吕冬（Calydonian）人墨勒阿格罗斯（Meleager）的故事，需要（转下页）

出违拗的反应。若干世纪之后，查尔斯·皮埃尔·波德莱尔（Charles Pierre Baudelaire）在其中看出了"现代的美和英雄气概"。[41] 36 作为"一个无所事事的赫丘利"[42] 37，他别无选择，只能因势利导，去赞美无所事事。"把没有行动说成是不想行动，把'你不能'变成'我想的，是我不能的'。" 38

尽管人们常把英雄与浮夸好斗联系在一起，但拒绝配合或忍耐行为也可以被英雄化。1955 年 12 月 1 日，当罗莎·帕克斯（Rosa Parks）冒着被逮捕和定罪的风险，在亚拉巴马州蒙哥马利的那辆公共汽车上

（接上页）注意的是，荷马史诗中的故事结局与其他希腊文本中的有所不同，可被看作是福尼克斯为阿基琉斯"定制"的。故事讲道：墨勒阿格罗斯的父亲卡吕冬王奥纽斯（Oeneus）没有把葡萄园的初次收获奉献给'宙斯的孩子，'弓箭女神'阿尔特弥斯（Artemis），女神便派一头野猪，也就是神话中的卡吕冬野猪（Calydonian boar）来糟蹋他的葡萄园。墨勒阿格罗斯"从许多城市把猎人和猎狗召集拢来，杀死野猪"。然而，"这位女神在库瑞斯特人（Curetes）和心志高大的埃托利亚人之间为争夺野猪的脑袋和毛茸茸的皮子，引起许多叫嚣和呐喊"。墨勒阿格罗斯的舅父是库瑞斯特人，他们企图抢走猪皮，墨勒阿格罗斯因此杀死了他们。他为此被母亲阿尔泰亚（Althaea）诅咒，愤而退出战斗。一些版本中表明，他开始在城中四处浪荡。而在另一些版本中，他闭门不出，只躺在妻子身旁。之后，战火烧至卡吕冬。一开始，不论他人如何请求，墨勒阿格罗斯都拒不出战，直到妻子恳求他顾及黎民百姓的安危，他才改变态度，驱走了来犯之敌。但这一故事也未能打动阿基琉斯，他称："我想起这件事，我的心就膨胀，阿伽门农是怎样在阿尔戈斯人当中将我侮辱，把我当作一个不受人尊重的流浪汉。"他因此继续拒绝参战。（参考自 [古希腊] 荷马：《荷马史诗·伊利亚特》，罗念生、王焕生译，人民文学出版社，1994。）

[41] 译文引自 [法] 波德莱尔：《论现代社会的英雄》（选自《1846 年的沙龙》），载《1846 年的沙龙——波德莱尔美学论文选》，郭宏安译，广西师范大学出版社，2002。

[42] 译文引自 [法] 波德莱尔：《浪荡子》（选自《现代生活的画家》），载《1846 年的沙龙——波德莱尔美学论文选》，郭宏安译，广西师范大学出版社，2002。古罗马神话中的赫丘利（Hercules）即希腊神话中的赫拉克勒斯。

等待，而不是离开白人专用座位时，她成了美国民权运动的英雄。[43]
就其作用和道德评价而言，更容易界定不清的是汉斯·马格努斯·恩
岑斯贝格概述过的"回撤英雄"，像米哈伊尔·戈尔巴乔夫[44]这样的
"历史性的拆迁队员们"发起了有序解散专权政府的行动。他们的伟
大，按照恩岑斯贝格的说法，在于看出了历史的种种迹象，放弃了自
己的权力，而对"从噩梦回归常态"一事不予抵抗。[39]

为了将英雄行动归功于英雄化了的人物，故事必须以它们自己
的方式讲述。英雄无法被人代任。对他们的崇拜基于在场效应[45]，
它无法进行转授权。正是出于他们的特质，英雄可代表一整个群体，
但其自身却不能被代表。超凡魅力要想经得住考验，就需要有真实的
独特性。对英雄行为的期待会与某些职位或职业所行使的职责联系起

---

[43]　罗莎·帕克斯在蒙哥马利巴士抵制运动（Montgomery Bus Boycott）中起到了关
键作用。当时，公共汽车上的"白人"部分满座，司机詹姆斯·布莱克（James F. Blake）让
她腾出"有色"部分的一排四个座位给一名白人乘客，而帕克斯拒绝了这一要求，她因此
被捕。随后，黑人社区对蒙哥马利巴士进行了持续一年多的抵制。1956 年 11 月，根据美
国《宪法》第 14 条修正案的条款，蒙哥马利的公交种族隔离法被判违宪。帕克斯的反抗
和抵制被认为是取得这一关键进展的标志性事件，她因此成为抵制种族隔离者的国际偶
像。帕克斯终生投身于各类民权政治运动，美国国会尊她为"民权第一夫人"和"自由运
动之母"。

[44]　戈尔巴乔夫（Michail Gorbatschow），苏联和俄罗斯政治家，苏联第 8 任也是最
后一任领导人，在 1989 年美苏冷战结束和苏联解体过程中起到了关键作用，是 20 世纪末、
21 世纪初的重要政治人物。

[45]　在场效应（Präsenzeffekt），即事物在场，或其存在本身即能产生影响，并带来
相应的后果，这种影响不以其他在场者主观上是否接受为转移，此处与前文述及的"英雄
主义是一种接受效应"形成对照。

来——英雄事迹更可能发生在指挥官而不是厨师身上——但仅凭职衔或用工合同并不足以使人成为英雄。即使身负统治职责，也很难就此进入英雄的万神殿；一周 40 个小时的工作中也很难容下英雄事迹。在技术工具的使用方面，情况则更为复杂：一方面，英雄经常借助科技装备来提升他们的行动力，专属武器或某些制式装备经常是其标志性外观的重要组成部分。试想一下，没有了他的福克 Dr.1，"红男爵"曼弗雷德·冯·李希霍芬 [46]（Manfred von Richthofen）会怎样，如果没有亨利猎枪，老铁手 [47]（Old Shatterhand）会怎样？另一方面，英

---

[46]　曼弗雷德·冯·李希霍芬是第一次世界大战中的德军王牌飞行员，因取得了最多的空中胜利而声名鹊起，获得多项荣誉勋章。其绰号"红男爵"被认为取自他的贵族身份，以及他经常驾驶红色涂装的战机，其中就包括一架福克 Dr.1。红男爵的事迹于 1971 年被美国好莱坞搬上大银幕，在影片《曼弗雷德·冯·李希霍芬——红男爵》（Manfred von Richthofen - The Red Baron）中，主人公不屑于强制性的迷彩涂装方案，表示与敌人公开对阵才更符合他的骑士理想，因此执意把飞机涂成鲜艳的红色。他的中队因独到的作战方式而被昵称为"空中马戏团"，起初，飞行员们都以骑士精神在战斗，但随着战争继续，凶残暴力的行为越来越突出，仍恪守骑士精神的主人公因此一度陷入精神苦闷之中。影片主题由此升华。2007 年，德国亦拍摄了一部以红男爵为主人公的影片，但被认为艺术水准远不如前作。此外，红男爵这一形象还多次出现在漫画、游戏作品中。

[47]　老铁手是德国作家卡尔·麦（Karl May）于 19 世纪 80 年代为他的"狂野西部"系列小说虚构出的人物。作家本人坚称这是他的另一个自我，并相信自己经历了书中所有冒险，但实际上，直到写完这一系列的大部分作品，他才第一次到访美国，且没有去往美国西部。在作者笔下，老铁手骑一匹有着印度名字的黑马，并拥有两支独特的步枪："亨利猎枪"（Henrystutzen），可以发射 25 发子弹而无须重新装填，"屠熊者"（Bärentöter），一种非常重的步枪，甚至可以远距离射杀一头熊。二者皆由一位圣路易斯的枪匠亨利（Henry）制造，其人物原型是 19 世纪美国传奇枪支制造商本杰明·泰勒·亨利（Benjamin Tyler Henry），世界上第一支可靠的杠杆式联动步枪——亨利步枪的发明人。中国妇女出版社曾集中出版过卡尔·麦世界探险系列作品。

雄能动性的发挥也受限于人造的科技产品。随着十字弓弩和火器的普及，骑士英雄中的明星黯淡了光芒，几个世纪之后，随着汽车的出现，马背上的英雄们再也无力回天，他们的命运就此注定。

6. 牺牲精神

英雄主义行动力的重要性尤其体现在它的反面：英勇的行为和英勇的死亡相互印证。一个行动能否被认定为英雄式的，较少取决于它是成功还是失败，更多的在于其中意志的矛盾性。唯有死去的英雄才能证明他们真的愿意付出一切。对生命的热忱会激发他们的勇气，保护他们免受嫉妒之人的阴谋陷害，免遭处境尴尬的未来或免受对其理想的诋毁，并因"对于死者宜隐恶而扬善"（demortuis nihil nisi bene）而使人仁慈地忽略他们的弱点。他们越早离开，他们的形象就越耀眼："你想赢得革命 / 名誉功勋 / 我建议 / 为它而青春洋溢 / 而不是为它死去 / 无懈可击的胜利 / 带领孩子气的英雄 / 毕竟他已经挂在墙上了 / 你把他人放在第一位。"雅克·卡松克（Yaak Karsunke）为1793年在旺代（Vendée）被保皇党人杀害的13岁鼓手约瑟夫·巴拉（Joseph Barra）的肖像而写。[40] 这幅著名肖像出自雅克·路易·大卫（Jacques-Louis David）之手。马克西米利安·德·罗伯斯庇尔（Maximilien de Robespierre）以这个孩子的殉难煽动起全民征兵（levée en masse）[48]。

---

[48] 全民征兵（levée en masse），是一个法语术语，源自法国大革命中第一次联合战争期间的大规模征兵政策。1793 年 3 月，法国与奥地利、普鲁士、西班牙、英国等国交战，因旺代叛乱的发生，战争形势一度恶化，尤其是在 1793 年 7 月美因茨陷落 （转下页）

所有领袖都按照同样的模式追封这样的死者。

当然，并不是每一个生命的终结都同样英勇。英雄不死于卧榻[41]，或被问尚能饭否，他们也不会因在香蕉皮上滑倒而死去。英雄死沙场、马革裹尸还是一种礼节，军队的宣传员宣称死于战场甜蜜而光荣^[49]（Dulce et decorum），但即使如此，致命的子弹也不应该从背后射向一个逃跑的人。舍己救人者被视为无可争议的英雄，被处决或谋杀的抵抗者和自由战士也被尊为英雄——至少受他们的同伴尊崇。在后一种情形里，英雄和殉道者之间的区分变得模糊。一个与激情时刻

（接上页）之后，法国人民陷入绝望之中。工会成员贝特朗·巴雷尔（Bertrand Barère）要求工会"庄严宣布法国人民将作为一个整体起义，以捍卫法国独立"。8 月 23 日，国民大会颁布了由巴雷尔和拉扎尔·卡诺（Lazare Carnot）共同起草的《全民征兵法令》（Levée en masse decreed）。它以响亮的措辞开头："从这一刻起，直到敌人被赶出共和国的土地为止，所有法国人都被永久征用，以为军队服务。年轻人要战斗，丈夫锻造兵器，运送物资供给；妻子制作帐篷，缝衣裳，在医院中服务；子女们将旧棉纺成新布；老人应走上公共广场，以唤起战士们的勇气，宣扬对国王的愤恨，宣扬共和国的统一。"以此，法国所有 18～25 岁的未婚健壮男子立即被征用服兵役，军队的人数显著增加。此外，正如法令所暗示的那样，大部分平民转而通过参与武器制造、军备生产及向前线提供补给来支持军队。这次兵役制度改革也被认为是法国国家认同建构的重要一环。此后，"全民征兵"这一术语也用于面对入侵时，紧急大规模征兵的其他例子。

[49] 语出自古罗马诗人贺拉斯（Horace）的《颂诗集》（Odes，III.2.13），全句为："为祖国而死是甜蜜而光荣的。"1917 年末，英国最著名的"战争诗人"之一，威尔弗雷德·欧文（Wilfred Owen）写下了他的名篇《是甜蜜而光荣的》（Dulce et decorum est），描述了一名青年在一次毒气袭击中痛苦死去的惨况。在诗的结尾，欧文写道："那古老的谎言：是甜蜜而光荣的／为祖国而死。"直接引用了贺拉斯原句。皆因第一次世界大战期间，此句被冲突各方争相用作征兵宣传，将原本富于朴素爱国情感的象征性诗句曲解为实指，以图美化兵役，并鼓励在战争中作出牺牲，这引起欧文的反思和嘲讽。欧文的诗篇于诗人去世后的 1920 年发表，后在欧洲各国产生了很大影响。

的联系更强，另一个则与持久性的联系更密。在英雄叙事经典中，坚韧不屈者占有一席之地，而敢于冒生命危险则被认为是一种基本的英雄美德；满腔热血之人更有可能被发配为殉道者。

是什么驱使人们罔顾个人生存意愿，这是一个悬而未决的问题。弗洛伊德（Sigmund Freud）认为"英雄主义的秘密"在于人类无法预见自己的死亡，并且最终是基于那些缺乏想象力的假设而产生了许多说法："人们对英雄主义所作出的理念化的解释是，个人的生命没有比某种抽象的一般理想更为宝贵。我则认为，出自本能的、冲动的英雄主义常常不知道这种动机形成，而因安岑格鲁贝（Anzengruber）让斯坦施拉格汉斯（Steinschlagerhanns）作出的保证——'你不会有事的'，[50] 而不惧危险。或者，这种动机形成只是为扫除一切犹豫不决的态度开拓了道路。"[42] 因此，英雄的自我牺牲需要靠否认一部分现实来达成：英雄去冒生命危险，因为他没有认识到危险或者忽视了

---

　　[50]　路德维希·安岑格鲁贝（1839—1889 年），奥地利剧作家、小说家及诗人。1870年，他凭借《基希菲尔德的牧师》（*Der Pfarrer von Kirchfeld*）一剧成名，后创作过多部奥地利乡村题材的成功剧作和小说《污点》（*Der Schandfleck*）、短篇故事集《云和阳光》（*Wolken und Sunn'schein*）等。其作品大多语调略带忧郁，却又不乏明亮、诙谐的场景。"你不会有事的"一句出自其剧作《划十字的人》（*Kreuzelschreibern*）。剧中有一幕讲道：斯坦施拉格汉斯曾经病重，但觉得自己即便要死去，也要死在正午温暖阳光下的草地上，于是从采石场的小屋中走出来，在户外草地睡了一觉，醒来之后，他惊喜地发现自己居然痊愈，于是唱起了一曲《那个划十字的人》（*Die Kreuzelschreiber*），并把"你不会有事的"这一乐观态度传达给了周围的人。斯坦施拉格汉斯被认为是一个拥有理想人格的人物形象，反映出安岑格鲁贝本人的态度：反对虚荣浮夸和迷信，朴实自然、豁达大度。"你不会有事的"后成为一句奥地利名言。

它，他自己甚至都懒得问为什么要这样做。无论如何，对观众而言，内在动机仍然是不可见的，而英雄传奇遵循自己的叙事规则，并为他们的主人公提供增加故事戏剧性和／或使他们的行为看起来合理的理由。

无论那究竟是什么，有一种东西可能激发出英雄为后来者作出牺牲的愿意，他有意识地寻求或至少接受了自己会濒临死亡的假设，这种意愿最终导致了他的行动。不需要借助利益、讲大道理或诉诸理性，他作为榜样而存在的力量应该能够帮助他得偿所愿，而单凭出钱出力和讲大道理是行不通的：要说服后人放下自己的生存意愿，像他那样毫无保留地作出承诺。但即使是在对死者的英雄崇拜中，对模仿的认同要求也与补偿性疏远冲动叠加在一起。旨在调动起牺牲意愿的行为，也消解了人们对实际仿效前者的话可能会出现哪些情况的假设。当然，活着的人在真诚的哀悼和钦佩中向死者鞠躬，发誓他们的牺牲没有也不会白费，但他们也以同样的姿态远离了由此产生的道德要求。这个标准设置得太高了："如果一个人必须以死亡来对抗不公正，那我们选择平安地待在家里的话，大多数人都会原谅我们。"[43] 像在任何葬礼上一样，对牺牲了的英雄的崇拜不仅体现了对逝者的慰藉，也体现了他们愿意尽一切努力保持这种状态的意愿。

作出牺牲意味着放弃生活中可能的乐趣。英雄主义也许轻视享乐主义，但它也在其中看到了自己的局限。马克斯·舍勒（Max Scheler）提到，过度的牺牲意愿会令自身陷于荒谬（ad absurdum）："'纯粹的'英雄主义与'纯粹的'享乐主义中的某些东西一样。""一个为英雄而存在的世界，势必天地不仁，直至'英雄主义'横空出世。而天将降大任于是人也，又必苦其心志，劳其筋骨，乃至以其殉道。但恰是这个世界，连同它（以万物为刍狗）的'神'，配不上英雄的付出。只有越过痛苦、幸福在招手时，英雄才有意义。'绝对'的英雄不再是英雄——他是一个傻瓜，或者是一个患有嗜血症的病人。"[44] 英雄主义精神要求不避死亡，但也禁止寻求死亡。至少对于士兵来说是如此，因为他们的生命不属于他们自己，他们可能只有在被命令要求的情况下才会冒险。以赤手空拳对抗全副武装，这并非英雄姿态，相反，它代表着军事力量的瓦解。[45] 任何极端追求死亡的人都应该上军事法庭或向军事精神病学求助。英雄的自我牺牲绝非一种自主行为，而属他律。

　　一般说来，英雄叙事在英雄主义的层面讲牺牲，而不在受难者的角度上讲，从而赋予死亡超越个体生命的意义。自我牺牲是对后来的英雄活着时的要求，也是对他们的死亡作出的解释。牺牲者应被视为受害人；英雄听起来像是加害者，但作为牺牲品的他实际是受害人。将生命视为"并非高于一切的存在"[46]并因此让人们去冒生命危险的英雄主义呼声可能会传达到每一个人——除了那些自身受到迫害的群体和受害人。毫无疑问，他们不可能成为英雄，因为强盗们不仅消灭了他们的肉体存在，而且剥夺了他们的个性，从而使他们失去了人性。宏大犯罪的受害者"并不像英雄一样独特和无与伦比，他们只是一类人中的一个个体，属于这一类人是他们受害的全部原因"。[47]

受害者意义上的牺牲品不仅仅出于英雄本人的行为，也出于被他摧毁的敌人："同伴会死，追随者也会死。他们中的大多数人都没有名字。所有的光都落在一个人身上。当他跌倒的时候，常常带着许多人一起倒下，以在其末日获得更大的荣耀。"[48] 在当代纪念话语中，给予英雄何种定位就成为一个问题，因为如果仔细审视，就会发现其胜利往往是一种犯罪，由此，公共纪念出现了互补的两种策略：一方面，试图让英雄的行为消失在他们的暴力死亡背后，通过猛烈抨击，将他们描述成一个凶残时代的牺牲品，一个有罪政权的牺牲品，以此来化解普遍的道德危机，开脱其罪行。如果大家都不加区分地随意哀悼，就不再会有英雄了，加害者也随之消失。另一方面，"纯粹的"牺牲者，没有任何可愧疚之处，没有任何可被质疑的同谋，就进入了集体记忆的中心。由此，各种遗迹故地取代了英雄纪念碑。这两种策略在溯及过去时，都并非为了效仿过去，而是为了洗涤心灵。虽然英雄自愿牺牲的魔咒旨在唤起模仿，但对牺牲者的后英雄式纪念却"在疏远牺牲、抵制牺牲上蓬勃发展，牺牲不再是传统义务和一直以来的要求"。[49] 苛求牺牲的做法越不可理喻，越令人无法容忍，受害者显然就越加神圣。

7. 悲剧

谁行动谁就有罪。因此，行动力和责任密切相关。英雄们无视行动限令，明知不可为而偏要为之。他们更有可能接受最严厉的惩罚，而不是引起暴虐者的重视。他们对失智和无知不姑息，向上去寻求解决方案。"独立自主的坚强而完整的英雄性格就不肯卸脱自己的责任，也未认识到主观意图与客观行动及其后果之间的这种矛盾。"黑格尔对这种主流观念评论道。[50] 与现代道德观念截然相反，英雄不仅是一个胜利者，也是一个悲剧人物，他的自律性和他律性紧紧靠在一起。胜利英雄的自主性和与悲剧英雄的隶属性形成鲜明对比，一方的荣耀与另一方的不幸相互映衬。[51]

悲剧英雄无法主宰自己的命运，他们对自己的使命感到绝望，并成为无辜的罪人。即便要以自我毁灭为代价，他们也只能任由摆布，接受命运并执行它，这是更高权力对他们的要求。他们可能会为自己的命运而挣扎，但却无法摆脱它。他们时而违反法律，是出于对他人命令的服从。他们通过行为来展示自身的伟大，无可奈何地走向可以预见的未来。其非凡之处不在于他们必须克服挑战，而在于他们所面临的灾祸之不可避免，胜利的英雄因其力量和精力而受到钦佩和崇敬，但他们的悲剧对手也会因与命运无能为力的纠缠而引起广泛的同情和怜悯。他们不专注于模仿，而是通过自身令人战栗的经历，坐着希望和绝望的过山车来影响他们的受众，让他们在强烈的情感体验中找到情绪平衡之道，得到道德上的净化。通过英雄的失败，人们理应认识到自身的局限性，屈服于命运的力量。至少自亚里士多德以来的悲剧理论是如此宣谕的。

这种将诗学和伦理学并置考量而作出的解释，在今天听来会有些不合时宜，但现代的、个人主义的英雄观念也可悲地被浸透了："成为个人意味着，"约瑟夫·弗吕希特尔（Josef Früchtl）继尼采

（Nietzsche）之后写道，"对苦难说是，不在普遍性中沉沦。因此，这无异于成为英雄。英雄克服了他们的恐惧，他们不回避苦难。适宜生活的环境才是灾难性的。从生活中驱逐悲剧，从逻辑上来讲，就意味着废弃了英雄。"[52]

胜利英雄和悲剧英雄是一对互补模式，但这两种模式也会表现在同一英雄人物的不同发展阶段中，这也就是关于兴衰的叙事，又是关于毁灭和复活的叙事。

一方面，无论如何，大多数英雄传奇中都有悲剧的痕迹，因为英雄如果从未对抗过失败与歉疚，或从未有过狂妄自大的倾向，就会显得过于温和保守。胜利英雄和悲剧英雄一样，都会被赋予超凡魅力。即使自主性和行动力被按下暂停键，未到终局，命运的推进也只会暂缓而不会停止。胜利者会被更多拥趸围绕，但观众更会被悲情角色打动。一个人体现了典范和令人钦佩的一面，另一个人则展示了英雄主义的无度索求。人群向胜利者蜂拥而去，悲剧英雄是孤独的，可又尤其是这孤独，赋予了他崇高的光环。

另一方面，这两种类型都充满了悲情，同时缺乏讽刺意味，讽刺会将悲情肢解，因此可被看作是反英雄的指征。当然也有讽刺英雄的故事，最著名的是米格尔·德·塞万提斯的《堂吉诃德》，但它们的基本动机是去英雄化。它们以对中心人物祛魅为生。其自身与讽刺相去甚远。当弗拉基米尔·普京（Vladimir Putin）这样的领导者以英雄的姿态出镜时，他的肖像瞬即就被印在了数百万个咖啡杯、T恤或鼠标垫上，其形象不再那样高高在上，这并非对其形象的诙谐解构，而是传达了这样一个事实：爱国主义与流行文化相得益彰，个人崇拜和商品推销之间的界限变得模糊。[53] 如果你开不起玩笑，就会变得脆弱；主权主体决定自己的趣味终点。

幽默与讽刺相类似，也是英雄之悲情的毒药。塞万提斯的同时代人巴尔塔莎·格拉西安（Baltasar Gracián）说："快乐的人通常少有英雄气概。"[54] 真实性和直接性必须与角色拉开距离。英雄可以很有趣，但绝不可笑。他可能会以幽默作为一种修辞武器来给对手难堪，但不应该以此拿他自己开玩笑。底线在于，英雄要有趣而不自知。只要你一笑，他们的精神气质就会崩溃。剩下的只是一位演员业余地扮演一个角色。从另一方面讲，英雄们自己或笑或哭，即使这种大喜大悲的情绪波动使他们失去了对个人意志的控制能力，依然无伤大雅。[55] 它们是英雄行为的一种界标。任何不得不笑或哭的人，在那个时刻都不再是自己的主人；但也只有失去控制的人才能重新获得控制。因此，笑和哭本身，与重新控制个人情绪的能力相比，显得不那么英雄气。

正如亨利·柏格森（Henri Bergson）所观察到的，自身的需求和固执会损害悲剧英雄的悲情："因此之故，悲剧作家总是小心避免任何足以把我们的注意力转移到主人公的物质方面的东西。一旦引入了对身体方面的关注，滑稽因素就有渗入的可能。所以悲剧的主人公不吃不喝，也不烤火。如果可能，他们甚至也不坐下来。正在念着台词之际坐下来，就会提醒观众，使他们意识到主人公有个身体……要打断一个悲剧性的场面，再也没有比这更好的办法了，因为你一坐下

来，那就成了喜剧。"[51] 56

8. 道德感

英雄崇拜不基于洞察力，而基于情感。英雄是感人的。他们的故事激发出热情并挑战判断力。因此，它们适合作为范例。道德主张若要产生任何效果，就必须产生情动。在这一点上，相较于理性的讨论、普通的规范和指数，个体榜样能做得更多。它不仅解释了什么该做，什么不该做，还展示了如何去做、所要克服的困难和要作出的牺牲。并非每一个动人的故事都会激起道德评判，但英雄传奇都会。人们也会钦佩艺术大师、成功的商人，甚至会钦佩熟练的小偷，但只有其非凡成就与"亦余心之所善兮，虽九死其犹未悔"结合，被仰慕者才能成为英雄。

然而，表现出英雄倾向并不意味着其整体人格如此。这种倾向可以大到影响人之一生，也可以小到只影响一个平淡无奇，甚至令人怀疑它是否存在的非凡时刻。在关于英雄事迹的故事中，英雄被浓缩在这单一的情况里。重要的是情感的强度，而不是引起情感之人的完美经历。这是一种近似于恋爱的状态，我们寻找英雄，因为寻找本身让我们处于兴奋状态。通过"表达热烈积极"的情感，我们能够产生更加强烈的共鸣，"因之，在每个运动健将身上，我们同时享受着自己的力量，在每个国王身上，我们对权力的需求得到满足，在每个发明和创造者身上，我们都能得到满足，因为这也是我们自身创造力冲动

---

[51]　译文引自 [法] 柏格森：《笑》，徐继曾译，北京十月文艺出版社，2005。

的体现".[57]

情绪里包含一些不由自主的成分：一个人会泪流满面，兴奋难耐，或敬畏不已。然而，它们是文化加工的产物。因为它既不是人类学预先决定的，也不是巧合——哪些印象触发哪些感觉——所以对其进行影响干预是可能的。英雄叙事管理情感，但矛盾的是，它们通过赋予英雄人物瞬时的光环来做到这一点。释放感情意味着能量的转移，这就是英雄现身和他们超凡魅力的效应经常被比作火的原因。"我说过，伟大的人物总是像天上的闪电"，托马斯·卡莱尔在《论历史上的英雄、英雄崇拜和英雄业绩》（*On Heros, Hero Worship and the Heroic in History*）中说，"普通人只是备用的燃料，有了伟人这个火花，他们才能燃烧发光"。[52] [58] 尼采并非卡莱尔的拥趸之一，但同卡莱尔一样，是情念程式 [53] 之友，他附和说，伟人和"伟大的时代一样，都是积聚

---

　　[52]　译文引自 [英] 卡莱尔：《论历史上的英雄、英雄崇拜和英雄业绩》，周祖达译，商务印书馆，2011。

　　[53]　情念程式（Pathosformel）是阿比·瓦尔堡（Aby M. Warburg）创造的艺术史术语。瓦尔堡自称为文化历史学家，实际更被认可为艺术史学家和文化科学家，他也是公认的将图像学确立为艺术史中的一个独立分支学科的奠基人。需注意的是，与其说卡莱尔和尼采是情念程式之友，毋宁说二人，尤其是尼采，是瓦尔堡提出情念程式概念的启发者。在描述但丁的形象，特别是英国画家乔托笔下的但丁形象时，卡莱尔激情澎湃，数度触及可能与情念相关的话题。他写道："他（画像上的但丁）的一切激情转变为愤慨：这是一种毫不留情的愤怒，又表现为那样的冷漠、平息和沉默，就像一位天神！还有他那双看上去露出惊异神色的眼睛，像是在探索：这个世界为什么竟是这个样子？"并留下名句："这就是但丁——他的形象，这'沉默千年的声音，'对我们唱着'他那高深莫测的歌谣'。"（此处由译者据卡莱尔原文翻译，与目前通行的周祖达译本中的译法略有差异。）据推测，马克斯·韦伯曾反复引用过的"生前千载已逝，身后寂寞千年"（转下页）

着巨大能量的炸药；其历史的和生理的前提始终是——在相当长的时间内，不发生爆炸"。[54] 59 矛盾的意象：火和炸药，代表激情，但也危

（接上页）即来自德国学者保罗·亨塞尔（Paul Hensel）对卡莱尔思想的复述。（参考自[德]马克斯·韦伯：《科学作为天职》，李康译，载李猛编《科学作为天职：韦伯与我们时代的命运》，生活·读书·新知三联书店，2018。）但卡莱尔的著作中并未直接出现情念一词。在瓦尔堡之前，瑞士文化历史学家雅各·布克哈特（Jacob Christoph Burckhardt）提到过"情念"，他说："无论何处出现情念，它一定是以古代的形式出现的。"英国著名艺术史家贡布里希（Ernst Hans Josef Gombrich）认为这是瓦尔堡"情念程式"最初的来源。但实际上，在此之前，黑格尔已经在《美学》中专门论述过希腊文形式的"情念"，他写道："如果要找一个名词来称呼这种不是本身独立出现的而是活跃在人心中，使人的心情在最深刻处受到感动的普遍力量，我们最好跟着希腊人用 πάθos 这个字。"πάθos 转写成拉丁文形式，即"pathos"。而据瓦尔堡自述，尼采才是其"情念程式"论最重要的启迪者："自尼采的时代以来，无须采取任何革命的态度，人们就能够借助日神—酒神双重倾向的象征看待古代的特性。可适其反，对立的价值局限使得人们很难真正将克制与狂喜视作一个单一的有机又有用的极性——它标记了人类表达意志的极限价值。"但瓦尔堡第一次明确提到"情念程式"，是在 1905 年的汉堡教师大会上，他发表了题为《丢勒与意大利古物》（Dürer und die italienische Antike）的演讲，此时距尼采离世已有五年。在此次演讲中，瓦尔堡展示了丢勒（Albrecht Düre）、曼泰尼亚（Andrea Mantegna）和波拉约洛（Antonio Pollaiuolo）等人的美术作品。在这些相互之间并无明显传承关系的作品中，英雄人物表现出了相似的面部表情和形体姿势，传达出了几近相同的"情念"。瓦尔堡指出，这些面部表情、形体姿势、动作行为，乃至衣饰装扮等，在文艺复兴时期的呈现与古典时期的基本一致，也可以说，它们在不同历史时期的无关联作品中反复被呈现，在表现大体相近的情念方面具有普遍有效性，是一种程式化的表达，即情念程式。直到 1926 年，在瓦尔堡的演讲中仍时能觅得尼采的身影。乔治·迪迪-于贝尔曼（Georges Didi-Huberman）曾感概说，"瓦尔堡的全部'情念程式'理论都建立在一种悲剧——古代的或尼采式的——思想之上；他全部的记忆理论都以混沌和记忆之间的冲突这一'心理—历史'思想为目标。"而这尤其体现在他未完成的《记忆女神图集》（Bilderatlas Mnemosyne）中。继瓦尔堡之后，潘诺夫斯基（Erwin Panofsky）、库尔提乌斯（Ernst Robert Curtius）和哈特穆特·博姆（Hartmut Böhme）等学者从不同角度出发，运用并进一步发展了情念程式理论。

[54]　译文引自[德]尼采：《偶像的黄昏》，李超杰译，商务印书馆，2013。

险。驯服它们对人类有用，可一旦不受控制，它们就变成了纯粹的破坏性的缩影。英雄传奇应该做到这两点：激发人们的热情，同时将他们释放的能量引导到正确的目标上。普罗米修斯[55]（Prometheus）神话提醒人们注意其间的风险。

从心理学的角度来看，英雄人物体现出了一种矛盾的理想自我。像所有的理想一样，它们同样以引力和斥力的形式发挥作用。它们的结合力在传染和免疫两极之间展开。因为自恋而得到的肯定和因为自恋而得到的伤害之间有着千丝万缕的联系，二者相辅相成，缺一不可。一方面，英雄引人注目并被钦佩，被认为具有魅力，并为追随者提供行为标杆。另一方面，它们被用作一种补偿性的预期。也许你想像他一样，但你泄气了。或者英雄认同只是有助于人们从沉闷的日常生活中沉浸到冒险的世界里去，就像詹姆斯·瑟伯（James Thurber）的短篇小说中的沃尔特·米蒂（Walter Mitty）一样，他和他相当霸道的妻子一起度过了一次沉闷的购物之旅，其间连续扮演了飞行指挥官、外科医生、神射手、轰炸机飞行员和要被执行死刑的囚犯等角色，作为囚犯的他站在行刑队面前"伫立不动，骄傲而轻蔑"。[56] 60

---

[55] 普罗米修斯是希腊神话中的半人半神，其著名事迹包括偷盗天火，并将火的用法传授世人。他因此获罪，被宙斯缚于高加索山上，每日受鸷鸟啄食脏腑之苦。

[56] 沃尔特·米蒂是美国幽默作家和漫画家詹姆斯·瑟伯的短篇小说《沃尔特·米蒂的秘密生活》（*The Secret Life of Walter Mitty*）中的主人公，该小说于 1939 年 3 月 18 日首次发表在《纽约客》（*The New Yorker*）上。沃尔特·米蒂这一人物形象深入人心，在如今的英语世界中，他的名字已成为空想家、白日梦想家的代名词，指代那些"沉浸在白日梦中，或以此来逃避现实的普通人"。

　　然而，英雄不仅令人想入非非，而且令人神魂颠倒。特别是死去的英雄，展现出一种幽灵般的存在感。尊重他们，予他们的死亡以荣耀，不只能起到安抚精神的作用。在这方面，英雄化始终是一种防御术。当陨落者的冒险经历被传唱，人们竖立起了他的纪念碑时，僭越人物引发的威胁被消解了，而这种威胁通常是暴力的，其暴力无论怎样看都超过了正常标准，尤其是那种肆无忌惮的愤怒。⁶¹恨带来一种更强大的冲动：一直抬头向上看会使脖颈僵硬，最重要的是，会激发出无限的愤怒。小人物们也许希望通过心怀敬畏地仰慕着伟人来拔高自己，但他们将英雄推下台，并陶醉于英雄陨落的冲动同样强烈。

　　如果参照英雄主义的经典行为学说，那么英雄并不能仅仅通过他的自我牺牲行为及其结果来获得道德尊严，至少得同时因为他的动机纯洁。他可以用他的行动去追求任何可能的目标，而不仅仅是成为英雄这一件事。"你不愿成为英雄，但你没有选择。"⁶²当受众察觉到他们的意图时，他们会心烦意乱、疑神疑鬼。因此，天真并不见得是最不英勇的美德。对荣誉光环的渴望破坏了真正的英雄主义。争取荣耀可以是附带之举，但绝不能把它推向最前台。最好是，主人公甚至没意识到自己是一个英雄。⁶³无私是他的标志，名声是别人强加给他的。"英雄"这一定语仅在由外人来使用时方起作用。"英雄"不是一个可以自封的头衔。

　　这种对英雄的自我戏剧化的缄默并不首先出现在资产阶级时代的反贵族情绪中：早在 17 世纪，世俗的耶稣会士格拉西安就警告他那个时代虚荣的朝臣，咄咄逼人地采取英雄姿态是让自己看起来很可笑的最可靠方法："每一份馈赠，每一份光彩，每一份完美都应该拥抱一个英雄，但不要表现出来。感情是伟大的包袱……完美必须在自己身上，赞美则出自他人。而当别人默默地忘掉一个愚蠢地谈论自己的人时，这对其人是一种应得的惩罚。"[64] 更无私的应该是无产阶级的劳动英雄，他们受同伴尊敬，并不出于他们的个人抱负，而因为他们对社会主义建设的贡献。

对自我价值和个人利益的贬斥与其说是基于关于谦虚的伦理，不如说是基于稀缺性的区分策略：利己主义被认为是常态，因此英雄的杰出人物必须让自己与众不同。当每个人都在追求自己的利益时，只有利他者是例外。然而，最重要的是，关于虚荣心和效用最大化的禁忌有助于消除英雄人物的反思，他们不再去问目的何在的问题。如果英雄对自己的动机挖得太深，他会害怕丧失自身的能力；如果他的受众观察仔细，他的形象就会有幻灭的风险。

他只应投身于需要他作出承诺并值得他为之牺牲的事业。当然，很多事情都可以归于此类：无论是屠杀所谓的敌人还是拒绝服兵役，保守或吐露秘密，这些是否被界定为英雄行为，取决于行动所在的道德坐标系。英雄与价值观是对应的，他们被推崇为体现正确价值观的典范。同时，有关他们的故事来源于无条件的悲情，这使他们的道德取向受到质疑。道德诉求和为此建立的模式通常是有争议的，因为在这个领域里的争议只能通过无视对手来进行，这些对手们就被剥夺了道德合法性。个人可能知道做正确的事情意味着什么，应该效仿哪个英雄，但在这一点上不同的人们很难达成共识。这就是为什么争论不可避免。一些故事违背了一些人的道德原则，伤害了他们的道德感，这使他们心烦意乱。英雄在情感上也会两极分化：你可能崇拜或憎恨英雄，但你不能对他们无动于衷。

英雄叙事创造了力场 [57]，来到力场中的所有人都试图与英雄保持一致。在讲述那些特殊人物的故事时，个人被要求以他们的形象来塑造自己，或至少在对他们的辨析中塑造自己。"世上有伟大的人，这样才能有更伟大的人"，拉尔夫·沃尔多·爱默生（Ralph Waldo Emerson）总结了这种力求青出于蓝而胜于蓝的冲动。[65] 这并不一定意味着每个人都必须像英雄人物那样行动，但它确实意味着每个人都应该被英雄远超其所应为之外的行动所激励，使自己至少能略上层楼。[66] 因为英雄效应提供了一种主体化 [58] 模型。它为个人

---

[57] 此处借用物理学术语。当力分布于某一区域时，其分布区域就称为力场。力场是一种矢量场，其中与每一点相关的矢量均可用一个力来度量。以维度区分时，力场分为沿线的、在同一平面上的和空间内的力场。以性质来区分，有守恒力场、平行力场、共线力场和共点力场等。最常见的一种区分方式，是按照力的种类来分，其中的磁场、电场和引力场被称为"物理中的三大场"。本书作者并未对此处的力场性质作更具体的说明，虽然把它视为引力场或磁场，理解起来会更容易一些，但我们不妨发挥想象力，将它类比于物理学中的统一场，即强核力、弱核力、万有引力、电磁力四力的统一，向更微观处，也向更高维度去翱翔。

[58] 主体化（Subjektivierung）是人文社会科学术语，也可称主观化。主体化研究描述了当某一事实或某一事物的客观属性被人或其他认知主体的主观知觉扭曲时，知觉视角的变化。它与后结构主义理论及方法论高度相关，在哲学、政治学等具体研究领域中有不同表现。路易·阿尔都塞（Louis Althusser）、福柯、朱迪斯·巴特勒（Judith Butler）和雅克·朗西埃（Jacques Rancière）等学者在多个层面上对主体化问题做出过广泛讨论，（转下页）

设定奋斗目的（Telos）[59]，指示他们需养成的习惯（Habitus），递给他们一把量尺（Maßstab），好让他们去度量何事有可为，何事不可为，给他们布置需完成的日常训练（Exerzitium），放置一面照妖镜（Wahrheitsgenerator），好让他们看清自我的真相。由于各有差异的英雄导向共存，且它们还要与非英雄主义的主体吁求比拼，作用于个人的力场是套叠的。然而，接收到英雄故事的人并非全然被动，他们并不任由这种力场大阵牵动。他们可能会丢盔弃甲，但也会负隅顽抗，或假装视而不见，可只要力场扩张，就一定会迫使个人与其产生联系。因此，英雄主义的作用力总会激发反作用力，生出与其对立的主体性。以此看来，波德莱尔的浪荡子英雄，就是他那个时代历史固有英雄的一个对立品。

即使是那些认为英雄主义普遍存在问题——仅举几个最重要的方

（接上页）内容十分精彩。此处使用的是它在文学和媒体研究领域的意涵之一，克里斯汀·布林克曼（Christine Brinckmann）将它定义为对呈现规范的偏离，简单说来，主体化模型并非客观真实模型，而是经角色意识加工过滤后呈现出的模型。

[59] 哈耶克曾专门讨论过"Telos"与"Nomos"相对应的特定、具体含义，称："这种方式是我刚从我的伦敦同事迈克尔·欧克肖特（Michael Oakeshott）那里学来的。他将由一般的法的规则统治的律法（nomokratisch）社会的理想，与愈发明显地强迫个人服务于政府规定的特定目标的合乎目的（telokatisch）社会的现实加以区分。'Telo'，或称合乎目的，愈发排斥'Nomos'，或称法，我们是否可以通过以下手段来中止这一进程，并拯救个人自由呢？我们可以像古雅典人那样将所有强制个人遵守的法的更改交由特别的立法者（Nomotheten）实行，然后将对托付于政府的资源的合乎目的的管理交付合乎目的者（Telotheten）——我选择继续用古希腊的术语来表达——置于立法者确定的法（Nomoi）之下。"（[英] 弗里德里希·奥古斯特·冯·哈耶克：《弗赖堡研究》，冯克利、冯兴元、史世伟等译，冯兴元校，中国社会科学出版社，2019。）

面：等级世界观、暴力倾向、粗暴的性别刻板印象、美化受害者——并给出充分理由的人，也规避不了对英雄主义的那份喜爱。反英雄者也许比他的对手更具道德基础。然而，你要是问起他们来，几乎没人能说出任何一个他所仰慕并要求他人也无限尊重的人的名字。那些否定所有英雄个人的人，暴露了他们将自己选为唯一英雄的嫌疑。

9. 审美营造

英雄主义是一种文化解读图式 [60]，只在理解其基本叙事结构，并依照其行动模型行事的情况下才能产生社会影响。每个参与者都有必要知道人们对英雄的期待，以及其受众的期待。这里关系到其行为学的一面：英勇都是演出来的（doing heroism）。至少在一般情况下，英雄在

---

[60] 此处所用的解读图式（Deutungsmuster）一词，应以奥地利裔美国社会学家阿尔弗雷德·舒茨（Alfred Schütz）引出的知识社会学概念来理解。舒茨早期主要受埃德蒙德·胡塞尔（Edmund Husserl）现象学启发，并曾尝试为马克斯·韦伯的"理解社会学"主张作现象学的解释，后转向知识社会学研究的代表性人物马克斯·舍勒的理论，以继续探讨主体间性问题，并于 1932 年出版《社会世界的意义构成》（*Der sinnhafte Aufbau der sozialen Welt. Eine Einleitung in die Verstehende Soziologie*）一书。流亡美国后，舒茨接触到美国实用主义哲学家约翰·杜威（John Dewey）、乔治·赫伯特·米德（George Herbert Mead）等人的思想，并受芝加哥社会学派影响，其理论方向调整为社会意义建构等。唯惜天不假年，舒茨的工作计划尚未充分展开，他本人便去世了。庆幸的是，舒茨的学生托马斯·拉克曼（Thomas Luckmann）继承了他的许多工作，并将其遗稿整理成论文集出版。舒茨所谓的解读图式，指被记忆在个体知识贮备（Wissensvorrat）中的一种含义感知方案（Sinnschemata），比如文学中的意象，就可被视为解读图式中的一个典型类别。它们作为特别的语境存在，对知觉起塑造作用。而从另一个角度来看，类似于语音学中音位对音素感知起到了简化效果，文化解读图式也简化了个人对复杂知觉环境的认知，提高了文化交流、传播效率，但反过来，它也使人类原生的复杂感知能力功能性退化，需要通过持续的反思以至否思等手段来进行调节。

何时该做什么和不该做什么，他们在哪些领域证明自己，他们表现出什么样的习惯，他们需要什么样的品性，他们对抗什么样的敌手，如何予他们以荣耀，以及如何纪念他们，等等，是必须明确的。英雄符号也体现一种审美维度：英雄，作为被营造出的气场和风格。英雄传奇和英雄演出遵循叙事章法和艺术惯例，它们与某些体裁（史诗、悲剧、西部片）和载体（漫画、电影、歌剧、纪念馆）关系亲密，同时与其他体裁和载体疏远。有英雄调式（降 E 大调）和乐器（小号、长号）、英雄主题图案（马术肖像）和主题角色（年轻英雄），也有英雄着装规范（燕尾服是"现代英雄的一张皮"[61]，波德莱尔写道[67]），或以裸体作为其规范（雕塑和绘画中的古代英雄可以通过他们的裸体形态被识别）。英雄的荣耀需要由一位诗人来歌颂，或其行动由一个油管网剪辑视频来展示。它的照人光彩不仅是一种文学拓扑斯[62]，[68]

---

[61]　译文引自 [法] 波德莱尔：《论现代社会的英雄》（选自《1846 年的沙龙》），载《1846 年的沙龙——波德莱尔美学论文选》，郭宏安译，广西师范大学出版社，2002。

[62]　拓扑斯（Topos），在不同专业领域中内涵差异较大。文学领域中所言拓扑斯，源自古希腊、罗马古典修辞学，原义是古老习语、刻板的修饰词、成语等，可被理解为一些语言中的"程式"，只要这些拓扑斯出现，属于同一文化传统中的人皆能立刻领会到它本义之外的所指。类似于提到卧龙，中国人立刻能想到诸葛亮；提到诗仙，中国人皆知其指李白；提到一览众山小，皆知指泰山；提到天子脚下，指京城。卧龙、诗仙、一览众山小和天子脚下就分别是一个拓扑斯。后来，拓扑斯的意涵发生了一定变化，指相对固定的、传统的，有时甚至是陈词滥调的文学主题，如机智的小裁缝、恶毒的继母，等等。值得一提的是，纳粹德国曾利用诸如"流浪的犹太人""贪婪的犹太人""犹太阴谋家"等一系列拓扑斯来达成自己的政治目的。第二次世界大战后，德国学者对拓扑斯的形成及其影响等进行了深刻反思，提出应对那些刻板、过时，但人们因身处其中又不易察觉出不妥的拓扑斯进行严格审查，以杜绝其危害。

更是一种灯光技术制造出的效果。影评人罗伯特·沃肖（Robert Warshow）给出的一个简洁定义，说中了英雄的审美构成："英雄是看起来像英雄的人"[69]——扮演成英雄的人。这就是你为什么会立即认出他。

英雄是演员，[70]有一种观点认为英雄应当秉性单纯，野心勃勃于英雄而言是一种禁忌，而英雄是演员这一事实与此并不完全相悖。无论是什么在驱使他做出行动，他不仅要做正确的事，还要以正确的方式做正确的事。英雄的道德维度和审美维度可能会打架，但不可能没有交集。这两个领域都需要精湛的技艺。英雄影响道德和审美；他们自我牺牲的勇气和出色的表现令人钦佩。单纯地摆出英雄的姿势，就既是一个有问题的榜样，也是一个糟糕的表演者，但即使是一个不能散发出英雄美德的人，只要他知道如何恰当地表演自己，也可以成为英雄。"如不能永存，又何不耀眼"，根据格拉西安的说法，这是"伟大的第一法则"。[71]

因此，在戏剧、电影和文学中，仅仅被喻为英雄的主人公与狭义的英雄之间的区分不可能长久。无论是隐藏的还是被误解的英雄，只要被认定是英雄，他就是演出中的主角。与之相对应，即便剧本里并无多少其英雄场景的演示，他也会因为角色本身的绝对分量而被指认为英雄式的。历史上真实存在过的英雄和人们虚构出来的英雄之间的界限也很模糊。可以肯定的是，我们是在处理艺术想象中的人物，还是有血有肉的大活人，抑或是已经死去的人，这绝非无关紧要。否认阿喀琉斯和亚历山大、超人和消防员在本体论地位上的差异是幼稚的。但即使是能被溯及的最初的客观历史文献，也必须巧妙地将事实整合为叙事，幻想文学反而要使用"纪实"手法来达到沉浸效果。这些故事要使叙事看起来具备真实性和合理性，采取不同的修辞策略是可行的；这是其营造的一体两面。

10. 神话

英雄传奇遵循与神话同样的叙事逻辑，将事件解释为行为，从而将因果关系与一个行动的主体联系起来。[72] 它们通过虚构的形式来制造意义并降低复杂性。它们用"对行为和可行性的各种建议"来克制"实在专制主义"[63]。[73] 这不仅适用于叙述英雄事迹本身，也适用于叙述其诱发事件。因此，推动后来的英雄采取行动的命运通常被归因于更高权力者的运作。如果发生的一切都是有意行动的结果，那么一切都必须有一个开始。这些当然不会放在台面上说。英雄传奇呈现出原初性，从而以叙事的方式提供社会秩序的奠基和维护者的形象，并隐匿他们的无根据性。设定并延伸造物主体的概念本身就是一个英雄主题，通过假设一连串的因果关系，而非随机出现的机遇来指引方向，重要的是：英雄必须被讲述，而值得铭记的故事需要英雄。

---

[63] 实在专制主义（Absolutismus der Wirklichkeit）。"这个术语是指人类几乎控制不了生存处境，而且尤其自以为他们完全无法控制生存处境。他们早晚都可能要假定存在着一些至上权力意识（Uebermachtigkeit），并利用这种假设来解释（在每一种情况下）存在于他者身上的至上权力（Uebermachten）的偶然机遇。"（胡继华：《永远走不出的幽暗洞穴——略论布鲁门伯格的〈神话研究〉》，《中国图书评论》2013 年第 8 期。）

与此同时，故事不应该解释一切，它们应该影响和吸引听众或读者的注意力。可以这样讲，假设出的因果关系必须留下空白。只有从一开始就无法预见故事的结局，或者至少无法预见那些过程中的细节，才能彰显英雄的伟大。如果他对正在发生的事情有所预见并完全掌握了它，那故事就不值得讲述了。"因此可以说，每一个好故事的核心都是一个谜。即使情节在最后结束并且谜题被解开，前面部分里的未知状态也是接受过程本身的组成部分，即使在听或读过多次时也会重复这种状态。"[74] 英雄神话讲述主人公如何应对挑战和面对危险。然而，挑战只在会失败的情况下才具有挑战性，危险只在其中蕴含着死亡时才危险。为了使英雄事迹能够被认可，故事必须保留英雄遭遇失败和损害的可能性。此外，这种叙事带来的开放性导致了虚构英雄的类人化——无论他们具体采用的是哪种形式。

以与英雄亲合的行为者为中心，[64] 这已然根植在了语言结构中。例如，在许多语言中，"情节"和"行动"——行为者的举动——用同一个词来指代，并且，假设叙事具有语法倾向似乎是合理的，在这种情况下：在以主谓结构为主的印欧语系中，任何被挪移到句子语法主语位置上的事物都可以在叙事组合中充当英雄的角色。[75] 因此，即使他们在其他方面没有英雄属性，主人公（hero）也被称为英雄（hero）

---

[64]　亲合性（affinity），生物学、物理学等学科术语，指两个事物，如两个细胞等，之间具有相互结合的能力。本文中指英雄能够与行为者结合在一起，英雄即行为者，行为者即英雄。

绝不是语义上的失误。句子的主语（subject）和故事的主题（subject）融合在了一起。

英雄建构在多大程度上取决于叙事的内在约束或语言交流的规则，在多大程度上是对不安全感和无能为力感等基本体验作出反应，并以叙事的方式处理这些体验，以使其更易于忍耐，或者在多大程度上是它们首先制造了恐怖，再消除它们，[76] 这些是很难判定的。大概所有这些假设都是正确的。神话有不止一个起源，它们讲述不同的故事并实现多种功能。一方面，英雄神话的特点是具有约定俗成的叙事传统，这些传统保证了人们可以确信故事的走向不变。另一方面，英雄范式（hero pattern），如同被既往鉴别过的那样，[77] 需要足够灵活才能够持续不断地产生新的故事和神话。故事会出现大量异文，添加进很多额外的元素，但其主干情节的顺序保持不变，"然而，叙事的主体框架中可以插入大量偏移情节，单个的故事总是如此被讲述"。[78]

词语的多义性 [65] 干扰了对英雄神话是讲述自我意识形成过程的故事这一心理学解释的理解，按照这种解释，每个人在其生命周期中如何应对其所面临的命运，如应当如何行事等，都在同一

---

[65]　此处具体指德语中的"Arbeit"一词，有劳动、工作、工作岗位、职业、制作、创作、研究、作品、论文、运转、运行、作业、训练等多种词义。

个模型中被探讨。人在研究神话的时候同时在研究自己。[66] 这方面有一个例子，在 1949 年出版的《千面英雄》(*Der Heros in tausend Gestalten*) 一书中，神话学家约瑟夫·坎贝尔 (Joseph Campbell) 将英雄塑造成一个"世界性的人物"，他们实现了荣格所说的原型意象的同化，达成了印度教或佛教所讲的离执[67]。"英雄的愿景、观

---

[66]　德国著名哲学家汉斯·布鲁门伯格 (Hans Blumenberg) 于 1979 年出版了 *Arbeit am Mythos* 一书，提出并阐释了同名概念。胡继华在将此书译为汉语时，题名其为《神话研究》(上) (上海人民出版社，2012)。此概念内涵丰富，如有学者认为，它有两层意思：如果它表示一个主体的创作行为时，我们称之为"神话创作"，这符合诗学的定义；如果它着重于读者的接受行为时，我们把它归之于"神话研究"的解释学范畴。(李包靖：《布鲁门贝格的诗学与解释学研究——以〈神话研究〉为中心》，浙江大学出版社，2017。) 而胡继华则认为：在《神话研究》中，布鲁门伯格在"神话创作" (Arbeit des Mythos) 与"神话研究" (Arbeit am Mythos) 之间做出了严格的区分：前者是指神话本身本质的原创功能和现实成就，而"神话研究"是指对继承下来的神话素材进行持久的重构。"神话创作"作为针对"实在专制主义"的艰辛劳作与不懈抗争，在时间上已经无法稽考与证实，因而"神话研究"成为认识神话的唯一形式与唯一途径。(胡继华：《永远走不出的幽暗洞穴——略论布鲁门伯格的〈神话研究〉》，《中国图书评论》2013 年第 8 期。)

[67]　此处据坎贝尔原文翻译。离执 (viveka) 是佛教、印度教等用语，可以通俗地理解为信徒在追求修行最高境界的过程中需要经历的一个阶段。在此阶段中，信徒具备了区分真与不真、我与非我、常与无常等的智慧，脱离执迷，此后就将进入无执 (vairāgya) 的超脱阶段，或达成梵我合一，或摆脱因果生死，成四果罗汉，得般涅槃等。本书取唐玄奘译《大般若波罗蜜多经》中译法。原《千面英雄》汉译本中作"清辨"者，汉译诸典籍中未尝见此译法，疑是错了古印度大乘佛教中观派论师清辨 (Bhavaviveka) 之名号。而本书作者在论证时，似乎忽略了坎贝尔本人对阿诺德·约瑟夫·汤因比 (Arnold J. Toynbee) "严重误解了神话学"而提出的批评，故其遣词易引起读者理解上的偏差。坎贝尔指出："汤因比教授之所以会误解，是因为他采用了对涅槃、佛陀和菩萨这些东方概念的陈腐且错误的解释，然后在错误解释的基础上，将这些理想与基督教天堂的概念进行比较。这便导致了他的错误，认为目前世界状况的救赎之道在于回归到罗马天主教会的怀抱中。"([美] 约瑟夫·坎贝尔：《千面英雄》，黄珏苹译，浙江人民出版社，2016。)

点和灵感来自人类生活与思想的原始动力。因此他们雄辩，具有说服力，他们表达的不是当下分裂的社会和精神，而是社会重生的永恒源泉。作为一个现代人，英雄已死，但作为一个不朽的人——更加完美、非特定的、普遍存在的人，他已经得到了重生。"[68] 79 古老性是此类诠释的一个先决条件。英雄形象势必不具备当代性，英雄注定成为人类学的理想研究目标。坎贝尔将来自和我们如此不同的时代和文化的传说、故事归结为"单一神话"（Monomythos）[69]。80 相应地，每一个英雄传奇都具有过渡仪式（rite de passage）的基本叙事结构。他们讲述了一次冒险之旅——其基本要素始终相同，并深刻地改变了主人公："英雄从日常的世界勇敢地进入超自然的神奇区域；在那里遇到了传奇般的力量，取得了决定性的胜利；英雄带着这种力量从神秘的冒险之旅中归来，赐福于他的人民。"[70] 81

---

[68]　译文引自 [美] 约瑟夫·坎贝尔：《千面英雄》，黄珏苹译，浙江人民出版社，2016。

[69]　坎贝尔所谓单一神话其实就是"元神话"（metamyth），是对人类灵性历史一致性的哲学表达，是超越故事的故事。无论其外在形式如何变化，神话的精神内核总是同一个："我们找到的是一成不变的故事。"（参考自 [美] 约瑟夫·坎贝尔：《英雄之旅：约瑟夫·坎贝尔亲述他的生活与工作》，黄珏苹译，浙江人民出版社，2017。）

[70]　译文引自 [美] 约瑟夫·坎贝尔：《千面英雄》，黄珏苹译，浙江人民出版社，2016。因版本区别，此处对引文略作调整。

神话研究者由此证明自己是一名成功的神话制作人[71]。在《英雄之旅》中，他提出了一种假想出的普适的神话[72]，将成为英雄视作一种自觉的任务[73]和一服精神治疗剂。据此，每个人都能成为英雄，但这有一个前提，即他们不偏离固有的单一神话的路径。

相比之下，奥多·马库阿德（Odo Marquard）对多元神话（Polymythie）的赞美听起来是多么温和："你必须被允许有很多神话，

---

[71]　"制作人"（Produzent）一语双关，也可译为（影视）制片人。约瑟夫·坎贝尔参与了影片《英雄之旅》（*The Hero's Journey*）的制作。据影片筹拍人所言，起初，坎贝尔拒绝了邀约，他认为印刷品才是恰当的媒介，因此不愿将自己的作品拍为影片，但后来转变态度，在与朋友和同事们交谈的过程中进行了拍摄，这才有了《英雄之旅》的诞生。本片摄于坎贝尔去世前几年，围绕着其毕生所研究的神话，坎贝尔谈论了自己的生活和职业。《英雄之旅》于 1987 年春天在位于美国东海岸的纽约现代艺术博物馆和西海岸的导演工会剧院首映，坎贝尔在导演工会剧院的首映式上最后一次公开露面，并发表演讲。1988 年，即坎贝尔去世后一年，美国公共广播公司（PBS）在全国播放了《英雄之旅》和比尔·莫耶斯（Bill Moyers）的六集电视访谈节目《神话的力量》（*The Power of Myth*），"引发了广泛而爆炸性的反应"。（参考自 [美] 约瑟夫·坎贝尔：《英雄之旅：约瑟夫·坎贝尔亲述他的生活与工作》，黄珏苹译，浙江人民出版社，2017。）

[72]　"普适的神话"这一译法引自约瑟夫·坎贝尔的《英雄之旅：约瑟夫·坎贝尔亲述他的生活与工作》，本书作者将其写作"普世叙事"（universelle erzahlung）。它是坎贝尔"单一神话"理论的核心单元。

[73]　坎贝尔曾提出："决心成为自己就是一种英雄行为。"又曾有听众提出："如果英雄的旅程是寻找真我的旅程，那么什么是自我、什么是真我？两者之间的关系是什么？坎贝尔答道："自我是你想到你自己时的你。这个你关系到你人生的所有承诺与投入。真我是所有可能性，甚至你都没有想到过的可能性。当你抓紧自我不放时，你便在抓紧过去。因为你对自己的所有了解都来自已经发生了的事情。而真我是可能性的整个范围。"（参考自 [美] 约瑟夫·坎贝尔：《英雄之旅：约瑟夫·坎贝尔亲述他的生活与工作》，黄珏苹译，浙江人民出版社，2017。）

很多故事，这才是最重要的；谁只有且只被允许有唯一的一个神话——和所有其他人共有一个故事，都是一种糟糕的方式……任何人都可以通过一个故事来摆脱其他故事，反之亦然，任何一个出于其成长经历和身边人的讲述而只信单一神话，只能且必须只能参与一个单一的故事的人，他没有自由：他完全沉迷于这个故事，沉迷于单一的神话——缠绵在它的发丝和肌肤之间。"[82] 向英雄致敬：如果我们不能完全摆脱英雄，那么生活在有多个英雄的世界比生活在只有一个英雄的世界要好。竞争既带来制衡，又能激发其参与者的活跃性。

11. 教育学

从教育学角度讲，英雄是培养下一代的助力。正如理性主义教育家布鲁诺·贝特尔海姆（Bruno Bettelheim）所言，[83] 孩子们不仅需要童话故事，他们还寻求并喜爱英雄传奇。儿童和青少年文学中满是他们的身影。这些主人公们提供了理想的社会行为模型，并因为他们的冒险经历而令人着迷。凭借急躁的行事冲动和严谨的行事规范，他们展示了摆脱矛盾冲突的方法，他们的勇气有助于克服恐惧，他们的独立性滋养了对个人自治的追求，他们的叛逆鼓励了对权威的反抗，亦激发了好斗的习性，他们的力量予人们自己无能为力的经历以补偿。尤其是青春期，那是一场为盛大幻想而举办的成人礼——英雄亦如是。根据发展的精神分析理论，对英雄人物的认同对心理成熟有重大贡献。外部理想自我促进了内部自我理想的发展。英雄传奇使想象中的自恋成为可能，没有这种自恋，青少年将不得不屈服于社会要求：

"为了敢于质疑外部世界，必须重新对自我进行宣示，甚至高估它。并能够忍受由此产生的不安全感。"[84] 简言之，一个孩子，若没有英雄身份认同，就仍旧是婴儿。这是成长过程中的一页。

此外，英雄传奇教我们将世界划分为对立的善恶，以暴力手段解决冲突，作出牺牲，并心甘情愿地效力于一个所谓维护生命的更高目标。无论如何，英雄化的视角为孩子们所熟知；他们成日里都得仰望那些人杰。教育工作者呼吁要树立起英雄榜样，听起来倒更像是在呼吁军事训练和道德武装。以（心理）成熟为目标的教育与此迥然有别。当然，不仅英雄主义教育有问题，青年们对英雄的渴慕也有问题。从精神分析的角度来看，把自己想象成英雄是自恋的明显标志，它可以封印那恼人的不满足感，但无法消除它。作为认同的对象，英雄会因其传奇的可信性受到质疑而令人大失所望，或因无人可与其比肩而令人不知所措。他们至多像是一个过渡对象，有人会执迷于他们一段时间，但随后，情感意义会消退，最终，像其他童年宝藏一样，英雄被收藏在了记忆的盒子里。[85] 之后再被挖出来时，他们也只会唤起一丝怀旧的感觉。超级英雄电影在公众层面大获成功即基于此点；以讽刺的眼光来看，三十岁的鉴赏家们，在那些他们十二岁时对其赞不绝口、永远青春期的肌肉男的冒险经历中过足了瘾。从另一个角度来看，任何人，即便他已经成年，若仍将其幼年时所执迷的英雄当真，就仍会显得如当年一样幼稚天真。

因此，英雄主义教育是一件有风险的事：它催生出的要么是冷酷无情的自我中心主义者，他们把偶像的自恋归于自身，要么是缺乏主见的唯唯诺诺者，他们因无力效仿其尊敬的榜样而感到绝望，或者是幻想破灭的愤世嫉俗者，他们不再为任何人或任何事所打动。幸运的是，与其他所有教育一样，英雄主义教育也存在"技术缺陷"：[86] 教育所努力实现的目标和实际效果之间没有必然的因果关系。儿童和青少年并非那种只要接收正确的输入——英雄传奇——就能产生所需的输出——英雄事迹的庸常机器。人们无法为成长中的未来男女英雄定制课程，因为课程有标准要求，而超凡卓绝不能被挤进学习和考试规则的框架。为英雄者是一种罕见的现象，或许是一种社会角色，但肯定不是一种可以学习的技能。一个人是否会在决定性时刻不畏险阻，把握住关键时机，执行拯救行动或为胜利而战，既无法准确预测，也无法转化为概率运算，更绝非教育计划的成功。当然，这并不能阻止教育工作者们一遍又一遍地尝试。

然而，英雄主义在教育中的功用绝非无害。英雄榜样定义了价值界限，传播了由斗争、牺牲和荣誉打造出的精神，并假定社会空间以等级制度来划分，其中一些人负有领导使命，义不容辞，另一些人则必须追随他们。教育的祝祷并不能度化出源源不断的英雄主义行为倾向，但它们也绝非雁过无痕，这些痕迹甚至残存在了那些终不能成为英雄的人身上。其效仿大人物，实如东施效颦，在实践中，他们永远无法与伟人比肩这件事的确定性倒要大得多。这很伤人，所以人们打心眼里拒绝它，并想找到替罪羊。

12. 类型学

就个体而言，每位英雄可能都是独一无二的，但他只有表现出一些超越自身之上的东西，才能成为群体的神话和完形的[74]焦点。换言之，他成为英雄的一种类型，而不再只是单一的人物。这同样适用于各种逆英雄、反英雄、非英雄和退隐英雄，这些英雄类型通过否定来凸显英雄特性。哪些人被谴责、被轻视、被忽略或被嘲笑，哪些人被认为绝不会成为英雄，这些问题提供了信息，告诉我们英雄主义的哪些方面在特定的历史和文化情境[75]中得到了突出强调。

---

[74]　此处借用了格式塔心理学（gestalt psychology），即"完形心理学"中的概念。完形心理学提出了一系列有实验佐证的知觉组织法则，即完形组织法则（gestalt laws of organization）。这一法则阐明知觉主体是按什么样的形式把经验材料组织成有意义的整体的。在完形心理学家看来，真实的自然知觉经验，正是组织的动力整体，感觉元素的拼合体则是人为的堆砌。因为整体不是部分的简单总和或相加，整体不是由部分决定的，而整体的各个部分则是由这个整体的内部结构和性质所决定的，所以完形组织法则意味着人们在知觉时总会按照一定的形式把经验材料组织成有意义的整体。而"完形"在此具有两种含义：一指事物的一般属性，即形式；一指事物的个别实体，即分离的整体，形式仅为其属性之一。也就是说，"假使有一种经验的现象，它的每一成分都牵连到其他成分；而且每一成分之所以有其特性，即因为它和其他部分具有关系，这种现象便称为完形"。

[75]　此处借用了瓦尔特·本雅明提出的"星座"（Konstellation）概念。本雅明用"星座"来类比其哲学"理念"。其基础在于，与天文学中的星座一样，本雅明的理念也是一种对应性表征，它既不利用抽象概念去指认具体事物，亦不会不加甄别地描摹事物所谓"本来的面貌"，而是试图通过某种洞察，将事物中的成分解析出来，再聚合成一个新的具有哲学特征的"星座"。本雅明认为，这种哲学意义上的"星座"，其意义在于具备了一种悖论功能：它在对事物的重构中暗含解构的逻辑，即它首先消解了事物在特定意识形态中物化的、"第二自然"的自在性和既定性，使其成分被定位到一个新的构型中，成为一个总体中的分布点，并由此获得超越其自身的意义。

　　类型介于抽象定义和具体事物之间。它们比纯粹的术语定义更具描述性，同时避免了个案研究中普遍存在的有限性。定义概括一种现象，而类型总是以复数形式出现。但与个案不同的是，它们的数量是可控的。将英雄区分为五种、八种或者十二种类型，哪种区分更合理，还有待商榷，但一个有着一百种变体，因而可以讲述无数个英雄故事的类型是无效的。有效的定义规避冗余，好故事源自重复和变化之间的游戏，类型学中的理想类型（Idealtypen）互斥。由此，它们的状态是启发式的。它们并未描绘现实，而是提供了一个能够描绘现实的视角。但必须从具体个案的细节中将它们抽象出来。再反向地，它们会从一个社会历史星座的素材中抽取出那些与可疑的特定意图有关的、具有特定特征的元素，并将它们联合在"一个自身一致的思想图像"之中。[76] 87

　　类型似乎特别适用于英雄主义和英雄化过程研究，因为类型体现了对象本身的逻辑。这就解释了为什么文学作品中满是英雄类型：托马斯·卡莱尔首先将英雄区分为神明、先知、诗人、教士、文人和帝王。[77] 88 其他分类呈现了从古代英雄到当代大众文化英雄的连续历史表达，指明其不同的考察领域——战争、政治、科学、宗教、犯罪、体育、日常生活；或根据不同的受众来区分——儿童英雄、民

---

　　[76]　译文引自 [德] 马克斯·韦伯：《社会科学认识和社会政策认识中的"客观性"》，《社会科学方法论》，韩水法、莫茜译，商务印书馆，2021。

　　[77]　译法引自 [英] 托马斯·卡莱尔：《论历史上的英雄、英雄崇拜和英雄业绩》，周祖达译，商务印书馆，2011。

间英雄、宗派英雄、民族英雄、革命英雄；或根据体裁和媒介来区分——史诗英雄、小说英雄、歌剧英雄、西部片英雄、喜剧英雄。斯考特·T. 艾利森（Scott T. Allison）和乔治·R. 戈塔尔斯（George R. Goethals），心理学刊物《英雄主义科学》（*Heroism Science*）的联合创刊人，通过调查列出了依据经验收集到的英雄人物的特征："聪明、坚强、无私、有爱心、有魅力、有韧性、负责任、鼓舞人心。"[89] 社会心理学家菲利普·津巴多（Philip Zimbardo））设计了一个四维坐标模型，通过四根极坐标轴对英雄进行分类，前三轴分别是"人身危险—社会牺牲""采取主动—采取被动""保全性命—坚守原则"，而第四轴是时间性（chronicity），"立即作为—需要时间积累"。[78][90]

---

[78] 译文参考自 [美] 菲利普·津巴多：《路西法效应：好人是如何变成恶魔的》，孙佩妏、陈雅馨译，生活·读书·新知三联书店，2015. 本书原文未强调第四轴与前三轴的区别，为使读者能更好地理解这一坐标模型，此处据津巴多原作补足。前三轴组成的三维图式如下：

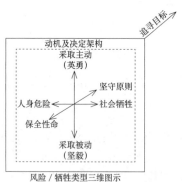

风险 / 牺牲类型三维图示

即便作为启发式模块，所有这些英雄类型仍只在理论研究中作权宜之用：他们的方案是还原论的。在理解历史变幻和文化迁移过程方面，它们本就手足无措，类型学可能在时间轴上描绘出不同的类型，但无法描述一种类型消失而另一种类型出现的方式和原因。在预言故事的持续性方面，它们毫无建树；类型学研究过分强调差异，同时提出了一整套不公正地看待英雄现象多样性的系统性方法。一切都在它们的舞台上占有一席之地，但一切也都只有那么一个位置。认知要借助有序的架构才能驯服英雄的特殊性，这推动了类型学的发展——同时也阻碍了它。

13. 历史编纂学

一部英雄史有以下两种不同的讲述方式。第一种，讲述不同的英雄在不同的时间次第登场，即不同时期有不同的英雄。第二种，将英雄史看作由盛转衰的更迭，即从过去的英雄时代转向今天的后英雄时代。作为"人类自我呈现的原型"[91]之一，所有文化中都有英雄的身影；作为远古"英雄时代"[79][92]或同样已逝去的"英雄主义的现代性"阶段[80][93]

---

[79] 译文引自 [德] 黑格尔：《美学》（第 1 卷），朱光潜译，商务印书馆，2011。此处另附有注释："Heroenzeit"，指史诗所歌咏的"英雄时代"，即比较原始的古代。史诗也有时叫作"英雄诗"，译"史诗时代"或可较免除误解。

[80] 英雄主义的现代性阶段（Heroischen Moderne），也译为"英雄的摩登时代"，概念出自德国历史学家、日耳曼主义者、作家和哲学家海因茨·迪特·基特施泰纳（Heinz Dieter Kittsteiner，又译作海因茨·迪特尔·基茨泰纳）。此译法引自 [德] 于尔根·考伯：《马克斯·韦伯：跨越时代的人生》，吴宁译，社会科学文献出版社，2020。在本书（转下页）

的产物，英雄则只会出现在这两个时代中。一些人强调对英雄的持续性需求，认为英雄或作为积极的正统形象，或作为僭越的麻烦制造者，都间接助力了规范的整合。另一些人则指出，既往那些可能产生英雄行为的社会结构已然腐朽。

英雄传奇的第三种模式也很普遍，它将英雄主义的出场视作危机出现的标志和应对危机的处理机制。布莱希特借伽利略口中的一句话来总结："需要英雄的国家真不幸。"[81] 94 因此，当社会秩序内外交困，或个人必须迈过人生之槛，完成挑战时，英雄叙事就会勃发生机。在需要树立模范，需要动之以情，需要有戏剧性的故事来使暴力和侵害行为合法化的时候，尤甚。可如果一旦风平浪静，英雄就会变得多余，甚至会扰乱社会的正常运行。从这个角度来看，英雄主义并不是作为历史遗留物，而是作为一种超越时代的策略出现的，它可以

（接上页）导言中，作者写道："'在摩登时代，特别是在当前的新时代中，似乎有一种紧张和期待的感觉以及一种无以摆脱的急迫感贯穿其间，像是有一件重要的事情即将来临一般。'这是韦伯的同事格奥尔格·西美尔（Georg Simmel）于1900年正当他和韦伯所生活的两个时代交替之际所写的一句话。其时，很多人认为，19世纪最后三分之一世纪的现状无法再继续维持下去了。回首观之，这种感觉不仅表现为一种沉闷压抑和可以得到解释的感觉，而且表现为一种即将变为现实的预言：等待着西美尔及其同时代人的，是两次世界大战和世界的两次毁灭。'英雄的摩登时代'——海因茨·迪特·基特施泰纳（Heinz Dieter Kittsteiner）语——出现在人们的面前。值此之时，知识分子和政治家们都认为，一百多年以来，世界历史偏离了人间正道，误入了穷途末路。于是，他们摩拳擦掌，意欲通过英勇的抗争将其彻底改变。"

[81]　此句出自布莱希特的剧作《伽利略传》（*Leben des Galilei*）第13幕，为剧中人物伽利略的台词。译文引自 [德] 布莱希特：《伽利略传》，潘子立译，载《布莱希特戏剧选（下）》，高士彦等译，人民文学出版社，1980。

纠正社会或个人的失调症，和／或维系岌岌可危的统治形势。英雄带来社会凝聚力和心理内聚力，如所讨论的一样，他们以身作则，团体和个人可以寄望于英雄，或将对伟大的希冀投射于英雄。英雄叙事是一种代偿性的国民宗教，有时是人民的鸦片，有时又是政府的兴奋剂。毫无疑问，这种解释触及了英雄化过程的一个基本维度，但它忽略了一个事实，英雄化取向也会带来瓦解（去一体化）效应，除此之外，一体化本身就是一个有问题的衡量标准。一个——尤其是通过政治英雄崇拜——全面动员起来且全体步调一致的社会也是高度一体化的。英雄主义隐藏着风险和副作用，它发挥功能，但这不足以成为它蔓延开来或持续存在的理由。

英雄故事的第一个变体有关英雄之恒常，多不过是新瓶装旧酒。第二个变体通告了英雄主义在社会分化中的终结；第三个变体描述了一幅变幻莫测的全景图，它将英雄的命运与紧急状态（Ausnahmezustand）和常态化（Normalisierung）的循环联系在一起。第一个基于心理学和社会理论的解释，它要求重建英雄神话及其原型，强调榜样的树立在自我成长中的必要性，或杰出人物对社会秩序构成的重要性。它还简化了历史，把历史编纂等同于为伟人及其事迹书写传记。第二个讲述世事沉浮。黑格尔在《美学》（*Vorlesungen über die Ästhetik*，又译《美学讲演录》）中，借由历史哲学巧妙解决了这一问题，在当下对后英雄状况的诊断中，依然响彻着它的回声。第三种变体以经过意识形态批判剪辑的英雄蒙太奇 [82] 样式存在，又套上了功能主义社会学的罩袍。它要么将英雄主义理解为谵妄的语境 [83]，要么将它视为一种社会黏合剂。

这些历史叙事都有其合理性，它们回答的是不同的问题：第一种

---

[82]　蒙太奇（montage）手法，指将文本、影像片段等从它们原本的背景中剪辑出来，再重新组合、拼贴的技术手段。通过打断、重组，形成对撞、冲突，从中可能获得全新的表现力。虽然中世纪的文学艺术作品中已运用到了蒙太奇手法，但一般认为，它有助于辩证地呈现现代的复杂意义。蒙太奇也指拼贴画、拼贴叙事等具体对象。

[83]　[德] 马克斯·霍克海默、西奥多·阿多诺：《启蒙辩证法》，渠敬东、曹卫东译，上海人民出版社，2020。但此译本并未直接解读这一概念，而是将其融入语境之中，译作了"令人迷惑的社会语境"（ein gesellschaftlicher Verblendungszusammenhang）和"战火连年"（Verblendungszusammenhang der Kriege）。实际上，"谵妄"（Verblendung），或译"虚妄""迷狂"等，是欧洲思想史的基本主题之一，自荷马史诗、基督教神学而延续至当代哲学、社会学。"谵妄"的内涵包括"感官混乱""妄想症""精神盲目"，等等。在希腊神话中，它被认为是由神所予，并将导致恶行及混乱，即所谓的"天欲其亡，必令其狂"。在基督教神学中，圣奥古斯丁（Aurelius Augustine）将谵妄视为对七宗罪之一的傲慢之罪的一种惩罚，托马斯·阿奎那（Thomas Aquinas）以"自愿的无知"（ignorantia voluntaria）学说讨论了精神盲目问题。在《德意志意识形态》（Die deutsche Ideologie）一文中，马克思和恩格斯对青年黑格尔派玄想家们的批判，实际已体现了二人对"谵妄的语境"这一后来的术语的态度。存在主义哲学视"对存在的遗忘"（Seinsvergessenheit）为"谵妄"。除《启蒙辩证法》（Dialektik der Aufklärung）外，阿多诺（Theodor W. Adorno）还在《否定辩证法》（Negative Dialektik）中进一步批判了历史和社会"谵妄的语境"（Verblendungszusammenhang），集体无意识既然是在这种语境中形成的，自然也要受到批判。在此书的最后一节，他写道："为此，辩证法必须在普遍的谵妄语境印记中，在对这种印记的批判中，走出最后一步，转而反对自身。"（[德] 阿多诺的《否定的辩证法》（张峰译，上海人民出版社，2020）中译作："辩证法必须走出最后一步：在影响并批判普遍的幻想联系的同时它甚至必须转而反对自身。"）哈贝马斯则将"谵妄的语境"解释为一种"受限的语境"（Zwangszusammenhang），指它是尚未由意志和意识厘清的历史进程，而通过交流沟通，可以将它从限制中解放出来。

叙事旨在建立英雄的人类学基础；依赖英雄，塑造英雄，在此是人之常情（conditio humana）。第二种叙事以现代化理论为基础，厘清了历史上英雄崇拜兴起，或更确切地说，英雄崇拜被淘汰的社会形态演变次序。第三种叙事则在危机理论关照之下。在对英雄主义那令人不安的兴衰沉浮进行解释时，它总参与其中。

要回答英雄在当代有何意义的问题，人类学的方法并不特别奏效——尽管它一直在回答这个问题。现代化理论视角也给出了明确的答复。它得出了相反的结论，却精确描述了埋葬英雄存在的社会前提的动力所在。考虑到英雄的持久存续，危机理论的叙事更能说通，但针对英雄主义盛衰周期的问题，它受限于功能主义解释方案。

这三种宏大叙事对英雄化和去英雄化同时并存现象的理解皆不够充分，这种同时性在过去及当下都存在。英雄主义的历史远比它可被拆解成的"总是已经"（Immer-schon）、"不再"（nicht-mehr）或"时多时少"（Mal-mehr-mal-weniger）[84] 复杂得多。就分析当代性而言，可以采取这样一种视角，它将英雄主义理解为一种力场，它产生自非凡的挑战和牺牲的合法化，产生自对优越身份认同的需求，产生自对日常的厌倦，产生自对非凡事物的迷恋，它还与其他力场竞争并发生冲突。无须动用人类学手段来宣示英雄主义的古老性，也不必绘制长期

---

　　[84]　德国存在主义哲学泰斗马丁·海德格尔在其著作《存在与时间》（*Sein und Zeit*）中，对"总是已经""不再"等概念进行过广泛讨论。比如，如果想作充分论辩，人们就得重构他们"总是已经"必须假设的东西，而这种东西（前提）是先验的，要通过严格的"反思"才能获得。

发展趋势曲线，通过这种方式，可以重构前沿和交混地带，将对当下后英雄时代的诊断叠加在新旧英雄故事之上。从这一角度出发，人们无法把握英雄主义的历史，但能更好地理解互不相同的故事。

第二章

英雄精神与现代性

后英雄时代的拓扑斯，即便不能启后，也是承前而来。毫无疑问，在有些时代，英雄及其行为所受的挑战比当下要少得多，与此同时，将英雄主义问题化，即将它视为一个需讨论的问题的做法，则由来已久，远在最近对后英雄社会的诊断之前。如果不把现代性视为一段历史时期，"在它之前，是一个多少有些幼稚或古旧的前现代性，在它之后，则是某种莫测高深、令人挠头的后现代性"，而像米歇尔·福柯一样，把它看作一种态度，那么问题化就是一种现代性的反思方式。"现在的丰富价值是与这样一种对它的极度渴望分不开的：把现在想象成与其自身不同的东西，不通过摧毁它，而是通过把握现在自身的状态，来改变现在。"[1] 由此，现代性是一场修行，"对现实的极度关注在此对应于一种自由的实践，后者既是对这一现实的尊重，又是对这一现实的冲犯"。[2] 恰恰是在 "现在反讽式的英雄

化"[1] 3 身上，福柯看到了解构的萌芽。在本章中，我将追溯现代英
雄主义反思史中的一些阶段，因为一部现代的英雄主义反思史，也就
是一部后英雄主义的挑战史。

1. 黑格尔的英雄 4

"后英雄"一词在 20 世纪的最后二十年才开始流行，而对这一现
象 / 问题本身有所认识，则要早得多："在国家中已不可能有英雄存
在，英雄只出现在未开化状态。"[2] 早在 1820 年，黑格尔就在其《法
哲学》（*Philosophie des Rechts*）中如此断言。5 社会里的各种关系越纷
繁复杂，留给个人成事的直接空间就越小。某种程度而言，现实自身
会被用来解读真实的历史，形成一种体系，黑格尔试图在历史进程中
确立起这个体系的合理性，他认为英雄既不合宜，又多余。然而，正
是同一个黑格尔，为"世界历史个人，时代的英雄"的到来而热烈欢
呼，说他们的"行动产生了一种情况和世界的关系，这些在表面上好
像仅仅是他们的事业，和他们的作品"。[3] 6 他不仅从过去找出了这样
的例子，在他自己的时代，也找到了这样的例子：当代最为崇高的英
雄无疑是拿破仑。黑格尔作为观众于 1806 年 10 月 13 日抵达耶拿，

---

[1]　本段译文均引自 [法] 米歇尔·福柯：《什么是启蒙?》，李康译，载《国外社会
学》1997 年第 6 期。其中，把现代性视为一段历史时期的提法源自康德，"对现实的极度关
注在此对应于一种自由的实践……"是对"波德莱尔的现代性修行"作出的评价；"现在反
讽式的英雄化"一语则是福柯对波德莱尔观点的引述。

[2]　译文引自 [德] 黑格尔：《法哲学原理》，范扬、张企泰译，商务印书馆，2011。

[3]　译文引自 [德] 黑格尔：《法哲学原理》，范扬、张企泰译，商务印书馆，2011。

并在同一天热情洋溢地向他的朋友弗里德里希·伊曼纽尔·尼萨默尔（Friedrich Immanuel Niethammer）汇报说："我见到皇帝——这位世界精神——骑着马出来在全城巡查。看到这样一个体，他掌管着世界，主宰着世界，却在眼前集中于一点，踞于马上，令人有一种奇异的感觉。"[4] 7

因此，黑格尔关于英雄的论述是高度矛盾的：他认为英雄既不合时宜，又仍然存在，且不可或缺。一方面，在"现代了无诗意的情况"下，每个个体"都隶属于一种固定的社会秩序，显得不是这个社会本身的一种独立自主的既完整而又是个别的有生命的形象，而只是这个社会中的一个受局限的成员"。[5] 8 因此，他不能成为英雄。另一方面，对英雄的渴望依然存在："但是另一方面我们却也不放弃且永远不会放弃对于现实的个体的完整性和有生命的独立自主所感到的兴趣和需要。"[6] 9 这些"伟大的历史人物——这种人自己的特殊目的关联着'世界精神'意志所在的那些重大事件"，他们不愿，大多也不想让自己的角色充当进步的助产士。他们之所以是英雄，是因为他们不仅延续了"现行制度所认准的、沉静有常的事物进程"，还从另一种精神中汲取他们的行动能量，这种精神"潜伏在地面之下，它冲击着外面的

---

[4]　译文引自 [德] 黑格尔：《黑格尔通信百封》，苗力田译编，中国人民大学出版社，2015。然该本中将黑格尔此封书信的时间写作 1806 年 10 月 30 日，乃误。

[5]　译文引自 [德] 黑格尔：《美学》（第 1 卷），朱光潜译，商务印书馆，2011。原译文中"现代世界情况"一语，据德语原文调整为"现代了无诗意的情况"（gegenwärtigen prosaischen Zuständen）。

[6]　译文引自 [德] 黑格尔：《美学》（第 1 卷），朱光潜译，商务印书馆，2011。

世界，仿佛冲击一个外壳，把它打成粉碎。因为他自己具有另外一个核心，而不是这一个外壳的核心"。[7] 10

一方面是对彻底社会化并因此去英雄化的主体的诊断，另一方面是对特殊英雄人物的推崇。黑格尔并没有辩证地解决这个矛盾；相反，互相矛盾的陈述——分布在不同的著作和演讲中——彼此之间没有联系。在这样做的过程中，他创建了一个论证框架，对现代性英雄命运的讨论至今仍在这个框架内进行。

在怀古的论题上，他将英雄时代——通常所讲的古希腊神话英雄时代——"没有国家政权的情况"下"个体的独立自主性"与"文明国家里个别公民的从属地位"进行了对比，在文明国家里，"每一个人在全体中所占的份儿是完全限定的，永远是狭小的"。[8] 11 伦理精神通过分化、搭桥而完成的统一物就是国家。遵循黑格尔的用词——"市民社会"[9] 代表着直接伦理精神或原始伦理精神的解体，从此要

---

[7]　译文引自 [德] 黑格尔：《历史哲学》，王造时译，上海书店出版社，2006。需注意的是，从上下文来看，此处汉语原译与黑格尔原文意谓有较大出入，故对汉语原译做出一定调整。

[8]　译文引自 [德] 黑格尔：《美学》（第 1 卷），朱光潜译，商务印书馆，2011。

[9]　按照黑格尔在《美学》中给出的定义，市民社会"是处在家庭和国家之间的差别的阶段，虽然它的形成比国家晚。其实，作为差别的阶段，它必须以国家为前提，而为了巩固地存在，它也必须有一个国家作为独立的东西在它面前"。此外，市民社会是在现代世界中形成的，现代世界第一次使理念的一切规定各得其所。在现代市民社会理论上，黑格尔是第一个将国家与市民社会区分开来的人，但这一区分并不是一开始就有的。德语中的市民社会一词源于拉丁语 "societas civilis"，意为一群人的聚合体，康德用其意指作为"国家市民的社会"的 "国家"，可以看出，康德所谓市民社会，与国家的含义 （转下页）

靠法律来维持市民个人需要的满足，人身和财产的保障，要靠法律来维护特殊利益和公共福利，来维持秩序，这种市民社会只能算是"外部国家"。必定要伦理精神或实体充分实现、完成并恢复到它自身的辩证统一，这才是国家。[10]

英雄在这种情况下变得陈旧腐朽而不合时宜，这一事实首先体现在法律制度中：在法治社会中，个人行为总是嵌在法律秩序之中。无论个人守法还是违法，他行为中的特殊之处总比规则中的普遍之处次要。任何行为，无论多么伟大或多么可恶，都逃不过法律的审判；僭越因此失去了它的违规元素，在法治之下，转化为犯罪，经过有序的程序，受到制裁。"古代英雄却不然，他们都是些个人，根据自己性格的独立自主性，服从自己的专断意志，承担和完成自己的一切事务。"[11] 12 他们是他们自己的道德权威，因此也对自己的行为负全部责任。黑格尔将他们描述为边缘人物，说他们踩在横亘自然状态和社会状态之间的门槛上。他们自己不受任何法律约束，而是其创建者。他们的暴力是有道理的，因为"一方面仍然没有原则上可以参考的既定秩

（接上页）并没有严格区分。早年的黑格尔也将两者当作同义语来使用，如在《民族宗教与基督教》中，黑格尔就指出："基督教的大多戒律，与市民社会的首要立法基础——所有权和自卫权之原则——相悖。"1817—1818 年，黑格尔在《哲学全书》（*Enzyklopädie der philosophischen Wissenschaften im Grundrisse*，简写为 EPW）第三部分 "精神哲学"中，明确指出"伦理"由"家庭""市民社会""国家"构成，在"市民社会"中他讨论到了劳动分工、司法和警察等问题，与《法哲学原理》中的观点基本一致。

[10] 参考自 [德] 黑格尔：《法哲学原理》，范扬、张企泰译，商务印书馆，2011。

[11] 译文引自 [德] 黑格尔：《美学》（第 1 卷），朱光潜译，商务印书馆，2011。

序，另一方面它代表了实际的转折点。政治权限由它建立并生效"。¹³ 英雄的任性是法律的起源，不公正是正义的开端。但是，一旦建立起了法治（rule of law），英勇的违法行为就变成了一种常见的刑事犯罪。

在这里，黑格尔在社会学这一术语出现前，即超先（avant la lettre^[12]）从其角度论证道：英雄已经失去了存在的权利，这就是人们该如何解释他关于英雄主义与现代性不相容的论点的方式，因为在社会进化过程中，出现了解决问题的制度性策略，这些策略更可靠，并且有效地解决了过去英雄杰出人物所关心的问题。从这个角度来看，个人英雄主义和社会制度形成了功能对等。它得出一个公式：社会化程度越高，英雄主义就越少。社会挑战要么由个人的自主行动来应对，要么由程序规则、行政安排和专业职能来处理，"以任务代替行动，以组织代替冲动，以团队合作代替勇敢"。¹⁴ 此外还有一点，制度化意味着分工："英雄肩负着将军的重担，而公民则将其分配给自己的同类。他在许多方面解脱了自己，但也使自己变得具有依赖性，失去了英雄特有的独立性。"¹⁵ 不仅在任务的分配上，且在他们的性格上也发生了根本性的变化：英雄在危险面前证明了自己。如果要控制可预计的风险，保险代理人和预防专家会接手这一工作，负责灾害控制，但如果没有高效的救援服务，你只能指望英勇的救援人员。

---

[12] "avant la lettre"，源于法语，字面意为"在字母之前"，其引申义视具体语境又可译为"前卫文学""先锋人物"等，指某事物（艺术流派、政治运动等）被认知及命名之前，即已出现的先驱事物或人物，例如波德莱尔和艾伦·坡（Edgar Allan Poe）之于现代文学。这一术语有时也写作"avant l'heure"，字面意为"在这一时刻之前"。

复杂的问题需要更加复杂的解决策略，而不仅只需要勇敢的个人进行勇敢的干预。相反，制度上的相互依存关系防止了特殊事件被归因于个人行为和行为者的被英雄化。在黑格尔看来，即使是他那个时代的君主也不是主权拥有者。他们试图将自己展示为英雄领袖企图堕落的一种姿态。只统不治的国王不是英雄。在"一个组织完善的国家"中，他退缩为一个纯粹的官员，作为君主只用"说一声'是'，而在 i 上御笔一点"。[13] 16 延续黑格尔的上述思想，民主代表的自主权和行动权不仅受到宪法、预算和国家基本原则的限制，还取决于不稳定的多数选民，那它就更适用于民主代表。

有什么东西遗留下来了吗？那就是英雄传奇。在古代悲剧或莎士比亚戏剧中，黑格尔发现了那些"具有完全自由意志和决断的"[14] 17 的神仙形象，他们"亲身"体现着理想（Ideal），那种早已被纳入社会机构，并在此过程中失去了鲜活性的理想。惶惶艺术之中的英雄们坚持自我，因为这种普遍的东西"与个别性及其生命是处于直接统一体的"。[15] 18 艺术家和英雄、艺术作品和英雄事迹的共通之处在于，它们都能清晰地传达出言外之意、物外之思。这种形式上的亲和导致黑格尔将英雄视为一种审美现象，因此也承认它是现代社会中的"遗

---

[13]　译文引自 [德] 黑格尔：《法哲学原理》，范扬、张企泰译，商务印书馆，2011。"在 i 上一点"（der Punkt auf dem i）是德语中的惯用表达法，表示为使工作完美而修饰最后一笔，视其上下文，可理解为画龙点睛、锦上添花的意思。

[14]　译文引自 [德] 黑格尔：《美学》（第 1 卷），朱光潜译，商务印书馆，2011。

[15]　译文引自 [德] 黑格尔：《美学》（第 1 卷），朱光潜译，商务印书馆，2011。

留物"[16]。即便现实中已无法产生更多的英雄传奇,古老的神话仍在戏剧舞台、文学和造型艺术,以及当下不得不提的电影、漫画和电脑游戏中,继续展现着它们的力量。经历史长河涤荡而幸存下来的东西,至少应作为一种审美想象而予以保留。以黑格尔的论点来看,英雄主义已然要埋进历史的故纸堆了。

然而,他对世界历史个人的悼词与此全然不同,他讲道:"他们主持了和完成了某种伟大的东西。不仅仅是一个单纯的幻想、一种单纯的意向,而是对症下药适应了时代需要的东西。"[19]在这里,英雄事迹不带有过去时代的印记,而作为一路帮助历史推进的罕见事件出现。黑格尔驳斥了其中隐含的现代化理论,该理论让英雄脱离其时代,叙事使他们成为"这个时代"[20]的任何东西的表象。他们作为历史的拟人化符号出现,类似于艺术中的崇高,是力场中所有他者都向它看齐的能量级。一个人可能敬畏他们,钦佩他们或厌恶他们,但不可能不被他们影响。他们的魅力是建立在一种自发的认同之上的:在

---

[16]　本书作者在此还参考了英国文化人类学之父、古典进化论的代表人物爱德华·伯内特·泰勒(Edward Burnett Tylor)于19世纪中后期提出的"遗留物"概念。泰勒认为,现世文化是远古蒙昧人的"遗留物",人类现在的文化是由远古文化进化而来的,通过对这些"遗留物"的研究可以探究人类社会的进化,给人类社会划分进化阶段。继起的传播论学派不同意这一观点,认为人类文化是由最初的几个甚至一个中心(古埃及)传播开来的结果。稍后兴起的美国历史特殊论学派一改进化论和传播论对世界文化史宏观构拟的追求,而认为每个地区、每个民族的文化自有其价值,进而从民族文化的角度探究物质文化对本民族的价值和意义,"遗留物"在其中又绽放出光彩。博厄斯学派(Boasist school)以此理念为基础,提出"文化相对论",这已成为世界人类学的基本认识论之一。

他们的外表展现出的纯粹力量中，他们的伟大对每个人而言都是即刻可见，且显而易见的。他们体现了"一切个人内在的灵魂"并将他们带入自觉。"他们周围的大众因此就追随着这些灵魂领导者，因为他们感受着他们自己内在的'精神'不可抗的力量。"[17] 21

黑格尔尖锐地反对针对历史人物的"所谓'心理学的'看法"：据其指控，嫉妒的小精灵试图通过将英雄的个人特质揭示出来，并将他们的行为解释为是"出于某种渺小的或者伟大的热情，某种病态的欲望"，从而将英雄引到自己身上。从某些角度来看，一些世界历史个人表现为不具有任何道德合法性的无情且鲁莽的强悍者。黑格尔身后有世界精神，眼前有马背上的世界之魂，他这样的努力调和用处不大。英雄具有人性之弱点，有其狭隘之处。将军一旦行动，僭越或暴力行径就成了无关紧要之事。达成历史使命需要有特殊的标准来衡量："这样魁伟的身材，在他迈步前进的途中，不免要践踏许多无辜的花草，蹂躏些好东西。"[18] 22 通常，英雄会为此付出生命的代价，或被拉下他的宝座。拿破仑的战败和被流放丝毫也没有削弱黑格尔的名气，而只是表明，这位大将军所推动的进步，最终也将他自己彻底清扫。那么，伟人只是作为一种更强大力量——历史的工具。"黑格尔的历史英雄随着'世界精神'的落败而被流放，"海因茨·迪特·基特施泰纳总结道，"他们是达成目标的手段，他们再次被缚入一个受

[17]　本段译文引自 [德] 黑格尔：《历史哲学》，王造时译，上海书店出版社，2006。

[18]　译文引自 [德] 黑格尔：《历史哲学》，王造时译，上海书店出版社，2006。

肯定的整体之中，这个整体在他们背后拔地而起，他们发现自己的个体在此间消亡了。"[23]

在这一点上，黑格尔关于英雄主义的表述自相矛盾：英雄既被认为是过时的，又被认为是始终在场、不可缺席的。一方面，在"当前平淡无奇的状态"下，每个人"都隶属于一个现存的社会秩序，并不是作为这个社会本身的独立、完整且自足的鲜活的形式出现，而只是作为这个社会的一个有限成员出现"。婴儿可以通过外科手术出生，但孩子必须先发育才能进入这个世界。"暴风雨般的普罗米修斯式意志注定落空，除非其意志已在现有的种种条件下生出了胚芽。"[19] 24 英雄需要使其有用武之地的时代，历史必须为他们奠定基础。一旦历史性的时刻到来，你可以确定他们会找到彼此。

英雄附带给历史哲学注入了能量，迫在眉睫的战争唤醒了他们的英雄主义力量，在黑格尔看来，这推动了历史进程发展。而在和平时期，"市民生活不断扩展；一切领域闭关自守，久而久之，人们堕落腐化了，他们的特异性也愈来愈固定和僵化了"，[20] 25 简而言之：和平使英雄休眠。

另一方面，战争孕育英雄。这适用于拿破仑这样的军事领导人，但黑格尔也含蓄地英雄化了为国家主权而冒着个人生命危险的普通士

---

[19]　译文参考自 [美] 悉尼·胡克：《历史中的英雄》，王清彬等译，上海人民出版社，2006。原译文与本书德语原文及胡克英文原著中的表述均有较大差异，故此处作出一定调整。

[20]　译文引自 [德] 黑格尔：《法哲学原理》，范扬、张企泰译，商务印书馆，2011。

兵。与追求丰富经历的冒险家、追求荣誉的骑士或追求物质利益的罪犯不同，士兵的勇敢并没有特定的目的。相反，他愿意摒弃个人的"财产、享受和生命"来履行他的军事职责，从而"舍生取义"。在军人至死方休的服从中，特殊性和普遍性达到了其调和的最高形式："有教化民族的真实英勇在于准备为国牺牲，使个人成为只是多数人中的一个。在这里，重要的不是个人的胆量，而是在于被编入普遍物中。"[21] 26 即使黑格尔本人不赋予他们这个称号，死去的士兵也才是真正的英雄。

这种形式的英雄主义之所以是现代的，至少有两个原因：一方面，在全面征兵的情况下，这样做出于义务，比如拿破仑是法国大革命的孩子这一说法，往往又扩展到所有男性公民身上。"为国牺牲"现在是"所有人的实质性关系"。在意识形态方面，它也并非基于外部胁迫才将旧政权的雇佣军团结在一起（并且经常因此而失败），而是一种内在的责任感的表达。另一方面，军备技术的进步确保了士兵们在一个纪律严明的集体中团结一致地战斗，并且"个人勇敢成为一般的无人称的勇敢"。在"火器"时代，军事英雄主义"不是这一特殊人的活动，而只是某一整体的一部分的活动"，同样，它也"看起来不是指向单个人，而是指向一个敌对的整体"。[22] 27 普通士兵的英雄主义的特点是不畏生死地履行职责，但缺乏古代英雄和当代"伟人"

---

[21]　译文引自 [德] 黑格尔：《法哲学原理》，范扬、张企泰译，商务印书馆，2011。

[22]　译文引自 [德] 黑格尔：《法哲学原理》，范扬、张企泰译，商务印书馆，2011。

的僭越性、自主性和超凡魅力。他不再高高在上，而是步入了普通人的行列。

但这还是英雄吗？值得注意的是，黑格尔将"英勇的"（Heroisch）——甘愿牺牲、具有战斗意志、富于美德——这一定语给予了国民军队的应征者，但与对拿破仑的赞美相比，他并没有明确地将他们颂扬为英雄。他没有解决矛盾。但他用一个自相矛盾的形象巩固了他的说法，即一个去权力化、去个体化并融入了一个组织整体——简而言之：一个后英雄时代的英雄，他甚至不称其为英雄。

2. 社会主义英雄精神

卡尔·马克思从他的导师黑格尔那里借用了英雄是进步的代理人这一观点，认可英雄一旦完成了他们的历史使命，就必须退出舞台的说法。拿破仑和他之前的 1789 年革命英雄"穿着罗马的服装，讲着罗马的语言来实现当代的任务，即解除桎梏和建立现代资产阶级社会"。他在《路易·波拿巴的雾月十八日》（Achtzehnten Brumaire）中总结道："但是，不管资产阶级社会怎样缺少英雄气概，它的诞生却是需要英雄行为、自我牺牲、恐怖、内战和民族战斗的。"[23] 28 某种程度而言，英雄营造像是一出滑稽戏，市民们此前所反抗的封建秩序已经结束，市民阶级本身成了历史进步的绊脚石。

---

[23] 译文引自 [德] 卡尔·马克思：《路易·波拿巴的雾月十八日》（旧译《拿破仑第三政变记》），《马克思恩格斯全集》（第 8 卷），中共中央马克思恩格斯列宁斯大林著作编译局，1961。

"19 世纪的社会革命"[29] 近在眼前，它在历史上的出现是无可避免的，马克思将无产阶级视为集体英雄，因此不再需要参照历史先例。无产阶级英雄可以不再利用想象中的那些夸张元素来进行自我赋权，因为他们不捍卫过时的局部利益，他们不仅要解放一个阶级，更要解放全人类，二者应具有一致性。然而，在阶级斗争升级为对无产阶级的公开战争的历史时刻，马克思也不乏英雄气概：工人阶级在评价巴黎公社起义时知道 "他们必须经过长期的斗争，必须经过一系列将把环境和人都完全改变的历史过程。工人阶级不是要实现什么理想，而只是要解放那些在旧的正在崩溃的资产阶级社会里孕育着的新社会因素。工人阶级充分认识到自己的历史使命，满怀着完成这种使命的英勇决心"，[24] 30 大革命需要斗争和牺牲，革命者的英雄主义的呼声不远了。而这不仅在政治和经济目标上与资产阶级的有别，也不需要个人崇拜。英雄主义不是伟人们的英雄主义，而是因公社被镇压而付出了鲜血的小人物的英雄主义。"巴黎全体人民——男人、妇女和儿童——在凡尔赛人攻进城内以后还战斗了一个星期的那种自我牺牲的英雄气概"中，闪耀着 "他们事业的伟大"。[25] 31

然而，马克思对资产阶级乔装打扮成的英雄只有嘲讽。透过他的眼镜，人们几乎可以把 19 世纪兴起的伟人热解读为一种历史代偿反

[24]　译文引自 [德] 卡尔·马克思：《法兰西内战——国际工人协会总委员会宣言》，《马克思恩格斯全集》（第 17 卷），中共中央马克思恩格斯列宁斯大林著作编译局，1963。

[25]　译文引自 [德] 卡尔·马克思：《法兰西内战——国际工人协会总委员会宣言》，《马克思恩格斯全集》（第 17 卷），中共中央马克思恩格斯列宁斯大林著作编译局，1963。

应——把它看作危机的征兆，而不是力量的证明。英雄大量涌现，继而成为一种绝望的防御工事，市民阶级用满载着昔日辉煌的封建护甲武装起自己，以对抗当前的威胁。他们为英雄欢呼喝彩，以掩盖个体在历史伟力前的微不足道。资产阶级的英雄主义在国家里找到了消失点，就此隐没不见，由此，工人阶级大量行动起来（对抗封建主义），这使他们偏离了自己的历史任务。最迟也不过在第一次世界大战爆发时，这些就显露了出来。

格奥尔基·普列汉诺夫（Georgi Plekhanow）于 1898 年发表了《论个人在历史上的作用问题》（Über die Rolle der Persönlichkeit in der Geschichte，俄语原名 К вопросу о роли личности в истории），述及对历史伟人的颂扬能否在社会主义运动中占有一席之地，这些颂扬在多大程度上能站稳脚跟的问题。这位马克思主义哲学家追随黑格尔的脚步，力图将英雄事迹与历史规律联系起来："伟大人物之所以伟大，不是因为他的个人特点使伟大的历史事变具有个别的外貌，而是因为他所具备的特点使得他最能为当时在一般原因和特殊原因影响下产生的伟大社会需要服务。卡莱尔在其论英雄的名著中称伟大人物为创始者（Beginner）。这是非常恰当的称呼。伟人正是创始者，因为他比别人看得远些，他的欲望比别人强烈些。他会解决先前的社会智慧发展进程提上日程的科学课题；他会指出先前的社会关系发展所造成的新的社会需要；他会发挥首倡精神来满足这些需要。他是个英雄。"[26] 32

---

[26]　译文引自 [俄] 普列汉诺夫：《论个人在历史上的作用问题》，王荫庭译，商务印书馆，2017。

　　历史唯物主义者面对的挑战，是在承认个人无力撼动历史进程的同时，捍卫个人行动的重要性。当"我们不能创造历史，而应当等待历史自行造成"[27] 时，个人能够扮演什么角色？[33] 社会造就的人，如何能推翻社会，这是一个含有直接政治意味的问题。如果生产力进步势不可挡，为何还需要杰出人才？我们如何才能阻止对进步的信心沦为观望，如何才能不使革命者意兴阑珊？普列汉诺夫试图解决这一困境，他宣称革命英雄的决定性品质在于对历史期限和历史可能性的预知力。他们不仅要知道风从哪里吹来，还要知道风力是否充足，哪怕在风平浪静的时候，他们也要保持这种机敏："然而如果我知道社会关系由于社会经济的生产过程中的这些变化而朝哪个方面改变，那么我也就知道社会心理在朝哪个方向改变；所以我就有可能影响这一心理。影响社会心理，就是影响历史事变。因此，在一定意义上我毕竟能够创造历史，而且我没有必要等待历史 '自行造成'。"[28] [34] 因此，英雄主义之伟大不只在革命情境下才显现；相反，启蒙工作更是一种历史候车室里的英雄主义。毫无疑问，普列汉诺夫相信历史唯物主义已备好了必要的知识。任何人只要看清时代的征兆，与进步的一方并肩战斗，都能成为历史上的强者。这与其说是才智问题，不如说是道德抉择问题。

---

　　[27]　译文引自 [俄] 普列汉诺夫：《论个人在历史上的作用问题》，王荫庭译，商务印书馆，2017。此处为普列汉诺夫援引德意志帝国首任宰相、以"铁血"著称的俾斯麦的言辞。

　　[28]　译文引自 [俄] 普列汉诺夫：《论个人在历史上的作用问题》，王荫庭译，商务印书馆，2017。

普列汉诺夫对卡尔·洛维特（Karl Löwith）所言"世界历史是一场救赎"[29] 35 进行过思考，这至少体现在了他将宗教祭奉给历史创始者这一点上："活动的广阔场所并不只是对'创始者'敞开，并不只是对'伟大'人物敞开。"他总结了他的论述。"它对一切有眼睛观看、有耳朵倾听以及有心灵热爱自己邻人的人，都是敞开的。伟大这个概念是相对的概念。在道德的意义上，每一（用福音书上的话说）'为朋友舍命'的人都是伟大的。"[30] 36 归根结底，正是牺牲才造就了这些英雄。若说在黑格尔那里，英勇者是死去的士兵的形象，在马克思那里，英雄是被杀害的巴黎公社工人，那么，普列汉诺夫的社会主义英雄，则带着基督教殉道者的样子。

再一次，关于英雄主义在现代的命运，两种截然相反的观点相互角力：一边是历史哲学分析的观点，坚信社会发展自有其规律，而将英雄传奇归之于浪漫神话；另一边是一种政治诉求，它把英雄个人或英雄集体封为历史进步的先锋，把达成未完成的现代性的任务托付给他们。但即便作为催化剂，普列汉诺夫的英雄，如马克思的一样，已经干瘪失效，仅仅是匍匐在唯物主义脚下的世界精神的助手。他们执行符合生产力水平的要求。他们只在反抗旧世界的力量时才僭越，他们竭尽全部的自治力，只为弄清什么才是必要的，在他们的政治使命中，最重要的是抵御宿命论的负能量。英雄化需要一点唯意志论。

---

[29]　可参考 [德] 洛维特：《世界历史与救赎历史》，李秋零、田薇译，商务印书馆，2016。

[30]　译文引自 [俄] 普列汉诺夫：《论个人在历史上的作用问题》，王荫庭译，商务印书馆，2017。

历史按其铁律所行之处，个人无法证明自己的英雄性。普列汉诺夫想将主观因素用作革命斗争的能量源，但事实证明，（历史）决定论和由此而来的去英雄化的吸引力更强。他试图将人格视作历史力量的管控者，可即便如此，只有在承认历史的力量，且与它同频共振的情况下，人格才能发挥效用。如果后英雄主义意味着英雄主义成了问题，那么历史唯物主义的英雄也是后英雄主义的。

至少在他们掌权之前，该是如此。社会主义建设依然需要英雄人物——按照意识形态的要求，也该产生英雄人物：社会主义个人"在反个人主义基础上"发展，其利益"与社会整体利益之间的矛盾将消失"，因此，为它战斗的尼古拉·布哈林（Nikolai Bukharin）从一开始就是布尔什维克。在《社会主义及其文化》（*Socialism and its Culture*, 俄语原名：*Социализм и его культура*）中，布哈林热情洋溢地写道：社会主义个人"生来以奋不顾身的勇气为共同的事业而斗争，把这看作是自己的事业"。"英雄主义因此得到光荣的花环，"他继续说，"它是社会在个人身上的最高表现，丰富了此个人，把他提高到社会的顶端。"[37]黑格尔所谓的死去的士兵身上那种特殊与一般的调和，在社会主义新人类的召唤中回归，在这里，社会与个人共同进步的假想，也重压在后者肩上。愿意放弃自我，被美化为"内在的要求，'灵魂'的内在特性，个人自身的特性"[31] [38]，这掩盖了集体化的暴政。

---

[31] 以上译文引自 [苏] 尼·伊·布哈林：《社会主义及其文化》，郑异凡译，重庆出版社，2015。

贝托尔特·布莱希特持更多的怀疑态度，在民族社会主义 [32] 占据上风后，他以辩证的方式消解了社会主义英雄主义（sozialistischen Heroismus）这一矛盾修饰法 [33] 构词。在《逃亡者对话》(*Flüchtlingsgespräche*) 一剧中，他让两位主角、两位德国流亡者之一的齐佛尔（Ziffel）抱怨起了"伟大的时代"，所有人、每个人都要面对"最疯狂的命令和要求"："在这一整个大陆上，英雄事迹都在增长，普通人取得的成就越来越大，每天都有一种新的美德被发明出来。为了得到一袋面粉，你需要的能量在过去都能开垦一个省的土地了。为了弄清楚你是今天就得逃，还是明天再逃也不迟，你需要的智慧在几十年前都够创造出不朽作品了。"齐佛尔以一段慷慨陈词作结："我跟你说，我厌倦了追求美德，它根本没什么用，我无欲无求，反正想要的都得不到，我勤劳得像只无头苍蝇，我的政权把我卷进了所有战争，我再没什么可怕的了。卡勒（Kalle），伙计，朋友，我受够了所有的美德，我拒绝成为英雄。"他的同伴负责绕过这种意识形态批判，转到对革命的呼吁上来："我听明白了，您在寻找一片土地，在那里不需要特别费力，爱国、向往自由、善良和无私等美德就可以让奴性、野蛮和利己主义滚出家园。有种状况正是如此，那就是社会主义。"卡

---

[32]　民族社会主义（Nationalsozialismus），简写即纳粹主义（Nazismus）。它与社会主义并无实质关联，且需注意它与国家社会主义的区别。

[33]　在西方，矛盾修饰法（Oxymoron，古希腊语写作 τὸ ὀξύμωρον）是一种源自古希腊的修辞格，通过将两个互相矛盾、互不调和的词汇置入同一个短语中而产生特殊的深刻含义，如老男孩、无声的呐喊、行尸走肉等。

勒答道。"与此同时，我请您注意，为了达成这一目标，需要各式各样的东西。要有外在的勇气，对自由最深切的渴望，最大程度的无私和最大程度的自利。"对话以齐佛尔简洁的一句"料是如此"结束。这就成了一个开放式结局，人们不清楚他是否要去实现目标，抑或轻易地放弃了。[39]

相形之下，恩斯特·布洛赫（Ernst Bloch）为"红色英雄"（roten Helden）所唱的赞歌，仿若一曲绝响。面对民族社会主义制造的恐怖，他展露出的那种无神论者的视死如归，甚至超越了基督教殉道者的自我牺牲精神："他的受难并不因复活而减轻，他的受难日并未因他在复活节这一天的重生而废止。"[40]据此，驱动着共产主义抵抗战士的并非永生或永垂不朽的前景，他们要与"往昔的牺牲者、前仆后继、继往开来的胜利者"休戚与共。他们不欲纪念自身，但他们的死亡通过集体目标而获得了意义。个人意识与阶级意识高度重叠，以至于"在通往胜利的路上，在胜利的那一天，他们是否还被铭记，对个人而言都无关紧要了"。[41]布洛赫的唯物主义英雄神话显示出了一种回撤姿态：随着对进步的信心稀释成了"希望的原理"[34]，个人的坚定

---

　　[34]　恩斯特·布洛赫是当代西方马克思主义代表人物，与罗莎·卢森堡（Rosa Luxemburg）、格奥尔格·卢卡奇（Georg Lukács）、安东尼奥·葛兰西（Antonio Gramsci）齐名，享誉世界。三卷本《希望的原理》（*Das Prinzip Hoffnung*）是其代表作，也是一部马克思主义传统中的创新之作，被认为拓宽了马克思主义的"人性"研究领域。"在流亡美国期间（1938—1947），布洛赫十年磨一剑，撰写了《希望的原理》，表达了他对一个没有剥削、压迫和异化的世界的希望。《希望的原理》一书的主旨，是阐明人类精神史的中心在于预先推定一个更美好生活的梦，即一个没有剥削、贫困和压迫的社会制度，（转下页）

信念必须填补起阶级失却的初心。无论如何，这位思想家对牺牲者致以敬意。在社会主义英雄主义的另一端，有一种管培方案：无论共产主义领导小组在哪里掌权，他们都选出"劳动英雄"，并试图以此方式——通常不太成功——拉高业绩标准。[42]

3. 英雄主义的现代性

黑格尔和左派黑格尔主义者 [35] 的"历史—哲学协同作用"被证明是脆弱的。他将"有限互动中的行为者"英勇地拼尽全力也无法实现的事情，托付给历史总体的理性去完成。[36] [43] 1914—1918 年全面战争

（接上页）而作为人类学—存在论范畴的"希望"（Hoffnung）集中体现了人类走向更美好未来的意图。（参考自 [德] 恩斯特·布洛赫：《希望的原理》（第 1 卷），梦海译，上海译文出版社，2012。）也就是说，在布洛赫那里，对进步的信念，演变成了对进步的希望。

　[35]　左派黑格尔主义者，在理论思想、实践方法、政治诉求等方面，基本等同于马克思和恩格斯在《德意志意识形态》中批判过的青年黑格尔派玄想家。

　[36]　基特施泰纳在《现代性的阶段》（Die Stufen der Moderne）一文中写道："历史此时不再提供帮助，使自身充满意义，必须——违背它的发展进程——借助强力使它变得'有意义'。尼采摒弃了黑格尔的'历史哲学协同作用'（geschichtsphilosophische Synergismus）……在从康德到黑格尔，以至于马克思的所有历史哲学概念模型里，人们行为方式的背后，都是在执行'理性的狡计'（List der Vernunft）。某种程度而言，它能令事半功倍，因为历史本身会帮助人们，将原本无法达成的事情付诸实践。然而，若整个历史进程似乎在朝着错误的方向发展，或陷入了混乱，历史就不再能提供帮助了，这就必须召唤出超人的力量，以控制住不驯顺的进程。"（译自 Heinz Dieter Kittsteiner："Die Stufen der Moderne"，*wir werden gelebt: formprobleme der moderne*，Philo，2006。）其中，"理性的狡计"也称为理性的机巧、狡黠等，是黑格尔历史哲学中的重要概念，指理性会利用某些手段、工具来达成目的，从而令历史发展进程表现出某种规律性。此处"有限互动中的行为者"（die Handelnden in ihrem begrenzten Aufeinanderwirken）指在与历史的互动中，采取主动行为的那一方。

的经验表明，总体性只作为非理性的支配 [37] 存在。比全面战争早几十年，尼采已经拒绝了"历史乐观主义"和它"对必要事物的崇拜"。"如果有人在探寻历史的安排，"他在 1875 年指出，"那么去某位强人（gewaltigem Menschen）的意图中寻找吧，或许去一代人、去一个政党的意图中寻找吧，去任何别处只会一团糟。"⁴⁴ 基于目的论 [38] 而尝试对混乱事件作任何梳理，都注定会失败。"（历史的）好风凭借力，送我上青云"是一种虚假的希望，阻挡风暴是一项"超人"（Übermensch）

---

[37]　"支配"（Herrschaft）是马克斯·韦伯政治社会学研究中的重要概念。他将"正当的"支配分为三种类型：理性基础上的支配、传统基础上的支配、超凡魅力基础上的支配，并对这三种类型进行过反复阐释。其中，最为明确的陈述见于《经济与社会》第一部分，另有汉译单行本《经济与历史：支配的类型》《支配社会学》等可供参考。简单说来，韦伯认为，支配，就是某项包含了特定明确内容的命令将会得到某个特定群体服从的概率。与之相对应，"纪律"（Discipline）则是某个特定人群按照既定方式习惯性地、迅速而自动服从某项命令的概率。韦伯认为，任何名副其实的支配形式都会包含一种最低限度的自愿顺从，即（基于隐秘的动机或真正的同意）在服从中获得利益。（参考自 [德] 马克斯·韦伯：《经济与社会》（第 1 卷），阎克文译，上海人民出版社，2019。）

[38]　目的论（Teleologie）被认为属于唯心主义哲学范畴，其观点认为自然界的一切事物都有其存在的目的，故此致力于探讨事物产生的目的、本源和归宿。传统上，与目的论相对应的是自然论。二者争议的焦点在于是"功能决定形式"还是"形式决定功能"。亚里士多德在《动物志》（De Partibus Animalium）中有言："大自然里，生物的器官顺着功能而演变，功能不是顺着器官而来。"卢克莱修（Titus Lucretius Carus，公元前 99—公元前 55 年）在《物性论》（De Rerum Natura）中则说："身体不是因应我们的需要而造，存在是功能的因。"也就是说，是因为要看见事物，动物长出了眼睛，还是因为长出了眼睛，动物能看见事物呢？之后，偶然论也加入了与目的论的争执。这一派中较为激进的观点认为，世间万物，包括人的一生，都是由偶然性构成的，并无规律可循，也无目的可言。

的任务。尼采将不在场的历史终极目的（Telos）与"强人"联系起来，这表明：如果不能再假设存在着某种如真正意义上的进步这样的东西，不能再假设历史自身会助力其本身的实现，那么对它的态度就只剩下了两种可能："对毫无意义的世事做虚无主义[39]的对抗——一种英雄悲歌似的倔强，或凭英雄主义的力量去驯服它，背水一战。"45

　　海因茨·迪特·基特施泰纳对德国历史进行了分期，他在这两种历史意识中二选一，以"英雄主义的现代性"为题标记了一个历史阶段，并将这一阶段定位在1880—1945年的西德和1880—1989年的东德。46 他一边把这一阶段与由他定义的17世纪中叶开始的"稳定化的现代性"（Stabilisierungsmoderne）区分开来，另一边又把它与1770年左右开始的"进化的现代性"（evolutiven Moderne）区分开来，进化的现代性从未终止，但它暂时叠加上了英雄主义的现代性。[40] 如果说黑格尔之后的历史哲学，尽管对伟人和英雄集体充满热情，却削弱了英

---

[39]　哲学范畴中的"虚无主义"（Nihilismus）认为世界，特别是人类的存在没有意义，没有目的，没有可理解的真相及最本质的价值。它多作为一种与其他理论针锋相对的观点出现。在艺术及社会学等领域，达达主义（Dada）、解构主义（Deconstructionism）、朋克（Punk）运动等都被认为是带有虚无主义性质的。它也被定义为某些时代的特征，法国思想家、后现代理论家让·鲍德里亚（Jean Baudrillard），大众传媒和消费主义研究的代表性人物，就称后现代是虚无主义时代。

[40]　按照基特施泰纳的划分，稳定化的现代性阶段为1640—1680/1715年；进化的现代性阶段为1770—1880年；英雄主义的现代性阶段为1880—1945/1989年。

雄的地位，那么，激进的"偶然性意识"——此处借用尼采的表述，激起了简直就是通胀了的英雄需求。"本世纪末乏善可陈的傻瓜们谈论起超人来，就像在说他们家大哥。"荷兰语言和历史学家约翰·赫伊津哈（Johan Huizinga）讽刺了他的同时代人那不可理喻的英雄理想（Heldenideal）。[47] 历史未能充当盟友，甚至未能以对手的身份出现，这就留下了一个空位，人们就此很容易去想象超凡的伟大、神话般的历史使命、爆表的战斗力和惨痛的覆灭。英雄主义的现代性，意味着要么做真的猛士，敢于直面问题重重的当下，要么同样英勇地超越它；要么在现代性中冷静坚持，或激进地抽身而去。[48]

马克斯·韦伯禁欲主义的"现实主义的英雄主义"[41] [49] 就是一个

---

[41]　译文引自 [德] 玛丽安妮·韦伯：《马克斯·韦伯传》，阎克文、王利平、姚中秋译，商务印书馆，2010。"现实主义的英雄主义"（Heroismus der Sachlichkeit）或可理解为客观性英雄主义、实际英雄主义等，以区别于下文所提恩斯特·容格尔为之倡名的"英雄现实主义"（heroischen Realismus）。"现实主义的英雄主义"一语出自玛丽安妮·韦伯所记马克斯·韦伯的学生耶尔格·冯·卡普赫（Jörg von Kapher）对其老师的追忆。此外，玛丽安妮还曾记述韦伯与斯特凡·格奥尔格（Stefan Anton George）关于英雄主义的一场对话。当时，诗人格奥尔格、经济学家 A. 瓦格纳（Adolf Wagner）和韦伯同是海德堡文艺名流，围绕着三人形成了三个小圈子，A. 瓦格纳与韦伯并无多少交集，但斯特凡·格奥尔格曾先后两次专门拜会韦伯，这次对话就出自二人在韦伯家中的第二次会面。玛丽安妮记录道："当我们谈到现代人之间愈演愈烈的思想斗争所具有的重要意义，谈到它也许会产生精神的而不是物质的英雄主义时，他（格奥尔格）说："简直是异教徒、异教徒！你们想把一切都转变成精神，你们因此而摧毁了肉体。"他显然没有意识到，他比任何人都更需要利用具有高度教养的人、而不是利用那些勇猛无畏的古代屠夫作为媒介。但是什么叫"观点"呢？从他身上涌出的是温情、人性和活力，我们（韦伯夫妇）禁不住爱上它们了。除了查拉图斯特拉式的观点之外，他身上还有其他更多的东西。(1912 年 6 月)

典型的变体，它认为资本主义精神已经固化，"铁罩"[42] 形成，看似没有出路，[50] 但正是从这一点上衍生出了"我们的时代的命运，这个

---

[42] "铁罩"（stahlharten Gehäuse）这一术语在社会学研究中别具意义。韦伯曾在《改制后德国的议会与政府：对公务员制度和政党制度的政治批评》（Parlament und regierung im neugeordneten Deutschland: zur politischen kritik des beamtentums und parteiwesens）中用若干段落详细阐述了它的含义，此文后收入《经济与社会——理解社会学概要》（*Wirtschaft und Gesellschaft. Grundriß der verstehenden Soziologie*）中。在《论俄国市民民主的状况》（Zur Lage der bürgerlichen Demokratie in Rußland，也有译本写作《俄国的资产阶级民主》或《自由主义民主在沙皇俄国的前景》）一文中，韦伯对"铁罩"这一概念亦有阐述。相关德语词在早前的英译中被写作"iron cage"（铁笼）、"housing"（外壳）、"shell of bondage"（奴役之壳）或"casing"（罩子），如在上海人民出版社 2020 年出版的《经济与社会》（第 2 卷）中，它就被译为奴役之壳，但在上海人民出版社 2018 年出版的《新教伦理与资本主义精神》中，它被译为铁笼。译者对其译法选择作了较为详尽的说明。实际上，在当前的英语学界，人们越来越倾向于将其译为"shell as hard as steel"（钢铁一般坚硬的壳）。韦伯在《宗教社会学 I》（*Gesammelte Aufsätze zur Religionssoziologie I*）的《新教伦理与资本主义精神》（Die protestantische Ethik und der Geist des Kapitalismus）中写道："清教徒是为了履行天职而劳动；我们的劳动却是迫不得已。因为，当禁欲主义从修道院的斗室里被带入日常生活，并开始支配世俗道德观时，它在庞大的现代经济秩序体系的构造过程中就会发挥应有的作用。这种经济秩序如今已经深为机器生产的技术和经济条件所制约，而这些条件正以不可抗拒的力量决定着降生在这个机制中的每一个人的生活，而且不仅仅是那些直接参与经济获利的人的生活。也许，这种决定性作用会一直持续到人类烧光最后一吨煤的时刻。在巴克斯特看来，外在之物只应'像一件可以随时甩掉的轻飘飘的斗篷披在圣徒肩上'。但是，命运却注定了这斗篷将变成一只铁笼。"（译文引自 [德] 马克斯·韦伯：《新教伦理与资本主义精神》，阎克文译，上海人民出版社，2018。）韦伯认为，现代西方资本主义社会以市场为主导的经济秩序是由创新性的、有纪律的、出于宗教动机的经济行为打造出的，但当下的个人不再能从事这种创造性的行为，而注定要为谋生而工作，且其谋生手段通常局限在狭义的专业领域中。它将个人困在纯粹基于目的论的效率计算、规则、理性和控制之中。企业必须不断追求利润最大化和生产合理化，以求效率，否则就会失败。这是当今制度化的资本主义的铁罩。除此之外，还有日趋严重的官僚化导致的"冰冷黑暗的极夜"（Polarnacht der eisigen Dunkelheit）。

伴随理性化和理智化的时代，首先就是世界的除魔"。[43] 耐着性子，情绪稳定地[44] "投入我们的工作……达到'日常的要求'"[45]。51 韦伯认识到，从现代性中抽身是不可能的，哪怕只是假想中的倒退，都令人难以接受。然而，作为一门实在科学，它"不向任何人说教它应该做什么，而只是说明它能做什么——和在某些情况下——它想要做什么"。这一主张让他放弃能够鼓舞人心，却没有事实依据的话语主张，转而致力于严谨的经验研究。[46] 52 唯一的选择是冷静地面对那些无法改变的事实，而不是去破坏它们。"因为软弱就是，"他在题为《科学作为天职》（Wissenschaft als Beruf）的演讲说道，"不能严肃地直面我们时代的命运。"[47] 53 这种禁欲主义的情念里有着对现代科学那不可逆转的专业分化的洞察，而专业分化阻碍了对整体的考量。因此，英雄式的研究人员的伟大，必须通过他饱含热情地沉浸在最小的事情中

---

[43]　此段译文引自 [德] 马克斯·韦伯：《科学作为天职》，李康译，载李猛编：《科学作为天职：韦伯与我们时代的命运》，生活·读书·新知三联书店，2018。

[44]　德语原文中的 nüchtern 一词具有多重含义，既可被理解为饿着肚子的，也可理解为未醉的、清醒的、理智的，根据韦伯原文，它又可被解读为朴实（schlicht）、简单（einfach）。作者选用这一词语，颇有戏谑之感，故权且译为"情绪稳定地"，以期读者能体会到其中况味。

[45]　此处原译文附有如下脚注：歌德《威廉·迈斯特的漫游年代》，"在漫游者意义上的观察思考"："什么是你的义务？日常的要求。"（Was aber ist deine Phlicht? Die Forderung des Tages.）董问樵译，上海：上海译文出版社，1993。

[46]　译文引自 [德] 马克斯·韦伯：《社会科学认识和社会政策认识中的"客观性"》，《社会科学方法论》，韩水法、莫茜译，商务印书馆，2021。

[47]　译文引自 [德] 马克斯·韦伯：《科学作为天职》，李康译，载李猛编：《科学作为天职：韦伯与我们时代的命运》，生活·读书·新知三联书店，2018。

来证明："他灵魂的命运就取决于他是否对抄本此处的文本做出了正确的推测，他就尚未步入科学的门径。"[48] 54

有一种"军事英雄主义"（militanter Heroismus），比韦伯的"坚定的英雄气概"（Heldentum des Standhalten）功能强大得多，尤其是在第一次世界大战之后，它一边坚决地肯定了现代性，一边又想把它的矛盾一劳永逸地抛在身后，为了达到这个目的，需要释放权力意志，还要毫无保留地不怕牺牲。马克斯·霍克海默（Max Horkheimer）在他写于 1926 年至 1931 年，发表于 1934 年的作品《晓暮——在德国的笔记》[49]（Dämmerung. Notizen in Deutschland）中，将嗜血狂欢确定为这种"英雄主义世界观"的意识形态核心——这莫不是一条两次世界大战期间英雄法典（Heldencode）话语权的线索——坚持了"真正的英雄主义"（wahren Heroismus）积极的另一面："反对个人主义的战争，个人必须牺牲自己以换取总体生存的信念，完美契合了当下的形势。与真正的英雄不同，这一代人并不为现实中的明确目标而兴奋，却为实现它的意愿而兴奋。德国的统治者还能梦想出比被他亲手摧毁的阶级更好的先驱者吗？他们甚至不以微薄的报酬为目标，而以牺牲为己任，至少是以忠诚奉献和纪律为己任！"55

自然，奉行"在实践中与其被杀，不如杀人"56 这种世界观的典

---

[48]　译文引自 [德] 马克斯·韦伯：《科学作为天职》，李康译，载李猛编：《科学作为天职：韦伯与我们时代的命运》，生活·读书·新知三联书店，2018。

[49]　此处译为"晓暮"（Dämmerung）者，在德语中，有破晓和黄昏的双重含义。也有译法作《朦胧——在德国的笔记》。

范，恩斯特·容格尔（Ernst Jünger），写于 1920 年代和 1930 年代早期的作品，打着"英雄现实主义"[50] 57 的旗号，召唤出了"总动员"[51] 58，这为国家权力无边无界的幻觉扫除了所有阻碍，在这种幻觉里，军事破坏和工业生产交叠在一起，同时发生。即便从语义上来看，"现实主义的英雄主义"与"英雄现实主义"像是一体之两面——修辞上的别无选择使二者变得戏剧化了——它们之间却几乎没有共同之处。韦伯所持的是面向西方理性化进程的斯多葛主义 [52] 世界观，容格尔则要求

---

[50]　英雄现实主义（heroischen Realismus），由德国纳粹党人、法学家维尔纳·贝斯特（Werner Best）于 1930 年提出。恩斯特·容格尔将其发扬光大。它被认为描述了一种世界观，展示了一种态度，即"坚守必失之阵"，哪怕注定失败，亦要死扛到底的态度，因为"重要的不是我们为何而战，而是我们如何去战"。

[51]　译法引自 [德] 恩斯特·容格尔撰，《总动员》，梁爽译，黄金城校，载曹卫东主编：《危机时刻：德国保守主义革命》，上海人民出版社，2014。考虑到"总动员"（die totale Mobilmachung）是相对"局部动员"（die partielle Mobilmachung）而论的，故"全面动员"的译法也较为常见。

[52]　斯多葛主义（Stoizismus），公元前 300 年左右，塞浦路斯岛季蒂昂王国的芝诺（Zenon von Kition）在雅典集会广场的画廊聚众讲学，由此创始的学派就被称为斯多葛学派。该派与柏拉图的学园派、亚里士多德的逍遥学派和伊壁鸠鲁的伊比鸠鲁学派齐名，其思想主张虽在此后的数百年间经历了前期（代表人物：芝诺）、中期（代表人物：西塞罗）、后期（代表人物：塞内卡 [Lucius Annaeus Seneca]、爱比克泰德 [Epictetus] 和奥勒留 [Marcus Aurellus]）的数次转变，但统一称为斯多葛主义。其理论驳杂，涵盖了物理学、逻辑学、伦理学和政治学等多个领域。其中，被认为由芝诺本人实际奠基的"自然法"（lex naturalis），或言"自然正义"（ius naturale）思想是斯多葛主义最重要的建树之一，它既是对后期城邦社会的一种反思和回应，又在此基础上提出了崭新的思想观念，后对西方社会产生了极为深远的影响。芝诺认为，宇宙是一个统一的整体，存在着一种支配万物的普遍法则，即"自然法"，它渗透和弥漫于宇宙万物之中，是宇宙秩序的创造者、主宰者，而人是宇宙（转下页）

进一步扩大在世界大战期间已经扩大了的战场。在韦伯以责任伦理[53]猛烈抨击讲究道德的原则政治[54]的地方，容格尔公然宣扬了一种有违道德的战士伦理。[55]韦伯笔下的英雄都是冷静、坚毅的大师，容格尔

（接上页）的一部分，同样要受这种普遍法则的支配，它因此也是人类行为的最高准则。修辞学巨擘西塞罗继承并发扬了这一思想，坚称自然法具有高于一切人类社会立法的权威，是衡量人定法的唯一标准，它本身即是正义的同义语。中世纪经院哲学家托马斯·阿奎那在《神学大全》（*Summa Theologiae*）中将自然法与神圣法（lex divina）、永恒法（lex aeterna）等区分开来。欧洲启蒙运动以来，又出现了新的"合理法"（Vernunftrecht），主张理性权利。但自然法仍被认为是以古典哲学思想来应对当下社会问题的一个最优解。马克斯·韦伯的法学及社会学思想深受自然法的影响，如在《经济与社会》中，他就以大量章节专门讨论了相关问题。

[53] "责任伦理"（Verantwortungsethik）是马克斯·韦伯在题为《政治作为志业》（Politik als Beruf）的演讲中重点论述过的概念，与其相对应的，是"心志伦理"（Gesinnungsethik）。"简单地说，心志伦理要求遵循自己信奉的理想原则去行动，不计后果，不论成败，无条件地忠实于原则的纯洁性。而责任伦理的要求则不同，需要行动者格外关注后果。政治是具有后果的实践行动，而且后果往往影响重大，所以遵从责任伦理的要求，对可能的后果深思熟虑并担负责任，就变得尤为重要。"（引自刘擎：《导读：祛魅时代的学术与政治》，载 [德] 马克斯·韦伯：《学术与政治》，钱永祥等译，生活·读书·新知三联书店出版社，2019。）

[54] 原则政治，即讲求原则，以原则为核心考量的政治，与之相对应的，是利益政治。在此处，它可被视作韦伯所论"心志伦理"的代名词。就理论和逻辑而言，遵从心志伦理的政治家，应当拒绝以任何不道德的手段来实现理想，必须排除暴力手段的使用，但在现实政治中却恰恰相反，他们往往寄望于用"最后一次"暴力来终结暴力，以获得永久的和平。容格尔在《总动员》中就鼓吹了"终末战争"，并说："世界大战发生在这样一个时代，民众从局部的劫掠与殖民主义战争当中，预见到将享有一个具有相对较长的和平阶段的未来。"显然，此种妄想会引发更大的灾难。

[55] 容格尔宣称："在进步的一方发挥决定性作用的情形下，爆发了一场战争。若想从中找寻时代自身的道德因素，那么其中最为强大的力量来自战争自身精致的、无可比拟的魅力，这远非配备有工业时代最先进的杀伤性武器的军队所能匹敌。凭借战争（转下页）

笔下的英雄则尽是冷血的狂热分子，战斗是他们人生的唯一目的。

英雄现实主义和"新现实主义的现代主义"（Modernismus der Neuen Sachlichkeit）之间也有着天壤之别。后者的拥趸，如文学评论家阿诺·施罗考尔（Arno Schirokauer），对英雄们多有厌倦，"他们大多是不安分、吵闹、恶心、要求苛刻和非常固执的一类人"，他们热烈欢迎反个人主义的文化兴起，但那些只不过是去个性化的英雄："小说变成了新闻报道；非洲、亚洲、动物、狗、城市成为英雄。对作出英雄主义行为的个人的崇拜正在减退。英雄变成了数千人，变成了一个集体。"[59] 同样，罗伯特·穆齐尔（Robert Musil）让他笔下没有个性的人预感到"一个崭新的、集体的、似蚁类的英雄主义即将开始？人们将会称之为合理的英雄主义并觉得这很美好"。最小的能量累加起来，取代了个人的伟大："一个平平静静走了一整天的人，他的肌肉功效比一个一天把一个很重的杠铃举起来一次的运动员大得多；这已经在生理学上得到了证实，所以日常平凡的小成绩因其社会总量并因其适宜于这个总和大概也比英雄行为将多得多的能量投入这个世界；是呀，英雄的业绩简直显得微不足道，像一粒沙子，被人怀着巨大的幻想放到一座山上。"[56] [60] 就在施罗考尔和穆齐尔热爱着大城市熙

（接上页）自身的魅力，其队伍甚至能够从敌营中招募成员。"（引自 [德] 恩斯特·容格尔：《总动员》，梁爽译，黄金城校，载曹卫东主编：《危机时刻：德国保守主义革命》，上海人民出版社，2014。）

[56]　译文引自 [奥地利] 罗伯特·穆齐尔：《没有个性的人》，张荣昌译，上海译文出版社，2021。

来攘往的多姿多彩和有条不紊的栖居美学时，容格尔的"工人战士"（ArbeiterKrieger）也脱掉了个人特征，这位英雄现实主义者宣布了一种永久的紧急状态，它需要统合全部的力量，再将这些力量消耗掉。

容格尔的出发点是要对世界大战作出一种解读，一方面，他视其为第一次全面战争，另一方面，他又认为社会总力量并没有为战争作好准备，换言之：德国的失败被归咎于缺乏总体性。[57] 逻辑上的矛盾——一场应该全面，却不那么全面的战争——从意识形态上描述了容格尔动员檄文中所说的那种冲动（Triebkraft）[58]：他宣称"冲动"是当代的指标，应该让同时代人起誓，要无条件且无限制地为将来的战争行动起来，服务于它，并为它作出牺牲。"总"（total，或言全面）这个定语，下了一道死命令，它让所有要求都变得同样不容置疑、不容反驳。总动员应该是义务性的，它署着名时代的签名。它"无情地揭露了现实——我们正身处被群众与机器主宰的时代"。[59] 因此，"与时代本身的成就相比，个体的行为微不足道"。[61] 在完全理解、一致认

---

[57]　容格尔称："战争的胜负，此时已不再取决于一个国家的军事化程度，而是取决于这个国家是否具备总动员的能力。"（引自 [德] 恩斯特·容格尔：《总动员》，梁爽译，黄金城校，载曹卫东主编：《危机时刻：德国保守主义革命》，上海人民出版社，2014。）

[58]　在《总动员》中，容格尔称："在生活当中任意一处，占优势的都不是进步趋势，而是另一些更为隐秘的冲动。"他还称战争是"生命原初的冲动"。由此可见，容格尔所谓的冲动，实际就是一种对战争的欲望，一种战斗冲动。在现行汉译本中，它也被译为"动力"。

[59]　译文引自 [德] 恩斯特·容格尔：《总动员》，梁爽译，黄金城校，载曹卫东主编《危机时刻：德国保守主义革命》，上海人民出版社，2014。

定和充分利用所有社会和技术资源的前提下，士兵和工人合而为一。仅仅"训练使剑的那只手"是不够的，更需要"培植人们骨髓深处、生命最精微的感触"。[62] 国家应该变成一部权力机器，每个人都要为它贡献出最大的努力。从字面上看，没有人能置身事外，甚至"摇篮中的婴儿"都不免于此。[60] [63] 社会动员是在全面战争的旗号下，还是在全面工作的旗号下进行的，最终无关紧要了，因为机器的支配往往使两者无法区分。

容格尔洞察了传统军事英雄主义的危机：世界大战中，技术和组织管理科学在与个人胆识的竞赛中占了上风，大获全胜，士兵的战斗力不再是"个体的价值，而成了功能性价值"，即使阵亡，其他个体依然可以顶上——"人不再阵亡（fällt），而是掉了链子（fällt aus）"[64]。针对前线士兵对后方的蔑视，容格尔讽刺说，"愚蠢的报纸，大讲特讲英雄和英雄之死，令人厌倦透顶"，[65] 但他对这种蔑视的回应并不是与英雄道别，反而是通过极端化及泛化英雄来达到了目的。合乎时势的英雄精神不应再局限于少数人非凡的伟大，而应对所有人的总投入有所要求。它不对特殊事迹进行表彰，而对每个人持续性的责任意识提出要求。然而，这种英雄主义远非均等。它要么化身为不辞辛劳指挥他人的领导者，要么化身为志愿走上战场的匿名大

---

[60]　译文引自 [德] 恩斯特·容格尔：《总动员》，梁爽译，黄金城校，载曹卫东主编：《危机时刻：德国保守主义革命》，上海人民出版社，2014。因容格尔本人曾对此文作过数次重大修改，诸版本间差异较大，此处部分字句据本书所引原文进行了调整。下文中涉及《总动员》《钢铁风暴》等引文的部分，如无特别说明，则表示由译者本人据原文翻译。

众。[66] 在机械战的外围，在运动战中，在突击部队的行动中，绝对有机会，特别是对军官来说，成为战斗榜样。同时，在堑壕战中，英雄主义要求你毫不动摇地死守阵地，并附属于机械。

新英雄的原型是前线战士的身影。容格尔把它拔高为真实形态的人类——克服了战前现代主义带来的内心分裂状态的真实的人类。他在战壕中所经历的是地狱 [61]——"好吧，浮士德那般的人，本性就是哪怕从地狱也不空手而归"，因此他"只有对牺牲心生了畏惧……才能充分认识到人的价值，认识到他们位次间的差别"。[67] 他的英雄气概来自对战争机器的模仿——一个延伸到了外貌的匹配化过程。在这种军事化男性气概的化身中，未来派 [62] 的现代性与神话的古老形式发生

---

[61] 容格尔在 1914 年自愿入伍，甚至早于德意志帝国正式加入第一次世界大战。至 1918 年受重伤撤出战斗，共参加大小战役八次，获得德意志帝国最高军功勋章（按照当时的官方语言，以法语称作"Pour le mérite"）。战争结束后，容格尔以其战地日记为基础，创作了小说《钢铁风暴》（*In Stahlgewittern*），其中记录了自己在大战期间的战斗、负伤、堑壕生活和后方休假的经历，"尤其是对于惊心动魄的战斗情景和战争的残酷目面近乎自然主义的描写令人印象深刻"。（参考自 [德] 恩斯特·容格尔：《钢铁风暴》，胡春春译，人民文学出版社，2022。）

[62] 未来派（Futurismus），又称"未来主义"，是一种源发于意大利的前卫艺术运动。1909 年，未来派的开创者，意大利青年律师兼诗人菲利波·托马索·马里内蒂（Filippo Tommaso Marinetti）在法国的《费加罗报》（*Le Figaro*）上发表了一份未来主义宣言，其中宣称"宏伟的世界获得了一种新的美——速度之美，从而变得丰富多彩。一辆赛车的外壳上装饰着粗大的管子，像恶狠狠地张嘴哈气的蛇……一辆汽车吼叫着，就像踏在机关枪上奔跑，它们比萨色雷斯的胜利女神塑像更美"等，其中还包含歌颂战争的内容。未来派涉及的艺术领域十分广泛，而具体到绘画领域，以翁贝托·博乔尼（Umberto Boccioni）为代表的未来派画家将重点放在了表现现代机械文明那飞快的速度和剧烈的运动，为了着重强调时间的感觉，他们有意破坏了画面上的现实形象，形式离奇，又极富冲击力。（转下页）

了碰撞。据容格尔所言，钢盔之下，人的面部在战争中失去了个性，变得锐利而果决。它变得更加金属化，表面像是镀了一层锌，骨骼结构更加清晰，整张脸上放松与紧张并存。他的目光平静、稳固、被历练得在高速的状态下亦能牢牢地抓住物品。[68]

在容格尔看来，作战的机械化，即用机器取代人的工作、取代人的战斗力，以及随之而来的暴力释放和去人格化，并没有产生出排除个人英雄事迹的去英雄化动力，而是从技术上为新英雄主义提供了一种能满足其要求的模式和框架。整装待发意味着：一方面，人变得像机器，变成了技术武器的工具；另一方面，人调度设备，如将军指挥军队一样。在人与机器的联合中，人类能动性上的损失应转化为难以计数的力量增长："机器的战斗力如此强大，以至于人类在它面前几乎隐没不见……然而，一切的背后都是人类。是他先给机器设定了方向并赋予它官能。他在它们身上装卸子弹、毒剂和炸药。他从它们中崛起，就像一只掠过对手的猛禽。当机器们跺着脚、吐着火穿过战场时，他蹲在它们的肚子里。他是地球上最危险、最嗜血、最专一而矢志不渝的生物。"[69]庞大怪兽般的新英雄，不仅拿自己的生命——在冲锋或抵抗中——去冒险，还擅长以最高的效率摧毁他人的生命。

（接上页）未来派在德国也产生了很大影响，除组织过画展和沙龙外，1913 年，阿尔弗雷德·德布林 （Alfred Döblin）在他的小说《蝴蝶花谋杀案》（*The Ermordung eines Butterblume*）中就使用了蒙太奇和共时性（Simultaneität，可以简单理解为不带有因果性的相关性）的未来派技巧。因德布林于 1929 年发表的小说《柏林，亚历山大广场》（*Berlin Alexanderplatz*）大获成功，未来主义文学在德国的变体也被称为"柏林未来主义"。

这种出于纯粹的尚武之气的自我成仁，不可能不引发后续的情念。而且，正因为每个人都只在他毫不留情地杀戮他人和毫无保留地牺牲自己的情况下才有价值，对死亡的赞美就理所当然地成了英雄崇拜的中心。就斗争而言，比达成目的更重要的，是要无条件地为它挺身而出："为信念而死是最高的成就。它是救赎、行动、成就、信仰、爱、希望和目标。在这个不完美的世界里，它是完美的，是卓越的完美。事物什么都不是，信念就是一切。让一个人死在一个毫无疑义的错误中；他已经尽力了……疯狂与世界一体，为错误而死的人，依然是英雄。"⁷⁰ 对瓦尔特·本雅明（Walter Benjamin）而言，这种热情并非某种宗教狂热，他更倾向于认定它是"把'为艺术而艺术'（L'art pour l'art）这一论题肆无忌惮地移植到了战争领域"，而此论题"出自最为狂躁不安的颓废派^[63]，就标写在他们的脑

---

[63]　颓废派（Dekadenz），又称颓废主义，本是历史、哲学术语，法国历史学界最初用它来对古罗马文化精英阶层的败落进行描述、解释及批评，后来，它被沿用至其他社会思想领域，例如，尼采晚年就很关注颓废的哲学意义。从政治学、社会学的角度来看，颓废派一词多含贬义，马克思主义理论家们，如列宁（Vladimir Lenin）、罗莎·卢森堡、布哈林、亨利克·格罗斯曼（Henryk Grossman）、保罗·马蒂克（Paul Mattick）等，常用其来批判资本主义的衰退和堕落，法兰克福学派（the Frankfurt School）又常将颓废等同于虚无和贪婪，并亦以此来对资本主义精神文化进行批判。然而，在当代文学艺术领域，对颓废派的褒贬不一。该派文人、艺术家们对文艺只对现实生活作自然主义摹写的状况不满，主张"为艺术而艺术"，认为文学艺术不应受生活目的和道德的约束，因此不免受到"片面强调艺术的超功利性，否定文艺的社会功能，否定理性认识对文艺的作用""扭曲""病态"等批判，但它又因含有一种美学上的独特意义，而受到不少诗人、艺术家的推崇。法国诗人泰奥菲尔·戈蒂埃（Théophile Gautier）和波德莱尔等人将其提升为一种独立的艺术立场，保罗·魏尔伦（Paul Verlaine）在《诗艺》（*Art Poétique*）中详细描述了一种典型的（转下页）

门上"。[64] 71

黑格尔认为阵亡的士兵体现出了他宣称要达到的最高的道德水准，是因为他们为"国家的独立和主权"[65] 72献出了生命。容格尔认为其所谓"工人战士"的英勇牺牲，也是发展自我意识和实现民族共同体的必由之路："在辩证法的最深处，战争的目标究竟是什么，这很重要。"容格尔总结了他文章中所说的"总动员"，"德国人遇到了更强大的力量：他遇到了自己。因此，这场战争同时也是他实现自我的手段。这就是为什么长久以来，我们一直在研制的新式武器必须是对德国人的总动员——仅此而已"。73 在这里，英雄主义个人和英雄主义集体相得益彰：个人义务与民族性不谋而合。"当时，就像现在一样，身为德国人意味着：上战场。"74 投入战斗并牺牲自己，个人们就组成了人民，其牺牲变得理所应当，被美化为服务于人民和不负于人民。

（接上页）颓废风格，英国作家奥斯卡·王尔德也被认为是颓废派的典型代表之一。第一次世界大战、第二次世界大战之后流行开的各现代艺术流派，如表现主义、未来主义、超现实主义、存在主义等，都在不同程度上，以不同形式嵌合了颓废主义的身影。

[64] 此处可参考 [德] 瓦尔特·本雅明：《德国法西斯主义的理论——论恩斯特·容格尔的散文集〈战争与战士〉》，肖蔓菲译，载曹卫东主编：《危机时刻：德国保守主义革命》，上海人民出版社，2014。但本书此处所引与原译文出入较大，故作了重新翻译。

[65] 译文引自 [德] 黑格尔：《法哲学原理》，范扬、张企泰译，商务印书馆，2011。在第331节中，黑格尔写道："作为国家的民族，其实体性的合理性和直接的现实性就是精神，因而是地上的绝对权力。由此可见，一个国家对其他国家来说是拥有主权和独立的。它有权首先和绝对地对其他国家成为一种主权国家，即获得其他国家的承认。但同时这种权能只是形式上的，而要求承认国家，如果仅仅因为它是一个国家，那么其要求是抽象的。事实上，它究竟是不是这样一种自在自为地存在的东西，这一点要决定于它的内容，即国家制度和一般状况；而承认既包含着形式与内容这两者的统一，所以它是以其他国家的观点和意志为依据的。"

与倡导英雄现实主义的其他主要人物相比，容格尔写于 1920 年代和 1930 年代早期的文章更清晰地表明，谁召唤英雄，谁就是想发起动员，且谁动员，谁就需要英雄传奇。命令式的笔法盖过了其他所有方面。英雄主义似乎是一种力量源，它以唤起休眠中的死亡和杀戮为补给，以期"将目的性的层面延展到无限广远"[66]。[75] 在每个人都应该成为英雄的同时，他们又被贬抑为仅仅是兵员。在他激进化的逻辑运用中，普遍化的"战斗即工作"，或更确切地说，"工作如战斗"综合征被证明是超现代的。容格尔的英雄现实主义没有目标，不作承诺；它对个体有着极大的威胁，它消灭个人，并以一种去人格化的"类型"取而代之。容格尔不仅将历史描述为一种无可抵抗的决定命运的力量，还要求加快它的发展势头，无条件地接受它对牺牲的要求。英雄现实主义无非意味着现代主体这种预期性的顺从，它试图通过推进一些东西，找补回它被剥夺的权力，而这些东西实则威胁着它，会摧毁它。从精神分析的角度来看，这是对过于强大的侵略者作了认同处理。容格尔宣扬了一种荒谬的英雄主义，客观上的不可能性为英雄主观上的伟大提供了证据，即明知不可为而为之，是伟大的。按照哈罗德·穆勒（Harald Müller）的说法，他们必须在战斗中证明自己，"不再有任何英雄主义解释方案能对此作出说明，因为随时可能发生的死

---

[66] 译文引自 [德] 恩斯特·容格尔：《总动员》，梁爽译，黄金城校，载曹卫东主编：《危机时刻：德国保守主义革命》，上海人民出版社，2014。此处所言的目的性（Zweckmäßigkeit）的层面，实际指为了达成目的而采取权宜之计、便宜行事，因此是并非无限的、暂时的层面。

亡是毫无意义的，这种死亡与战争的结果无关，与对手无关，与声名永存无关，与他并未留下姓名的故乡家园无关"。[76]

尼采的爱命运（amor fati）[67] 在此发出清脆的哨音——它被强化

---

[67]　"爱命运"，是尼采在《快乐的知识》（*Fröhlichen Wissenschaft*，后更名为 *la gaya scienza*）初版中创造的一句格言，拉丁语"amor fati"原意为"对命运的热爱"，它有时也被理解为对必然性的热爱。在《快乐的科学》第 4 卷 276 则的《新年感言》一节中，尼采写道："我要更加努力向学，把事物的必然性视为至美……爱命运，从现在起，你就是我的所爱了！"（译文参考自 [德] 弗里德里希·尼采：《快乐的知识》，黄明嘉译，中央编译出版社，2009。原译文将"amor fati"译为"恋爱之神"，是对这一重要概念的误解，故此处作出修改。）1882 年夏天，尼采在写给友人的一封信件中说道："我是向上帝投降的宿命论者，我叫它'爱命运'，这样我将会心甘情愿地以身饲虎。"但实际上，"爱命运"与宿命论有着明显的区别，"爱命运"只是不寻求抹除其生命中业已发生的任何事件，无论好坏成败，拒绝后悔、拒绝过饰非，要以坚定、包容而热情的情绪去接受它们。这是尼采所谓"美德"的一面，在另一面，尼采特别强调行动、主动、自信、克服困难等自由意志的重要性。因此，数年后，尼采对之前的表述作出了修正。1888 年春夏之间，他写道："而这并不是说，这种哲学总是坚持了一种否认，坚持了一种否定，坚持了一种求否认的意志。相反，它意愿达到的倒是反面情形——就是要达到一种对如其所是的世界的狄奥尼索斯式的肯定，不打折扣，没有特例和选择——它意愿永恒地循环——同一个事物，同一种关于节点的逻辑和非逻辑（Logik und Unlogik der Knoten）。一个哲学家所能达到的最高状态：对此在的狄奥尼索斯式态度——对此，我的公式就是'amor fati'（命运之爱）……"（译文引自 [德] 尼采：《权力意志》（全二卷），孙周兴译，商务印书馆，2011。）在其风格独特的自传《瞧，这个人》（*Ecco Homo*）中，尼采写道："我将一个人的伟大概括为'amor fati'（热爱命运）：不要心怀他想，不管是思前还是想后，永世都不要。面对必然出现之事不要只是忍受，更不要隐藏它——所有理想主义都蔑视必然之物，都是谎言——而是要热爱它……"（译文引自 [德] 弗里德里希·尼采：《瞧，这个人》，王涌译，上海文化出版社，2020。）应该说，尼采之"爱命运"可被视为对唯理论，尤其是斯宾诺莎之"对上帝的理性之爱"的一种回应，他在此预言了欧洲的价值危机，并给出了他的解决之道。容格尔借用了尼采的"爱命运"观念，将其置于英雄现实主义的语义之下，以其来肯定现代性的命运、现代性的技术、现代性的暴力，及其所引发的社会剧变。

成了予命运以无条件肯定的义务。然而，容格尔的"新英雄世系"[78]
与尼采颂扬的冲破了"礼俗德教"[68]、抵御了人群"从众本能"的
"全权自主的个体"[69] 77 之间并没有什么共通之处。与尼采一样，容
格尔厌恶自由派关于进步的理念，这种理念带有一种去英雄化的吸引
力，将层级抹平，作为一种矫治，他代之以"高贵，想要做自己，能
够与众不同，孑然一身，且必须自食其力"，简言之：容格尔并未掀
起一场对贵族派头的"间距之激昂"[70] 79 的进攻，而是用一种激进主
义的现代神话超越了自由主义，该神话将英雄的牺牲纳入了一个宽泛
的索引，把它归类为无限的劳动和斗争意愿。

---

[68]　译法引自 [德] 尼采：《论道德的谱系》，赵千帆译，孙周兴校，商务印书馆，
2018. 附有译注："礼俗德教"原文作 Sittlichkeit der Sitte，字面意思为"习俗的道德性"。
"Sitte"（礼、礼教）在古德语的本义为生活风俗与惯例，在现代德语中则逐渐强化了道德
含义，表示某种符合或表现出道德的行为方式，亦可解作"道德"，近于中文所谓"礼教"
者。"Sittlichkeit"（德教）即符合礼教的品行。

[69]　译法引自 [德] 尼采：《论道德的谱系》，赵千帆译，孙周兴校，商务印书馆，
2018. 附有译注："全权自主"（souveraine）本指"有最高主权或绝对治权"，多用于形容国
家或元首，能行此权者亦即下文所称"全权自主者"（Souverain），通指绝对君主。

[70]　译法引自 [德] 尼采：《论道德的谱系》，赵千帆译，孙周兴校，商务印书馆，
2018. 原文如下："滚开，这种有害的情感弱化！莫让患病者把健康者搞坏——否则就是一
种那样的弱化——这应该是大地上的至高要点——为此首要之事是，健康者始终跟患病者
隔离，保护自己不受患病者的景象之害，不要把自己与患病者相混淆。或许他们的使命竟
是成患病者的看护或医生？……可这是对他们的使命最糟糕的误解和拒绝——较高级者不
应该把自己贬值为较低级者的工具，间距之激昂应该永远都让二者的使命也互不相同！"附
有译注："间距之激昂"原文 Pathos der Distanz。"Pathos"（激昂）源于希腊语，本义是"疼
痛、痛切、激动"，在古语所谓"慴怛"与"慷慨"之间；在德语中指面对苦难（Leiden）
时庄严激昂的情感状态。"间距"（Distanz）则指"礼主别异"意义上的身份距离。另需注
意此处的"激昂"（Pathos）与瓦尔堡之情念程式（Pathosformel）中"情念"一词的关系。

4. 英雄主义式动员的过度与崩溃

　　容格尔写于《钢铁风暴》(*In Stahlgewittern*) 和《劳动者》(*Der Arbeiter*) 之间的作品，呈现了英雄现代主义的民族主义变体。最迟从 1929 年开始，他已与民族社会主义者保持距离——对他而言，群众运动似乎还不够激进 [80]——即便如此，他的总动员计划还是成了（并且现在仍是）为法西斯主义所利用的工具。人们彼此争论，讨论他是否是 "保守主义革命" [71] [81] "士兵民族主义" [72] [82] "行星帝国主义" [73] [83] "心志军国主义"（Gesinnungsmilitarismus）[84] 的主角；是否在 "军事现代主义"（militanten Modernismus）[85] 或 "普鲁士列宁主义"

---

[71]　保守主义革命（Konservativen Revolution）是一个由瑞士思想史家亚民·莫勒尔（Armin Mohler）提出的极具争议的集合概念。它被用来指称在魏玛共和国（Weimarer Republik，1918—1933 年）时期成长起来的意识形态潮流及这些潮流中的代表人物。总体看来，这一群体有着十分强烈的反自由、反民主与反平等的思想。他们所持的 "右派保守主义"（Rechtskonservatismus）与传统意义上德国中央党（Deutsche Zentrumpartei）或者德意志民族人民党（Deutschnationale Volkspartei）推崇的保守主义概念有着本质上的区别。他们的思想也并未体现在某一个政党的纲领上。在史学研究中，保守主义革命常常与纳粹主义联系在一起。

[72]　20 世纪初，在德国形成了一个由年轻的政治记者、时事评论员等组成的保守主义民族文学团体。恩斯特·容格尔被认为是该团体的主导人物。团体成员以文学形式传达被战争塑造过的思想主张，战争（士兵）和民族是其作品中的核心主题。他们所持的意识形态就被称为 "士兵民族主义"（Soldatischer Nationalismus）。大体而言，这种意识形态将战争理解为一种自然法则，一种决定命运的事件，他们原则上积极地看待战争，称赞它是 "人民青春的源泉" 和促成民族融合的恰当手段。

[73]　行星帝国主义（Planetarischer Imperialismus）是魏玛共和国时期兴起的一种激进右翼思想。由技术化组织的人类所施行的行星帝国主义，被海德格尔认作是近代主体主义的顶点，它将导致人类沉陷于 "对存在的遗忘"，即一种谵妄之中。

（preußischen Leninismus）[86] 里发挥了作用。民族社会主义的英雄崇拜
与容格尔对英雄主义的号召，区别主要在于希特勒及其追随者对德国
人民的集体英雄主义的召起，源自对他们种族优势的宣扬，他们还在
宣传中设置了反面人物，即"犹太人"，而容格尔拒绝基于生物学的
种族主义，他的著作中并无多少反犹主义的声量。[87] 容格尔和民族社
会主义者的一致性在于，他们都关注死亡，以此来衡量英雄，其关注
点包括无情杀戮的正当性和无条件作出牺牲的意愿。但容格尔的英雄
散文主要产生大众传播效果，与之相比，棕色人种的统治者们 [74] 对他
们的英雄现实主义变体认真到了极点。

作为一种死亡崇拜，民族社会主义英雄崇拜对德国在 1918 年的
失败作了重新阐释，将它视为一项历史义务，它激发了对民族之伟大
的想象，满足了效忠于英雄主义领袖的渴望。凭借它对战斗的美化和
对敌人的极端刻画，它还充当了一种感知过滤器，消除了可能存在的
顾虑，从而为歼灭战中的暴行和那史无前例的对犹太人的屠杀铺平了
道路，凡此种种在对待战俘和被征服地区的平民时也有所展露。[88] 英
雄化最终成为一个将人性淬火硬化的方案。

战争持续的时间越长，德国的战败就越可预见，英雄神话自我毁
灭的动力也就越清晰地浮现出来。这种动力不是"尽管如此，他们继

---

[74] "棕色人种的统治者"（die braunen Machthaber）特指德意志第三帝国，即纳粹德
国的当权者。他们以北欧人种及曾经征服过南亚次大陆棕色人种的雅利安人自居，自视为
"优等种族"，要求更大的生存空间，并以此为由对犹太人和罗姆人（吉卜赛人）进行了惨
无人道的迫害。

续战斗"，而是想要证明他们的英雄主义，因为即便德国人知道最后的胜利无法实现、所谓的历史使命无法完成，但只要他们按照领袖的意愿继续战斗，至少到了秋天，他们的英雄主义就可以得到验证了。与黑格尔和马克思不同，在民族社会主义者看来，历史并不是一个只有靠某位"世界历史个人"或某个革命阶级英勇投入，才能被加速的定向进程，而是一场没有停战与和平协议的无休止的争夺战。唯一的选择就是胜利或死亡，而那些已经在战斗中阵亡的英雄，应该激励生者去做同样的事。因为英雄主义是德国人的最高义务，无条件的牺牲、杀戮的意愿是他们的身份证明——为挽救自己而做的任何尝试，都被认定是对军事力量的一种瓦解。

然而，这种英雄主义崇拜在战争的最后阶段失去了约束力："为群体而牺牲自我的英雄神话因战争那不可逆转的结局而变得荒谬，牺牲是徒劳无用的。作为阐释生命历程的一种手段，它丧失了吸引力，并且似乎无法帮助人们应对死亡。面对长期和大规模危及生命的情况，英雄式的个人牺牲范式经不起考验。为集体牺牲这一要求的绝对性妨害了人民求生的务实愿望。"[89] 伴随着同盟国的胜利，已经走向极端的英雄主义崩溃了；战后，英雄主义只保留了它作为受害者的一面，然则已经从一种充满英雄气概的发号施令变成了一种自怜自艾的自我陈词。战后的德国人不再想成为英雄，他们因此将自己看作战胜国的牺牲品，同时也是民族社会主义者的牺牲品，他们现在感到自己被这些人背叛了。当然，只有"其他人"才一直都是纳粹分子。

按照基特施泰纳的阶段分类，如果不考虑其偶尔的试图复兴的苗头，英雄主义的现代性阶段终结于 1950 年代，准确地说，是终结于 1945 年的西德。同时，直到 1989 年，在东德（德意志民主共和国）和属于苏联权力集团的其他国家，它仍在继续。为了建设社会主义，英雄主义的力量必须被动员起来。社会主义英雄崇拜并不以一场由历史本质助推的终末之战为标志，而是要在全球体系竞争中，为大力推进的工业化服务。尽管在冷战的几十年里，与西方相比，苏联的军备工作也在加速，日常生活大规模军事化，但真正的社会主义英雄原型不是士兵，而是工人。就这点而言，东方特色的英雄主义现代性被打破，因为它将一种英雄主义唯意志论^[75]与历史决定论结合了起来："一方面，历史充满敌意，必须英勇地去反抗它。另一方面，它的规律性——从马克思列宁主义开始才为知识界所明确认识——令英雄及其信徒们充满信心。"⁹⁰ 在东德，还有一个雪上加霜的情况，民族社会主

---

[75]　中国学界常将唯意志论直接等同于叔本华在《作为意志和表象的世界》(*Die Welt als Wille und Vorstellung*) 等著作中提出的形而上学的唯意志论。它主张意志高于理性，把意志自由和道德现象看作本质、本体，看作不受客观规律和社会环境制约的东西，用意志自由来解释宇宙和人生的各种问题。除叔本华外，提出"权力意志"的尼采和持自由选择论观点的存在主义哲学家们也被认为是唯意志论者或存在唯意志倾向者。然在此处，唯意志论更是一个社会学和历史哲学术语，具体可参考德国社会学家、政治经济学与哲学家费迪南德·托尼斯 (Ferdinand Tönnies) 等人的论述，他们认为正是意志建构出了社会学和历史学的认知对象。而历史决定论 (Historischen Determinismus) 是指承认社会现象、历史事件具有必然性、规律性、因果性的观点。由此，当工人被视为英雄时，英雄主义唯意志论与历史决定论的结合，就应该意味着工人阶级必将成为历史大舞台的主角，社会与历史将依据工人阶级的意志而被改造和书写。但在基特施泰纳所谓的"英雄主义的现代性"中，英雄们是那些伟人，英雄主义唯意志论与历史决定论之间显然存在根本上的矛盾冲突。

义的历史所为无法被抹平，官方史学编纂试图辩证地将民族社会主义说成是在德国本土建立社会主义国家的先决条件，但未遂，正如基特施泰纳以那些东德艺术为例所指明的："虽则正在进行的斗争仍需要付出代价高昂的牺牲，马克思主义所定义的工人阶级的解放被认为基本已成定局，对往昔的回顾不能遮蔽民族社会主义者注定惨败的真相。"[91]

基特施泰纳对时代的划分以历史哲学为基础，主要将英雄主义的现代性解释为一种回应，针对的是基于目的论的未来观的崩溃。受历史进程中毫无意义的偶然性引发的刺激，要么是斯多葛式忍耐，要么是军事英雄主义被激发了出来，这种英雄主义在第一次世界大战后，特别是在纳粹德国，激进化为极权主义斗争和受害者综合症。这种"疯狂"的英雄主义，让每个德国人都发誓要采取军事英雄主义态度，以启动基于种族主义的灭绝政策，但当盟军的军事优势变得明显并且任何进一步的战斗都将以自我毁灭告终时，它本身就走投无路了。正是这种增长和超越的逻辑，使得民族社会主义对英雄主义的动员成为一种现代现象，而不是一种回归前现代或反现代的行为模式。基特施泰纳将英雄主义的现代性解释为对之前的"进化的现代性"[76]的暂时偏离，并认为英雄主义的现代性结束后，进化的现代性要再领风骚。对进步的期望支撑了这一论点，而这种期望是基于世界市场经济动态的。[92]

---

[76]　这引出一个著名论题："现代"一定就是进步吗？

这种分期模式的局限在于它专注于德国历史，忽略了世界其他国家和地区的非同时性及与之相左的发展历程。第二次世界大战结束后，最初，西方战胜国里没有出现类似问题，无须远离军事英雄主义。[93] 在这场"善战"[77]中阵亡的士兵和幸存的老兵很容易被视为英雄，并被置于持续的军事传统中。在美国、英国和法国，英雄主义的现代性并未像在德国那样表现出如此强化的特征，它在那些地方的结束也并不那么突然，且今天仍以一种稀释了的形式产生影响。对于为独立而奋斗的前殖民地来说，英雄主义的现代性阶段是从 1950 年代和 1960 年代的民族解放斗争开始的，为数众多的反殖民人士被标识为英雄。

5. 泥沼中的英雄

联邦共和国早期对英雄传奇的需求并不大，考虑到之前的英雄剂量使用过猛，这也不足为奇。在 1945 年的大垮台之后，英雄主义似乎整体上都受到了污染。即使是对世界大战和大屠杀中死难者的纪念，也很难被描绘成一种英雄崇拜：一方面，德国人并未在事后将那些被民族社会主义者杀害的人奉为英雄；另一方面，前刽子手们作为罪恶

---

[77] "善战"（good war）指第二次世界大战。此处借用了美籍俄罗斯裔犹太作家、口述史学家斯特兹·特克尔（Studs Terkel）为纪念第二次世界大战而作的口述史采风集《善战》（*The Good War*）的标题。1985 年，特克尔凭本书获得了普利策非小说类奖。本书有汉译本：[美] 斯特兹·特克尔：徐复等译，朔望校订：《劫后人语——第二次世界大战亲历者谈话实录》，中国对外翻译出版公司，1987。

政权的驯仆，声名扫地，无法被追封为英雄；作为替代，他们被归类为"战争和暴政的牺牲品"，英雄纪念日更名为全国哀悼日。[94] 该如何纪念在抵抗运动中被处决的男性和女性，这一问题存在争议：对一些人来说，他们代表了道德上的正直；作为惨遭失败的英雄，他们似乎也证实了抵抗是徒劳的，从而在其他人疾言谴责、将普通德国人斥为叛徒和卖国贼时，为他们作出了某种辩护。[95] 总体而言，在大搞经济建设的汹涌浪潮中，人们不想再听到有关过去的战争及其英雄的任何信息。体育运动等民间没有硝烟的战场更受欢迎，其中最突出的例子是"伯尔尼的英雄"。[78]

与这些意味着国家伟大——时人热望其伟大，而它尚未复兴——的象征相反，格奥尔格·巴塞利茨（Georg Baselitz）在 1960 年代中期为这些充满矛盾的英雄们创作了一系列大幅面油画，这些英雄人物看起来像是身处无人洒扫的往昔废墟上的幽魂。该系列作品作为一组，于 1973 年在汉堡首次展出，题为《一种新的类型》（*Ein neuer Typ*），它以挑衅的方式展示了旧英雄类型的破碎：他们总以男性形象出现，在整幅画面中占据清晰的主导地位，但因为留白过于狭窄，他们像是被画家塞进了逼仄的空间里，被边框紧紧地束缚起来；他们的服饰、

---

[78]　指 1954 年，在瑞士伯尔尼（Bärn）举办的足球世界杯决赛上，西德球队逆转局势，在最后数分钟内打进制胜一球，最终以 3:2 的比分战胜了当时的劲旅匈牙利队。这是匈牙利队自 1950 年来输掉的第一场比赛，西德队则凭此成为第一支赢得世界杯的非种子队。德国评论界普遍认为，没有这一奇迹，德国足球也就没有今天的辉煌。而这对当时尚在重建中的整个国家都具有重大意义。以相关事件为题材拍摄的影片《伯尔尼的奇迹》（*Das Wunder Von Bern*）于 2003 年 10 月上映，颇受好评。

标志和场景语境提示出历史事件，但其整体布景是彻底去历史化的；他们的身体通常都搭配了过小的头部，既充满了强大的男子气概，又摇摆不定，带着手脚笨拙的尴尬不安，这些东西仿佛被捆在了他们身上；乍看之下，他们的外表似乎是崇武好斗的，但最终，伤口、不安全感和无力感决定了他们表现出怎样的形象。⁹⁶ 如此受虐的英雄跟纪念日历和纪念馆不相配，也不适合作为政治抵抗的标志。在巴塞利茨极富视觉冲击力的画作中，英雄的现代性也达到了它的审美终点，并随即与之分离，当然，他也为其他艺术家留下了——以文学为媒介——通过讽刺而将英雄和他们的伤痛轻松抛在脑后的做法。

汉斯·马格努斯·恩岑斯贝格比任何人都更敏锐地察觉到战后的德国人摆脱了过度的英雄主义，并对此表示热烈欢迎。在文章中，他概述了一种与韦伯坚守的英雄主义有别，也不鼓动并强制追随者们顺从的现代性。不是"铁罩"，也不是"钢铁风暴"的金属隐喻，而是"泥沼"，这是他对当下总体状态的形象比喻。⁹⁷ 尽管这产生了一种尽人皆知的"对确定的渴望"，伴随着毅力和"决心的情念"，但这种无定形的一致性是无法调和的："你不能以卵击石——太软弱了；无法反驳它——它太强硬了；你无法摆脱它——它太笨重了。但你不会死于它。"因此，没有理由作出自我牺牲。相反，恩岑斯贝格向他的同胞推荐了矛盾的乐趣。他捍卫常态，并称赞平庸和机会主义是文明的成就。⁹⁸ 不妥协的英雄，不能也不愿半途而废，已将世界带入深渊，从今以后，"唯一的生存机会"就是按照一种完全不英勇的策略得过且过："对于有魅力的英雄父亲和真正的领导人来说，这是一个糟糕的时期。幸运的是，伟人们已经不见踪迹。世界政治越来越像一座修理厂，焦急的机械师蹲在熄火的发动机前，抓挠他们的后脑勺，试图弄清如何能让他们的汽车再次行驶。（账单上也要有相应的高数额。）在这里，亚历山大大帝与拿破仑或斯大林一样格格不入。"[99] 这写于1980 年代初。

基特施泰纳于 2003 年首次发表了关于"现代性的阶段"的纲领性文章，在文章结尾处，他留了空白，这篇文章可能正是对自由世界市场主观暴力性的一种回应。[100] 无论如何，对他而言，当下英雄时代的终结并不等同于后英雄时代黎明的到来；在这位于 2008 年去世（顺便说一下，恩岑斯贝格也于同年去世）的历史学家的文本中寻找后英雄的特征是徒劳的。曾经有过英雄，现在也有英雄，他对此毫不怀疑，英雄的存续甚至超越了终究只基于德国历史而构想出的时代区分。有一种观点认为，不仅是其英雄表象，现代性作为一个整体也可能烟消云散，他对此作出了强烈否定。与支离破碎的后现代主义先驱们相反，他坚持历史统一的思想，并呼吁以资本为自主主体的新"宏大叙事"（世界市场，作为"世界精神"而站稳脚跟）。因为它可以在没有目的论保护的情况下进行，所以它应该能够在不将牺牲作为进步的附带损害的前提下做到这一点。[101]

基特施泰纳将英雄的现代性视为一种偏差，他含蓄地遵循了黑格尔建立的论点，即强调英雄在现代社会中根本上的过时性，认为英雄们最多不过在战争和动荡时期才不可或缺，黑格尔给个人行为整合出了一整套明确的规则。然而，去英雄化的动力也可以在构成现代性的其他过程中看到，例如民主参与、经济化、机械化、大众社会对个人的掠夺及其对传统男子气概模式的侵蚀。

因此，自 19 世纪以来日益强大，并已成为 20 世纪下半叶社会现代化指标的民主化进程具有平等的精神。民主领袖是选举出来的，而不是选择出来的；他们没有篡夺统治权，统治权只是暂时移交给他们。在追求平等的理想下，特殊性失去了合法性和榜样作用。

随着资本主义生产和交换关系在全球蔓延，个人选择生活方式时要优先考虑性价比和成功的目标。被视为英雄的无私牺牲者这一角色变得不再可信，因为荣誉不再具有约束力，也不再具有最大化的效用。对利益的理性计算与英雄激情的情念相冲突。当代的创业者们在普遍竞争中追求的是独特的卖点，而不是英雄般的伟大。名誉曾被视为全社会所共同认可的黄金指标，但现在，它已经被波动性远大于威望和声名的货币所取代。名流们至多不过是一种英雄漫画形象，他们用光彩（glamour）弥补了其荣耀（glory）中所缺失的那些东西。他们的功能不是"制定任何标准；而是提供娱乐价值"。[102]

社会与网络之间依赖关系的日益复杂也导致该主题下的英雄概念出了问题：行政决策过程，例如涉及公司和其他大型组织管理的过程，以及政治危机管理和战争的境况都过于复杂，它们的影响过于严重，无法单凭取决于个人勇气和决心的意志力来处理。长期以来，"浮夸的英雄主义情念"[103] 听起来十分空洞。与其莽撞行事而可能对整件事造成危害，不如进行致力于解决问题的会晤磋商。英雄气的领导风格往往阻碍情况的趋缓。面对问题，需要的不是粗暴解决，而是巧妙解决。

技术的进一步发展——在此前已经成为去英雄化的动力——彻底改变了机器和人类的相互关系。在人工智能面前，即便是"智人法伯"（Homo Faber）[79]式的工程师，也似乎是一个时代错误。通过技术来弱化英雄的能动性，这种手段尤其适用于军事领域：最迟到了核时代，英雄想象中那些必不可少的元素"舍己救人，令他人摆脱巨大的危险，或让他们有机会获得安全"[104]已经烟消云散。大规模杀伤性武器和无人机的应用代替了英雄施展的空间。社会技术系统[80]变得比特殊的行为更重要，自动化的颠覆性工作取代了斗争的激情。正如容格尔对法西斯"工人战士"所宣称的那样，模仿强大机器对死亡的蔑视，这种行为已经被书呆子们（Nerds）的"普罗米修斯之

---

[79] 《智人法伯：一份报告》（*Homo Faber. Ein Bericht*）是瑞士剧作家、小说家马克斯·弗里施（Max Frisch）于 1957 年在德国首次出版的一部小说。小说主人公沃尔特·法伯（Walter Faber）是一位成功的工程师，代表联合国教科文组织在欧洲和美洲旅行。他深信逻辑、概率和技术可以应对一切，而这一世界观受到了一系列令人难以置信的巧合的挑战，严格遵循理性、以技术为导向的意识形态就此破碎。基于这部作品的影响力，智人法伯代表了人类能够通过技术手段来掌控自己的命运和境况的信念。

[80] 社会技术系统学派是第二次世界大战后兴起的一个管理学派，它形成、发展于社会系统学派的基础之上。英国塔维斯特克人际关系研究所的特里斯特（E. L. Trist）及其同事通过对英国煤矿达勒姆煤矿中长臂采煤法生产问题的研究，发现仅对企业作社会层面的分析是不够的，还必须注意其技术方面的问题。他们发现，企业中的技术系统（如机器设备、工艺制法等）对社会系统有很大的影响。因此，必须把社会系统同技术系统结合起来考虑，确保这两个系统相互协调。社会技术系统学派集中研究科学技术对个人、对群体行为方式，对组织方式和管理方式等的影响，特别注重工业自动化系统、人－机工程等产生的影响。

耻"[105] [81] 取代，书呆子们用勤奋自持来弥补他们面对技术时的自卑感。（然而，在硅谷文化提供的解决方案中，一种技术英雄主义也在破土而出，针对所有问题，它都能拿出简单快速的解决方案，同时还产生了像黑客这样的颠覆性反英雄。[106]）

如其所示，黑格尔将英雄主义的可能性与"个人独立性"联系起来，个人嵌入社会制度中之后，这种可能性也随之丧失了。个体自主执行自己的行动并自负全部责任的宏大设想一直是一种幻觉。在现代性的前提下，它不具备任何合理性。按照弗洛伊德的说法，我们甚至在自己的家中都不是主人，因为我们的行为受到文化、惯常的角色期待和纪律精神的影响，我们怎么可能是主人呢？即使是"关于在一个完全统一的宇宙中作出全面决策的英雄人物的人类学"[107]，也随着行为经济学的出现而变得支离破碎。

个体化从一开始就被社会学描述为把个体从传统关系中解放出来以及对被迫成为自由主体的过程。与这个过程同步进行的是规范化，与规范化的过程平行，后者将非凡的事物归入统计频率分布的连续体

---

　　[81]　"普罗米修斯之耻"（Prometheischen Scham）是由甘瑟·安德斯（Günther Anders）提出的概念。它阐发了一种有趣的人类中心主义的逆转现象——对生而为人的羞耻感。根据安德斯的描述，这是一种"对我们的生理限制、我们的死亡概率和我们自我再生的荒谬方式"的羞耻感。比起机器人，这一切都是一种耻辱，一种终极却又简单的耻辱："我们是生出来而不是生产出来的。"

中。即便当代"独异性社会"[82] 108 鄙视墨守成规并颂扬特立独行，充其量也只产生了一些自相矛盾的英雄，他们成功（或失败）地平衡了普遍具有差异的矛盾要求。当所有人都被要求表现出与众不同之处时，至少在这一点上，所有人都没什么与众不同的了。但英雄传奇并没有消失，相反：英雄可能会作为过去的遗留物，无明显规律可循地留存到现在。事实证明，英雄图式足够灵活，足以维持其存在。英雄人物虽然更迭不断，但其后备依然充足。它们可能会扰乱后英雄时代的秩序，但至少因为这一扰乱，维系了对英雄传奇持久的需求。

在接下来的三章中，我将主要立足于拓扑斯领域，去探寻那些被讨论的后英雄时代的轮廓，无论它们是否涉及变化的主体化模式、新的管理理念或战争模式的沿革。这些话语之间有一些共性：第一，它们诊断出已经或即将为后英雄时代的行为取向所取代的英雄榜样的过时本质，它们在此被理解为去人性化或非人性化的。第二，新的英雄主义也出现了。这两种不可调和（和／或）相互对立的观念传播到了不同的群体和环境中。第三，一些讨论表明，即使是后英雄特征，也包含了英雄时刻和假定的灵活语域变化。时间顺序、对立共存和重现的逻辑是相互排斥的，但同时，它们标明了后英雄时代的英雄在后现代性中对问题进行反思的步骤。

---

[82] 译法参考自 [德] 安德雷亚斯·莱克维茨：《独异性社会：现代的结构转型》，巩婕译，社会科学文献出版社，2019。在德语中，"独异性"与前文中出现的"奇点"（Singularität）为同一个词，作者在此即使用了它在社会学与数学中的双关义涵。

第三章

后英雄时代的轮廓 I：主体

　　英雄不会以第一人称的形式存在。宣称"我是英雄"等同于自我否定了这一论断。但在英雄是复数的情况下，这一宣言却反而成立。马克·塔瓦索尔（Mark Tavassol），"我们是英雄"乐队（Gruppe Wir sind Helden）的贝斯手，这样评价他们的团名："要是有人把这当真，那真是见鬼了。""我们只是想扩充这个定义，扩大英雄的范畴，当然我们也要大胆地说：我们也是英雄！"[1] 英雄主义和流行音乐都是时代的象征。他们的价值观就是崇拜。但是当流行音乐在自我塑造的游戏中蓬勃发展的时候，自我英雄化总会显得有点狂妄自大，又或是带点儿滑稽的意味。不管怎么说，堂吉诃德已经把这种"期望成为英雄者"的形象镌刻进了世界文学史。从另一个角度来讲，这一自我宣言，也能以否定的形式存在。只有那些否认英雄头衔的人才是真的英雄——"我爸爸是个英雄"，一个小男孩在医疗器械生产商的广告中这样说道。"我不是英雄，这只是我的工作"，一个男人回答道。此时近景拉到满脸疲惫、精疲力竭但意志坚决的医务人员或是消防员的脸上，恰恰印证了与此相反的事实。[2]

这的确会给人造成巨大的幻象。汉堡社会研究所创始人、汉堡大学文学教授扬-菲利普·雷姆茨玛（Jan-Philipp Reemtsma）认为，"如果没有非同寻常的自我决心，英雄不会存在。只有当我们内心里不常有机会显现的自恋的那一面出现时，英雄才存在。此外，受人爱戴的英雄也不断提醒我们，我们自己并不是英雄"。[3] 自恋心态成长的同时，也会被打破。我爸爸有可能是个英雄，但我不是。英雄主义盛行的地方，冲突与矛盾也无可避免。

1. 英雄自我

在如何看待英雄主义现代性的问题上，基特施泰纳并未尝试以一种圆滑的手段去调和社会对抗——早期的精神分析学派认为，这种对抗源于伟大想象与自我怀疑之间、社会规范与僭越冲动之间、现实原则与快乐原则之间的冲突。灵魂内部空间有一个相应的战场，弗洛伊德提出的"自我"（Ich）要同时侍候"三个严厉的主人"。[1] 由此带来的结果是"自我觉得自己三面受困，受到三种危险的威胁，假如它难以忍受其压力，就会产生焦虑"。"自我被本我所驱使，受超我所限制，为现实所排斥"，它英雄般地"为完成其经济的任务而奋斗，

---

[1]　这三个暴君是：外部世界、超我（Über-Ich）和本我（Es）。

以便使它遭受到的种种力量和影响达到和谐"。[2] 4 弗洛伊德将这一冲突归因于俄狄浦斯（Ödipus）杀父娶母的家庭大剧，并认为（男）孩子对父亲的嫉羡，他们那种在阉割威胁和杀戮意图间摇摆不定的情感，正是源远流长的英雄传奇的魅力源泉。如儿童游戏一般，它传递了一种美梦成真的满足感。这些英雄永远是胜利的一方，"自我"认同这样一种想象，它带来一种日常的安全感。弗洛伊德描述道："假如在小说的某一章的结尾，主角遭到遗弃，并受伤流血，神志昏迷，那么可以肯定，在下一章的开头我们就会读到他正得到精心的治疗护理，逐渐恢复健康；如果第一卷以他乘的船在海上遇到暴风雨而下沉为结尾，那么我还可以肯定，在第二卷的开头就会读到他奇迹般地获救——没有获救这个情节，小说将无法写下去……正是通过这种刀枪不入、英雄不死的启示性特征，我们似乎可以立即认出每场白日梦和每篇小说里的主角如出一辙，都是一个'至高无上的自我'。"[3] 5 当然，这种情况只会出现在想象的辖界里，回归现实之后，其局限性十分明显。

这种在自治和他治之间摇摆不定的自我，对应于一种社会秩序，对应于奖励（与本我的主张相对）与惩戒（与超我的主张相对）自我的力量，这样就使个体陷入了"想要"和"需要"相互纠缠的两难境

---

[2]　译文引自 [奥地利] 弗洛伊德：《精神分析新论》，郭本禹译，载车文博主编：《弗洛伊德文集》（第 8 册），九州出版社，2021。

[3]　译文引自 [奥地利] 弗洛伊德：《作家与白日梦》，孙庆民译，载车文博主编：《弗洛伊德文集》（第 7 册），九州出版社，2021。

地。如果他宣誓恪守英雄主义道德观，就势必会削弱他要依附的英雄实体的精神管控。自我对英雄主义号召不满，痛苦越大，就越会倾向于毫无保留地仰赖那种披着英雄主义理想外衣的权威，从而就会越坚定地鄙视那些与他本身相比看起来不那么英雄主义的人或事。20世纪初，民族和战争英雄主义产生了共鸣，出现了这种对发起进攻的一方的内心投射：仅处于起步阶段的自我，很难有机会在家庭内部与父权社会中给斗争降温。因此，它只能依附家庭以外的权威，以填补它的缺陷。如果它服从管理，这些权威就会承诺提供保护，并且与它分享成果。但如果与其对抗，这些权威就会以彻底消灭它相威胁。20世纪30年代和40年代，早期的批判理论[4]将权威人格类型[5]视为弗洛伊德心理模型的一种下辖形式，马克斯·霍克海默在20世纪20年代末已经剖析过的"英雄世界观"，在此找到了它的社会特征对应物。[6]

弗洛伊德将自我提升到了文化英雄的层面：哪里有本我，哪里

---

[4]　批判理论首先由霍克海默发展起来，是附着在霍克海默身上的关键词之一，并与法兰克福学派密切相关。任何同时是解释性的、规范性的、实践性的和自我反思性的社会理论都可被称为批判理论。它并非某个具有明确的所指界限的理论，而是一个理论集合，囊括了那些通过揭露制度和文化中的霸权对畸形社会（如奴役、不平等、压迫等）的制造和复制，启蒙人的自觉、反抗的意识和能力，以获得自由、解放的理论。

[5]　权威人格，也称专制人格，是德国心理学家阿多诺等人于1950年提出的术语。但在此之前，弗洛姆等学者就已讨论过后来被认为属于权威人格的各种人格类型。权威人格理论对人的关注从其出生即开始，采用的是精神分析法。近年来，对权威人格的研究表明，这是一种兼有自我中心和自恋心理的人格，并因此缺少一般的自我与他者界限，"对于权力既爱又怕，与外界的人接触不是追求绝对的优势，就是迅速地臣服"，一方面表现出对权威的认同，以便安抚自己无能的焦虑；另一方面表现出对受权威压迫的受害者认同，以证明自己是独立自主的。

就有自我，这是一种矫治工作——就像排掉苏伊德海的水一样。[6] 7
于其而言，这也是一项异常艰巨的任务。然而，他试图将去英雄化的
理论与外部权威英雄化的理论并置在一起，没留任何反思的余地，不
免让人又爱又恨。随着这些外部权威的力量及其散布的恐怖氛围增
强，人们愈发倾向于向他们屈服。领袖，一个让人觉得应该毫无疑
问地服从并愿意为之付出的人。这似乎太伟大了，无法模仿，但却
可能为"被统治阶级"提供了一种能够缓解焦虑的"虚假安全感"。
这是因为自我失去了其本已岌岌可危的内在英雄地位，它才屈服于
外在英雄。但它不允许人们有任何保留。"人们不能称这种机制为认
同"，埃里希·弗洛姆（Erich Fromm）解释了情感联结的性质。"这
更有可能出现在民主的权威机制中，在这里，领导者和被领导者之间
的距离似乎可以从根本上相连。然而，在极权的权威机制中，领导
者天生就是领袖，他统治着那些注定要追随他的人，这是领导者天
性的一部分。一个人无法认同这位天生的领袖，但可以参与到他的
统治中，而这种参与感取代了社会地位不高的权威的信徒的大部分

---

[6]　译文参考自 [奥地利] 弗洛伊德：《精神分析新论》，郭本禹译，载车文博主编：
《弗洛伊德文集》（第 8 册），九州出版社，2021。苏伊德海（Zuydersee），是深入内陆的荷
兰内海，面积 3500 平方千米。围垦苏伊德海是荷兰最大的造田工程之一。1927 年，苏伊
德海拦海堤坝开始动工。1932 年，阿夫鲁戴克大堤（De Afsluitdijk）完工，堤坝全长 3 万
米，宽 90 米，高出海平面 7 米多，建有两座水闸。把苏伊德海分隔为连通北海的瓦登海
（Waddenzee）和内侧的艾瑟尔湖（Ijsselmeer）。在弗洛伊德的年代，其内部相当一大部分水
已被排干，改造成了圩田。1957 年、1968 年、1980 年，荷兰又完成了其他三项围垦工程，苏
伊德海从此在地图上消失了，这片土地目前是荷兰弗莱福兰省（Flevoland）的一部分。"苏
伊德海围海造田工程"（Closure Dike Tamed Zuiderzee）于 2012 年被公布为世界历史名词。

自恋式满足感。它献身于更高、更强大的权力来实现——通过与统治者建立联系，也通过参与到国家或种族的辉煌成就中去。[8] 服从权威人格的人通过想象与大众合并形成一个集体的自我，并以此来掣肘伟大领袖英雄，不仅如此，最重要的是，他们由此得到了向英雄阵营的敌人们宣战的许可。社会性质的变化不如政治经济体制变化那么快，不仅是英雄主义的现代性在 1945 年后被销蚀，随着从战争到经济繁荣，从牺牲型社会到消费型社会的转变，权威的约束力也逐渐降低。与权威相关的行为和情感倾向过于僵化，无法满足经济和政治自由化社会的需求，这样的社会依赖愿意学习和能够与他人合作的个人。在 1950 年代和 1960 年代，传统导向型人格模式占据主流，这在西德（联邦共和国）表现得也很突出，大卫·理斯曼（David Riesman）描述的美国社会的"他人导向型性格"，通过顺承群体来绑缚个体权威，弗洛伊德式的冲突模式即英雄的自我与本我、超我与现实之间的斗争，被无英雄的设置取代，个体本身成为一种"反应装置"。以个体的内在标准为指引而走向孤独的模式，被利用"心理雷达"装置（Radar-Typ）广泛延伸的触角来导航的模式取代："他人导向性格的人所追求的目标随着导向的不同而改变，只有追求过程本身和密切关注他人举止的过程终其一生不变。"[7] [9] 引人注目的是，理斯

---

[7]　译文引自 [美] 大卫·理斯曼等：《孤独的人群》，王崑、朱虹译，南京大学出版社，2003。本书讨论美国人社会性格的形成及演变，着重探讨了 19 世纪美国占主导地位的内在导向性格如何被 20 世纪中叶的他人导向性格所取代的过程及其原因，讨论了这一转变对美国当代主要社会生活领域的影响。

曼没有将他人导向型的随大流行为等同于他治导向，相反，他对其自主性作了去英雄化处理："自主者不能与英雄人物相提并论，因为英雄人物并不在乎自主性。自主者是指那些在性格上保持充分自由的人，不管他们能否能够或者愿意公然冒险偏离正常的顺承方式。"[8] 10 一个能够作出反馈的、自我控制的个体，至少在面对外部变化时，能够灵活应对，自由地作出选择。他对自治的渴望才是正常的。其他人只知道无条件服从他们毫不熟悉的伟人，以低人一等的姿态来认同英雄人物。他对英雄斗争的戏剧性和他们为之奋斗的原因并不特别感兴趣。相反，他只为他人的胜利买单。对他来说，成功才是最重要的，崇高的目的则不是。他的道德主张也很简单："只要英雄赢了，那他就符合道德。"[9] 11

　　威廉·怀特（William H. Whyte）于 1956 年发表的关于"组织人"（organization man）社会特征的实践研究，在德国也受到了广泛关注，他发现了外部冲突和内部冲突的磨合。战后的英雄们已经离开了他必

---

　　[8]　译文引自 [美] 大卫·理斯曼等：《孤独的人群》，王崑、朱虹译，南京大学出版社，2003。

　　[9]　可参考 [美] 大卫·理斯曼等：《孤独的人群》，王崑、朱虹译，南京大学出版社，2003。其写道："可见，故事中英雄人物的胜利不过是表面的道义上的胜利。当然，古老道德的遗迹依旧存在，这一点在审查制度的存在以及人们对审查制度的畏惧中表露无遗。然而，连环画故事探讨的是主人公本身的道德，而非法律与权利上的道德。就此而言，道德往往成为胜利的障碍，就像推理小说中，除非真相大白，否则每个人都有嫌疑。同样，故事里的英雄人物只有赢得胜利，才能证明他的功与过。'胜者为王'实际上就是说，无论谁，只要最终获胜就是好样的。"

须真正战斗的战场，"开始倾向于在市场里徘徊"。[10] 12 他们以思虑周全、进退有度的"组织人"为理想目标。怀特对当代大众文学进行了解读，剖析了自主性格的结构，弱化了新教伦理强加给主人公的苛刻信条。这些英雄不是，也不需要是传统上的英雄标杆："在那些旧小说中，个人与环境之间存在着某种冲突因素；不管有多少巧合情节的协助，英雄在得到他的奖励之前都必须有所作为，或者至少也要显得像是要有所作为。现在，这种情况已经很少有了。社会对待众生是如此的仁慈，以至于对任何一个人来说，这里都没有任何一种冲突需要他去反抗。只有英雄认为还有冲突需要他去反抗。" [11] 13

1960 年代中期，赫伯特·马尔库塞（Herbert Marcuse）将里斯曼和怀特描述过的对象提炼成了"单向度的人"这一负面形象 14，1971 年，弗兰克·伯克尔曼（Frank Böckelmann）批评其为"对权威人格的不彻底废除"，在这个过程中，"自恋自我的弱点"（Narzißtisch-Ich-Schwache）取代了"权威自我的弱点"（Autoritär-Ich-Schwachen）。15 按照马尔库塞的说法，"社会的吸收能力"使用"受压抑的升华"来为个人欲望辩护，使它们吻合于社会需求，这样至少在某种程度上，对抗性冲突和克服冲突的英勇努力缺席了："在精神结构中，人们所渴

---

[10]　译文引自 [美] 威廉·怀特：《组织人》，徐彬、牟玉梅、武虹译，北京大学出版者，2020。

[11]　译文引自 [美] 威廉·怀特：《组织人》，徐彬、牟玉梅、武虹译，北京大学出版者，2020。

望的东西同准许得到的东西之间的张力似乎已大大减弱，现实原则似乎不再要求各种本能需要进行彻底而又痛苦的改造。个人必须使自己适应于一个似乎不要求他克制其内在需要的世界——一个本质上没有敌意的世界。"[12] 16 故而，它走向了灾难。但马尔库塞坚决否认了"这样的世界里没有英雄的生存空间——无论他们是胜利抑或失败"的观点。诚然，"世界的统治者们正在失去他们形而上的特征。他们在电视、新闻发布会、议会、公众听证会上的露面，除了广告宣传之外，很难适用于戏剧，而他们的行为结果也超出了戏剧的范围"。[13]也仍有一些人绕开了其中的辩证关系："传奇革命英雄依然存在，他甚至能够公然蔑视电视和新闻界——但他的世界是'不发达'国家的世界。"[14] 17 切·格瓦拉（Che Guevara）这样的激进分子去世后，成为全球偶像，这种情况也证实了马尔库塞关于大众文化吸收能力的论点。18

1968 年觉醒的人们和他们的英雄们投入到了"大拒绝"（Großen

---

[12] 译文引自 [美] 赫伯特·马尔库塞：《单向度的人：发达工业社会意识形态研究》，刘继译，上海译文出版社，2014。

[13] 译文引自 [美] 赫伯特·马尔库塞：《单向度的人：发达工业社会意识形态研究》，刘继译，上海译文出版社，2014。

[14] 译文引自 [美] 赫伯特·马尔库塞：《单向度的人：发达工业社会意识形态研究》，刘继译，上海译文出版社，2014。

Weigerung）[15] 的情念之中，似乎驳斥了在"没有反对派的社会"[16] 19 中被安抚的人们的噩梦。回顾历史，抵抗运动 [17] 是一个转折点，它也是人格构成发生转变的标志性事件。这些转变是由反文化动机和对现代化的需求引发的。西方社会普遍的新教伦理在斯普特尼克危机（Sputnik Crisis）[18] 之后被认为是进步的阻碍，并且对卓越和杰出人物（以及本应培养出他们的教育改革）的召唤变得更加响亮。20 不仅权威

---

[15] 译法参考自朱贻庭主编：《伦理学大辞典》，上海辞书出版社，2011。"大拒绝"，法文写作 Le Grand Refus，指 1968 年在法国巴黎等地爆发"五月风暴"（或称"红五月"）事件后，马尔库塞在其著作《论解放》（*Versuch über die Befreiung*）中用到的概念。英国数学家、哲学家和教育理论家阿弗烈·诺夫·怀特海（Alfred North Whitehead）在《科学与近代世界》（*Science and the Modern World*）一书中提出这一概念，用以表达艺术成就的首要特征。马尔库塞依据弗洛伊德等人的理论对这一概念进行了重释，指其为对资本主义制度及其文化进行斗争的一种策略。他认为"大拒绝"是进行抗议的年轻人对不必要的压抑的本能拒绝，是为争取最高的自由形式、创造一种无压抑秩序的斗争，是一种抵制资本主义制度以及现代文明的斗争策略。它要求人们拒绝使资本主义统治永恒化的资产阶级的自由和民主制度，拒绝现代资本主义文明，包括拒绝使用死气沉沉的语言、拒绝穿戴整洁的服装，拒绝享用富裕社会的精巧物品，拒绝接受为它服务的教育，拒绝生产有益于统治者而无益于人民的物质工具和思想工具等。20 世纪 60 年代末，美国一部分"新左派"人士将马尔库塞的这一斗争策略具体化为不事生产、留发蓄须、穿着破烂、聚居生活的"嬉皮士"（Hippie/ Hippy）运动，以示对现存秩序的不满与反抗。

[16] 译法引自 [美] 赫伯特·马尔库塞：《单向度的人：发达工业社会意识形态研究》，刘继译，上海译文出版社，2014，《导言 批判的停顿：没有反对派的社会》。

[17] "抵抗运动"是第二次世界大战期间，欧洲各国人民反法西斯斗争的统称。其基本任务是争取民主自由、民族独立和祖国解放，因而具有广泛的民族民主运动的性质。

[18] 斯普特尼克危机指 1957 年 10 月 4 日苏联抢先于美国，成功发射"斯普特尼克 1 号"人造卫星，令西方世界陷入恐慌和焦虑之中。

人格的类型，理斯曼的"他人导向"[19]理论也由于不够灵活而出现了功能失调。敏捷性也是"他人导向"雷达类型的一个特点，但在大多数情况下，它持续地自我标准化是一种反应性适应。自我激活在当时是必须的，非新教主义成为全球竞争创新的引擎。对这些反叛青年有如此大敌意的，正是他们矛盾且固执的精神。他们批评传统权威，与非等级制合作进行实验，以一种虽迟但到的顺从姿态，成功地对抗了官僚主义的无能或消费主义的懈怠。[20] 21

2. 后英雄人格

反主流文化的持久影响之一是对沟通合作的追求，它在教育实践和性别关系中十分重要，并且也影响了自我、本我和超我之间的关系。最新的社会心理学研究证明，弗洛伊德那著名的对自己的灵魂不知所措的冲突管理者，已蜕变成了一个有能力的团队合作者，即使有时候难以做到，却自我培养出了一种民主的领导风格。他没有大力神般艰辛地填平内在的苏伊德海，却保障了心理层面畅通无阻的沟通。它的性格优势不再僵硬，而变得更加柔软，更具有可对话性。

这种"灵魂的现代化"范式属于"后英雄人格"类型，"告别了对本我冲动的'英雄式'压制……以及对（与生活相关的）决定的

---

[19]　译法引自 [美] 大卫·理斯曼：《孤独的人群》，王崑、朱虹译，南京大学出版社，2002。

[20]　可参考 [法] 吕克·博尔坦斯基、夏娃·希亚佩洛：《资本主义的新精神》，高铦译，译林出版社，2012。

'英雄式'坚持"。[22] 法兰克福学派 [21] 的社会学研究者马丁·多恩斯（Martin Dornes）——直到 2014 年，他一直是社会学研究所（IfS）执行委员会成员——描绘了当代社会人物的肖像："你的基本心理轮廓是放松的，但不会过于脆弱。你觉得自己有坚定的价值观，你以一种具体问题具体分析的方式来践行这些价值观，而不是根据原则或一致性来践行它们。你的灵活性不是强迫性的，而是心理上的。你容许以前被视为禁忌的冲动发生，并发现自己与它们进行了内在的对话。你的灵活性不是对恐惧的表达，而是一种不需要适应什么的精神状态，它更大程度上增加了塑造自我和世界的全新可能。然而，由于社会变革和去传统化进程的高速发展，心理越来越依赖于自我调节，因此更容易受到自我调节过度的挑战。"[23]

多恩斯将后英雄人格的兴起主要归因于教育理念和实践的变化。儿童的生活主张开始被认真对待、备受珍视，独立性受到鼓励，讨论和合同教学法取代了统一的标准和纪律手段。即便有人受到一些反向趋势的干扰，比如"直升机父母"以爱为名的裹挟等，自主性的提高仍是显而易见的。然而，心理自由度的增加伴随着脆弱性的增加。此外，还存在一种风险，"宗教激进主义人格和后英雄主义反战人格都削弱了社会凝聚力，因为在自由和个性化的社会化条件下，个人不再

---

[21]　法兰克福学派，发源于 1923 年在法兰克福成立的社会学研究所。1930 年，时任所长的霍克海默以一篇发言为法兰克福学派的发展奠定了基础，这标志着该学派的成立。法兰克福学派以社会、文化和意识形态批判作为主线，将马克思主义与精神分析学研究方法结合，对"启蒙运动所造成的的倒退"和"文化工业"进行了批判式的研究。

通过认同共同的象征性秩序而团结"。[24]"我"越多，"我们"就越少。

然而，多恩斯不想与令人担忧的失常和精神疾病增加的灾难性情景产生任何关系。在他的"适度现代化——乐观的观点"中，机遇总是大于风险。[25]自我振作起来并英勇克服困难的能力和意愿不会减弱；相反，它会发展出"成功应对现代家庭和工作生活"所需的"心理结构灵活性"。[26]温和的信息具有关键的推动力：多恩斯反对当代对危机的语义诊断，他认为这是经验论的，冗长的，并且在政治上是危险的，只会引发危机，因为"在自我实现的预言的意义上，对问题的现象的关注最终结束了"。[27]

诸如后英雄人格之类的社会特征假设了社会结构和心理结构之间的基本关系。二者之间并非没有摩擦。因此，它们的影响范围在历史和社会结构上仍然有限。它们提供了一幅时代的画卷。其他社会式推动了其他主体模式发展："在战争、贫民窟、受虐待的家庭中，灵活的人格结构是功能失调的，它在那里既不会发展，甚至也不会生存。在现代社会的和平地区，它却将蓬勃发展并展现其创造力。"[28]多恩斯毫不掩饰他的社会模型是基于现代化理论而来的事实。他将后英雄人格置于一个性格谱系中，从"世纪末"（Fin de siècle）[22]歇斯底里和神

---

[22]　"Fin de siècle"，法语词，意为世纪末，它与颓废派发起的文化运动高度相关，描摹的是第一次世界大战前的 20 年，弥漫在整个欧洲的颓废艺术潮流和生活态度。与之相对应的还有另一个法语词"Belle Époque"，意为"美好年代"，指同样的 20 年，但其视角是属于欧洲上层社会的，此时的欧洲处于相对和平的时期，随着资本主义及工业革命的发展，科学技术日新月异，欧洲的文化、艺术及生活方式等都在这一时期日臻成熟。

经衰弱开始，延伸到 1990 年代后期理查德·森内特（Richard Sennett）的"灵活的人"和阿兰·埃伦伯格（Alain Ehrenberg）的"疲惫的自我"。[29] 然而，多恩斯并没有描述一个被永久压倒、陷入令人厌恶的痴呆症或自循环的自我。[30] 相反，它强调了自我的形成，这是受当代的实证结果支持的。后英雄人物不会不惜一切代价去坚持，但他们确实能长久坚持；他们既不主张自我去反抗社会限制，也不对社会限制感到绝望。相反，他们掌握了应对的艺术："外在提供的任何东西都可以由内在来提供，或外在要求的任何东西都由内在来要求。"[31] 这是解释社会和心理机制为何如此大范围地协调的唯一方法。事实证明，这种协调出自一种适应。

2012 年，多恩斯估计，具有后英雄时代特征的人口占比约为德国总人口的 30%。[32] 这就提出了其余约七成人口处于何种状态的问题。你还停留在英雄主义现代性中吗？他们是过去的主观制度的残余，作为拟人化的非同时性投射到现在的吗？多恩斯未就此发表意见，但他的叙述表明，他将后英雄的少数人视为文明进步的先锋，并假设大多数人会效仿他们。他没有对所谓的自我矮化和过度自我崇拜发出悲叹，而是成功地讲述了一个英雄不复存在的故事。

3. 英雄之旅中的自我

虽然法兰克福观察家们的批判心理学宣称英雄自我（Helden-

Ich）已经过时，但精神理疗师、神经语言学 [23] 程序员和私人训练师们通过编码，将英雄转化成了一个不受时代限制、其代码尽管十分阳刚却不受性别制约的自我体验模板："英雄既不是一个古老的人物，也不是一个严格的男性形象，而是人性的一个方面，它听到来自内心深处的呼唤，并作出回应。"格式塔（完形）心理治疗师保罗·雷比洛特（Paul Rebillot）写道，"英雄一词适用于女性和男性，因为我认为女英雄这个词是一种欠缺尊严的弱化形式。英雄是每个人追随'更伟大'的冲动和潜能的体现"。³³ 通灵英雄学家（Psychagogischen Heldenkundler）从约瑟夫·坎贝尔的《千面英雄》中汲取灵感。他的英雄之旅的"单一神话"不仅被乔治·卢卡斯（George Lucas）、史蒂文·斯皮尔伯格（Steven Spielberg）等大导演视作典范³⁴——还为他们关于电影、个人发展、管理者培训和其他形式的自我调整的密集研讨会提供了蓝图。³⁵

例如，柏林艺术大学提供"英雄原则 ®.创新和革新的指南"课程。其中，"企业家、高管、内部和外部改革顾问、个人或组织开发人员、培训师等"，经过培训可以成为"经认证的革新同伴"。³⁶ 一个由戏剧专家和组织心理学 [24] 家们组成的跨学科团队运作了一个由联邦

---

[23] 神经语言学（neurolinguistics）是语言学的分支学科之一。它研究产生、接收、分析和储存语言的神经机制，以及这一机制与语言的关系。

[24] 组织心理学，由美国麻省理工大学斯隆商学院教授爱德加·薛恩（Edgar Henry Schein）开创。它研究组织管理中人的心理现象及行为规律，强调要以人为中心来协调组织中的人际关系，改善组织的环境和条件，要充分调动人的积极性、主动性和创造性，从而实现组织目标，实现个人和组织的共同发展。

教育和研究部资助的项目，该项目之后持续了数年，"工作世界的动态变化与英雄道路特征之间的类比""参与者现在正在'原型戏剧'的框架内推销他们的发现，这是一种新意识的神话和理性"。"HELD代表个人和组织中需要为变革而激活的那些方面：例如，点燃劳有所获的希望火种、艰苦奋斗的力量、为达成未知目标而激发自己的潜能，以及巩固已取得的成果的智慧。PRINZIP描述了三大变革行为的基本结构：出发、冒险和回归。HELD和PRINZIP共同构成了一个超理性的参考模型，可以在无形（企业文化）或无意识（人格）中创造出前所未知的潜力，并进一步开发它。"[37]

艺术学院虽沉迷于超理性，管理培训师安吉丽卡·霍克（Angelika Höcker）却在改编坎贝尔的作品时，采用了更加商业化的语气。乍一看，工作生活没有给英雄化留下空间："在沉闷的办公室和沉闷的日常生活中，无法预见到魔法、童话般的火车和神话般的任务。"但是，这只适用于和平稳定的时期。"毫无疑问，一旦危机敲门，拥有超自然力量的英雄们立刻就会被召唤……在紧急状态下，网络、组织单位、系统和理性过程都被摧毁了——英雄独裁者，这种非常古老的英雄，上台了。"[38]诚然，他是一个非常成问题的人物：因为他是唯一的统治者，因为他个人的超凡魅力决定了事情的走向，他也就可以制造"大规模的灾难"。对霍克来说，这不是"给经济英雄唱赞歌"的理由，而是彻底重启的理由……这位商业英雄，她名义上的英雄导师，并不是为了"赢得战斗"而参战，而是为了让世界变得更美好而战，这种美好不仅是对他自己，而是对我们所有人而言的……他为自己的利益而工作，因为他雄心勃勃，有抱负，但也为他的员工工作，没有他们，他将无法取得如此成功。他也关心社会和经济。他认为自己是人类已知的唯一可居住星球上的负责任的世界公民。[39] 他保持参与式领导风格，避免唱独角戏，不让自己陷入不必要的争斗。对他来说，对抗本身并不是目的，而是一种战略考量。这就是他为何如此行事的原因。"他知道他无法击败所有人——更重要的是，他知道击败任何人、击败所有人都不会带来任何收益。一个视每个人为对手并让所有人失望的商业英雄最终会没有客户，没有人可以签约，没有人可以合作，没有人可以并肩作战。"[40] 在德国的传统中，商人长久以来一直是英雄的死对头，[41] 但商业英雄将两者合二为一了。

几乎像所有最近的自我提升手册一样，霍克也将公司与心理机制进行了类比。[42] 英雄的旅程是一种自我探索和领导力训练，它应该促进内在成长、提高收益数字。旨在塑造企业家自我的心理倾向，这已经成为一种使命宣言：冒险和决心——只有敢于冒险并克服内外阻力的人才能获胜；特殊性和创新意愿——只有那些拥有独特卖点并采用全新方式的人才会在竞争中脱颖而出。商业英雄当然也可以是女性，她知道，"这种成功和自我述说的能力绝不矛盾——顺便说一句，这与传言相反。战利品中的自我份额和市场份额，这是现代英雄的目标"。[43] 最终成果必须至少将竞争社会中的英雄与他们在召开研讨会的酒店里再现的历险故事的古老人物联系起来。

应该指出，通往个人发展和商业成功的道路和作为流行娱乐的灵丹妙药的是基于一种简单且因此可识别的叙事模式，该模式在紧张因素及其解决方案间找到了平衡，并将其与自恋的身份认同联系起来：当知道故事会有一个美好的结局时，谁不想把自己想象成英雄，并面对挑战呢？毕竟，幸福的结局是有保证的。英雄之旅的指南绑定了一个信条和一个承诺：冒险进入未知世界，信息显示，严峻的考验在那里等着你，但你还是要面对它们，并成为一个新的、更伟大的自我，受召唤去指导他人。

然而，如果每个人都按照相同的模式来打造自性化，那么始终相同的故事就会否定英雄自身的个性化。充其量，它会产生现成的独特性。同时，英雄旅程的图式显示了神话的缓解和调节功能，它影响并给出故事的结局，正因为它为独特性提供了一个通用模板，单一的英雄——我，一直是个系列产品，其个性化运行的是一个权威主观主义程序，这超越了所有人的标准，并将当今工作和生活环境对灵活性的要求变成了需要证明的挑战。

4. 灵活变通

从"英雄之旅工作室"中回来的自我冒险者和多恩斯的后英雄人物之间的共同点，比他们不同的背景所暗示的要多。两者都具有适应性，但不墨守成规，反应灵敏，但同时又具有自主性；他们想塑造世界而不放弃自己，愿意冒险而不赌博；他们将无法预计的事情视为"在剧烈变化的环境中的正常现象"，[44]"自由、决策和选择的增加"是持续纠正错误的机会。[45]具有"创造力、主动性、能容忍矛盾心理和应对复杂性"[46]，或者首要者必须"鲜明、有能力、具有一致性和一贯性"[47]，他们拥有当今招聘广告所要求的那些软技能。

未来的变革同行者和商业英雄应该首先以自己的自我为原型……多恩斯的现代化灵魂早已将这一点内化，这要归功于父母的教养实践和他们在非传统社会中的社会化。但他们也应该并且希望继续自己的工作——你永远都不够灵活——并利用教培行业提供的服务。

如果把两者结合起来，自我的情况就会令人困惑：后英雄人物发掘出他们内心的英雄，并与他一起踏上英雄之旅，以便在后英雄时代里武装自己。"现在呢，英雄还是后英雄？下定决心！"你想召唤他们。然而，此处非此即彼的逻辑并不完善：英雄式的主体询唤既不是过去时代不合时宜的遗留物，也不是后英雄时代诊断的产物，因为指向的是无英雄或者反英雄。谈判、执着与变通、自我赋权和自我分化之间巧妙跳跃的艺术。这真的是一项英勇的任务，而且总是让人精疲力竭。如果一个人可以同时在双方的域界里穿行，那么对个人的要求最终会再次增加，并且最重要的是，应该懂得在不同的时机作出不同的选择。

然而，或许这位英雄式管理者的榜样已经留存了下来。如果政治模式和个人自我形象确实是交织在一起的，那么可以假设，拥有统治许可证的强人目前的经济状况也让后英雄现实主义中那些无可争议的英雄类型复活，他通过外部敌人稳定了自我，摆脱了令人厌恶的矛盾心理，把对复杂事务的处理委托给算法。

第四章

后英雄时代的轮廓 Ⅱ：管理

英雄主义与领导力相辅相成：得偿所愿的人很有可能被尊为英雄；相反，追随者可以期待谁会被选为英雄。因此，领导危机总是英雄主义危机。英雄主义与创新之间的联系同样密切：踏上前无古人的道路需要英雄般的勇气，反之，任何想要获得英雄般名声的人都必须冒险进入未知领域。在一切顺遂的地方，英雄无用武之地，也就没有了英雄。

因此，公司企业与英雄人物始终是自相矛盾的关系：一方面，在克服内部和外部阻力实施变革时，机构乐于激励员工并整合起不同的兴趣点。另一方面，它们的急功近利扰乱了组织规范，它们的固执使理性决策过程变得困难，企业的中央集权阻塞员工的进取心和责任感。英雄人物被视为变革的主角和坚持不懈的力量，被视为身具超凡魅力的榜样和震慑自我中心专制主义的范例。在经济领域，对英雄的召唤也存在相应的矛盾。

此处的范例是企业家的形象。其形象在风险投资者、投机者、创始人、行业领袖、股东和管理者等之间闪现。[1] 拥有资产并不是成为企业家的必要条件，受雇的董事总经理也可以是企业家，最终，甚至每个员工都可以像企业家一样行动，或尝到英雄主义的甜头，或品到草莽之气的苦果。尽管其他经济参与者已然且将继续被英雄化——打破业绩纪录的工人，解决技术问题的工程师——但只在企业家身上才体现出领导力和革新力，这两项功能决定着经济英雄气概的成败。国民经济学、组织理论和管理文献一方面称这种"现代性原型"[2] 为文化英雄（cultural hero），另一方面，对后英雄时代的管理提出了要求。[3]

1. 创造性毁灭

时至今日，约瑟夫·熊彼特（Joseph Schumpeter）笔下出自尼采的"创造性毁灭者"形象[1]，仍被企业家们用作英雄化的蓝图。尽管这位奥地利裔经济学家在 1940 年代才创造出"创造性毁灭"一词，但他在 1912 年出版的《经济发展理论》（*Theorie der wirtschaftlichen*

---

[1] 当代研究通常将熊彼特提出的"创造性毁灭"和"企业家"这两个基本概念追溯至尼采，因尼采特别强调"超人"，强调"任何创造者必然永远是一位毁灭者"，创造和毁灭与停滞不前相对立。

Entwicklung）中已经解释了这个原理。[2] 在这本书中，他力求找出一种对经济行动中动态那面，即人们并不总是仅仅遵循根深蒂固的模式

---

[2] "创造性毁灭"（schöpferischen Zerstörer）又称创造性破坏，是美籍奥地利（因其出生于奥匈帝国摩拉维亚省，在今捷克境内，故又可被视为美籍捷克人）经济学家约瑟夫·熊彼特提出的重要概念。有学者认为，除这一概念的理论萌芽可上溯至尼采外，其起源可追溯至德国社会学家维尔纳·桑巴特（Werner Sombart）于 1913 年所著的《战争与资本主义》（*Krieg und Kapitalismus*）一书。它揭示了资本主义社会不断产生和消灭财富，且通过战争和经济危机不断毁灭人类财富的行径。被熊彼特称为"伟大"的马克思的经济思想显然也发挥了极其重要的作用。1942 年，在《资本主义、社会主义与民主》（*Kapitalismus, Sozialismus und Demokratie*）一书中，熊彼特正式提出了这一概念。但早在《经济发展理论》（*Theorie der wirtschaftlichen Entwicklung*，此书实际首见于 1911 年 7 月）中，他已经运用了相关的思想，并以此为自己的"创新理论"奠基，又发展出了其著名的"多层次"经济周期，即"熊彼特周期"理论。"熊彼特首先用静态方法分析了'循环流转'，假定在经济生活中存在一种所谓'循环流转'的'均衡'状态。在这种情况下，不存在'企业家'，没有'创新'，没有变动，没有发展，企业总收入等于其总支出，生产管理者所得到的只是'管理工资'，因而不产生利润，也不存在资本和利息。生产过程只是循环往返，周而复始。这实际上是一种简单再生产过程。按照马克思的分析，即使在简单再生产的条件下，资本家照样能获得利润，掠取剩余价值。可是在这里，熊彼特却否认了资本主义简单再生产的情况，以及在这种情况下所存在的剩余价值剥削及其转化形式利润和利息。" 为避免简单再生产，就必须"创新"，"'建立一种新的生产函数'，也就是说，把一种从来没有过的关于生产要素和生产条件的'新组合'引入生产体系……熊彼特认为，'资本主义在本质上是经济变动的一种形式或方法，它从来不是静止的'。他借用生物学上的术语，把那种所谓'不断地从内部革新经济结构，即不断地破坏旧的、不断地创造新的结构'的这种过程，称为'产业突变'。并说'这种创造性的破坏过程是关于资本主义的本质性的事实，应特别予以注重。'"一旦经济进步使一切都自动化，无须人的作用了，投资机会也就随即丧失，企业家再无生存空间，资本主义就活不下去，从而会"自动地"进入社会主义阶段。（参考自张培刚为熊彼特的《经济发展理论》《资本主义、社会主义与民主》两书汉译本所作的序言。）熊彼特之后，部分自由主义和自由市场派经济学家对"创造性毁灭"这一概念另作解读，称公司和产业的兴衰使市场向更有效率的方向进行。创新能够从内部不停地革新经济结构，即不断地破坏旧有的秩序和结构，同时再不断地创造新的秩序和结构，达到新的平衡。在词义内涵降级之后，这种以"创造性破坏"为特征的动态竞争的过程因能够带来经济增长，就反被一些人视为资本主义的优势了。

并"从给定情况下，从最大可能满足其需求的角度得出结果"[3]的解释。[4] 静态行为无疑构成了规范，但尽管很少见，仍存在熊彼特所认为的另一种模式类型——动态行为。其特点是，它不仅适应给定的条件，将它们利用为自己的优势，而且自己改变了这些条件："就像伟大的艺术家处理作品中的那些既有元素一样，他（动态者）赋予它们新的形式，将它们置于新的背景之中。他改变了'静态者'年复一年做生意的那种方式。"[5] 其座右铭是"别开生面"（Plus ultra）[4][6]。因为

---

[3]　可参考 [美] 约瑟夫·熊彼特：《经济发展理论》，何畏、易家祥等译，商务印书馆，1990。此汉译本是根据 1934 年美国哈佛大学出版社的英文版（Joseph A. Schumpeter: *The Theory of Ecomomic Development, An inquiry into Profits, Capital, Credit, Interst, and the Business Cycle,* Harvard University Press, 1934）译出的，英文版所据的德文第二版内容经过熊彼特大幅度修改，删除了第七章并重写了第二章与第六章，与本书作者所引的 1912 年的德文版有重大出入。此处所引初版第二章中的内容就已被修改，因此，本书中涉及《经济学原理》初版的引文部分，如无特别说明，则表示由译者本人据原文翻译。

[4]　译法引自 [美] 约瑟夫·熊彼特：《经济发展理论》，何畏、易家祥等译，商务印书馆，1990。"Plus Ultra"是一句拉丁语铭文，通常译为"走得更远""海外有海"等。它被刻写在西班牙国徽主盾两侧作为护徽的赫拉克勒斯之柱（Column of Hercules）的绶带上。在西方经典中，赫拉克勒斯之柱指直布罗陀海峡两岸边耸立的海岬，是希腊神话中大力神赫拉克勒斯完成其十二项伟业过程中所至的最西端。一般认为，其北面一柱是位于英属直布罗陀境内的直布罗陀巨岩，南面一柱则在北非。据历史学家考证，赫拉克勒斯之柱起初刻有警告铭文"Non Plus Ultra"，意为"此处之外，再无一物"，表示赫拉克勒斯之柱就是已知世界的尽头。去掉否定词之后的"Plus Ultra"则暗示着彼时拥有大片海外殖民地的西班牙视赫拉克勒斯之柱为通向新世界之门。熊彼特在《经济发展理论》第五章"资本的利息"中借用了这一铭文，以阐述他的"利息"来自"创新"带来的"经济发展"的理论。他写道："公司能永恒存在下去吗？它们能永远支付股息吗？这种情况当然也有，但一般说来，只有两种情况……第二，有这样一类企业，按照它们的性质和计划，总是在不断地别开生面，它们实际上不是别的，而是持久的新企业的形式。"（张军扩、胡和立译文）由此可见，这里所说的"别开生面"应被理解为"另辟蹊径"，以创新带来生机的做法。

英勇的"行动人"（Mann der Tat）要克服内外阻力，逆水行舟，他的行为就不能只基于对满足自身需求的追求。它是"非享乐主义的"，欲望来自行动本身，而并不来自它的回报："创造现代工业的人是'真正的人'，而不是不断焦虑地想知道他们必须经历的每一次努力是否悲惨的生物，这些人也承诺给予足够多的享受……这样的人创造是因为他们别无他求。"[5] 7 就像他们很少让自己受成本—收益计算的指导一样，他们也很少遵循新教的禁欲主义伦理。熊彼特指出他们那不可抑制的动力出于三个动机：第一，"存在有一种梦想和意志，要去找到一个私人王国，常常也是（虽然不一定是）一个王朝。现代世界实际上并不知道有任何这样的地位，但是工业上或商业上的成功可以达到的地位仍然是现代人可以企及的最接近于中世纪的封建贵族领主地位"；第二，"存在有征服的意志：战斗的冲动，证明自己比别人优越的冲动"；第三，"存在有创造的欢乐，把事情办成的欢乐，或者只是施展个人的能力和智谋的欢乐"。[6] 8 可能会有金钱上的收益，但这充其量只是引领行动的初始动机。更具决定性的是那种对领导权的渴求和想要创造新事物的热望。

　行动人的才能不断累积，使他们成为杰出人物。只有少数人具

[5]　译文引自 [美] 约瑟夫·熊彼特：《经济发展理论》，何畏、易家祥等译，商务印书馆，1990。

[6]　译文引自 [美] 约瑟夫·熊彼特：《经济发展理论》，何畏、易家祥等译，商务印书馆，1990。

有"进行新组合"[7] 9的内在倾向，况且它也并非在生活中随时随地发生。与此同时，人群缺乏试验意识："即使他们认为这样或那样做可能会更好或更容易，他们也缺乏尝试的道德勇气。他们没有能力也没有闲暇去思考问题，他们不能拿自己已有基础去冒险。日常工作束缚着他们，组织的影响、同事之间的影响，给他们套上了牢不可破的枷锁。"10与此相对，创造性毁灭者则会收获英雄般的伟大。有些东西对其他人而言不过是个想法，对他来说变成了现实。然而，大多数人被困在他们的日常生活中，几乎没有人自愿追随他。他必须强迫他们这样做。必须把他的意志强加给他们。因此，企业家不仅必须是一个行动人，还得是一个有权力的人；他的权威至少和他的天才一样重要。"出于自己的目的而使他人折服、为己所用，指挥和战胜他人的能力，有了这些，即使没有特别出色的智慧，也能发起终会成功的行动。"11

据熊彼特所言，静态和动态行动模式之间的对比，以及由此而导致的简单维持现状者和英勇创新者之间的对比，存在于所有形式的经济活动中。还有一些人在古老的部落社会或社会主义计划经济中推动了新的组合，即便在那里，他们不被称为企业家。然而，在资本主义环境里，这种"特殊类别的经济主体"具有特殊的意义。正是它们，使结构性竞争保持了活力。创造性毁灭不取决于法律地位或所有权归

---

[7]　译法引自 [美] 约瑟夫·熊彼特：《经济发展理论》，何畏、易家祥等译，商务印书馆，1990。在同一本书的不同语境中，它也被译作"执行新的组合""实现新组合"等。

属，这在现实中很明显："不是每个拥有公司的人，也不是每个真正领导公司的人都是我们意义上的企业家。只有当他实现新组合时，即最重要的是当他创立公司时，他才会履行这种基本职能，不过当他改进生产流程、开辟新市场、与竞争对手进行直接竞争等时，也是在履行企业家职能。"[12]

熊彼特描述的是一种理想类型，但这种类型严格地只指向经济功能。因此，需要用一个人来将它具象化。与马克斯·韦伯用拥有超凡魅力的统治者来对抗西方理性主义的铁壳的方式类似，熊彼特把充满活力的企业家形象置于经济活动的中心，以此来破解经济学经典中的静态均衡理论。"在一小群经济主体的灵魂中"[13]，他发现了资本主义发展的能量中心。这种创造性毁灭原则的人格化身先就被奉为英雄了，但熊彼特式的企业家在其他方面也结合了英雄人物的基本特征：内在动力、无法抑制的行动渴望、不墨守成规、冒险进入未知领域的勇气、自信和对领导力的主张、与强大的对手和大多数人的惰性作战的意愿、对陈规陋俗的无视，乃至于他们的稀缺性。流行于19世纪的"伟人创造历史"的理论，带来了传奇，[14]得到了经济上的回应。熊彼特把他的主人公描绘成一个有英雄气概的权势人物，从尼采的《查拉图斯特拉如是说》（*Also sprach Zarathustra*）中直接进入了商业世界。

如果说在《经济发展理论》中，他集中精力论证了对资本主义固有动力进行创造性毁灭的必要性，那么仅仅几年后，他就毫不怀疑，这些动力本身的成果贬低了企业家的功能，并将原先的英雄人物去英雄化了。此时，再次循着韦伯的轨迹，熊彼特注意到技术和合理化的企业管理的大获全胜，它使强制实现新组合的特殊行为常规化了。生生不息的创新成了惯例，负责制取代了大胆的决定："这两种情况给普遍意义上的领导角色、特殊意义上的企业家角色减了负，并使他们民主化了；克服老大难问题仍然是企业家的一项基本任务，但一些困难就此消失了。并且，专业技术工作经常是可以习得的了，这在过去——和今天的大部分时候——都要求领导者具有'眼光'和'个性'。"15

在第二次世界大战期间出版的《资本主义、社会主义和民主》（*Kapitalismus, Sozialismus und Demokratie*）一书中，他再次强调了这一论断，并证明作为一个整体的资本主义文明具有"反英雄主义"特征。它产生的不是英雄主义的企业家，而是功利主义的资产阶级。专业化和自动化使杰出的个人边缘化，这些人被剥夺了在战斗中证明自己的机会。工商业者无须展现出骑士精神："用不着挥舞刀剑，不需要体力上的英勇，没有机会跨上披盔甲的马冲入敌阵，毋宁说这些是一种异端或野蛮行为——赞美为打仗而打仗，为胜利而胜利那种观念的意识形态，合乎情理地会在写字间里、在所有数字栏目中渐渐消亡。"[8] 16 办公室里成长不出超凡魅力，日常活动太平淡，角色相互之间可替代性太高。工商业者"没有丝毫神秘的魅力"，他们的出发点

---

[8]　译文引自 [美] 约瑟夫·熊彼特：《资本主义、社会主义与民主》，吴良健译，商务印书馆，2021。

也缺乏光环："证券交易所是圣盘的蹩脚替代品。"[9] 17 熊彼特带着怀旧之情回顾了那个军事艺术仍然意味着领导力的时代，在当时的战争技术和军队结构下，"统帅的个人决策和指挥能力——甚至他骑上高头大马亲临战场——是战略和战术形势的基本要素"。[10] 18 这个时代随拿破仑一起走向了终点，一个世纪之后，同样的命运降临到了英雄企业家身上。科学企业管理的胜利进军、信任和垄断形成的过程，以及最后但并非最不重要的一点，国家作为经济政策参与者的形象日益加重，使其成为一种停滞不前的模式。但是，尽管在军事英雄主义时代之后，战争仍有继续，熊彼特却认为，创新功能的衰退才是资本主义整体自我毁灭的一个征兆。动态的资本主义权威的削弱，促使它走向平衡导向的静态的社会主义，当然，这与"正统社会主义梦想"的文明没有什么关系，却更有可能"出现法西斯的特征"。[11] 19

创造性毁灭理论在人类学和现代化理论对英雄的解释之间摇摆不定。熊彼特既可以被解读为经济英雄史诗的热情宣传者，也可以被理解为后英雄时代的文化悲观预言家。一方面，他在企业家英雄身上看到了一种普通但罕见的人格类型；另一方面，他将其定位于历史上资本主义的兴起，因此认为这是一个过时的人物。激进的创新者和自信

---

[9]　译文引自 [美] 约瑟夫·熊彼特：《资本主义、社会主义与民主》，吴良健译，商务印书馆，2021。

[10]　译文引自 [美] 约瑟夫·熊彼特：《资本主义、社会主义与民主》，吴良健译，商务印书馆，2021。

[11]　译文引自 [美] 约瑟夫·熊彼特：《资本主义、社会主义与民主》，吴良健译，商务印书馆，2021。

的领导者要么存在于所有社会秩序中，要么只有在等级森严、差异相对较小的组织形式占主导地位，并当技术复杂性可控时，才能在经济过程中发挥决定性作用。无论熊彼特将创造性毁灭者称为跨时代的特殊现象，还是作为不可挽回的过去时代的代表，对立的故事都在企业家英雄的遗憾中相遇。正是它推动了事态的发展，一旦它没有更多的空间，经济体系就会"在一成不变的例行公事中休息"，[20] 换言之，它会在停滞中固化：历史终结。

因此，近来，与熊彼特相关的研究试图恢复他对英雄主义的企业家形象的塑造，但刻意忽视他对"反英雄"资本主义的绝唱，也就不足为奇了。自 1980 年代以来，人们对创造性毁灭这一概念的兴趣与日俱增，其程度与新自由主义 [12] 时代精神信奉的格言"像创业者一样行动！"（Handle unternehmerisch!）相当 [21]，并且，随着"新经济"（New Economy）的到来，新一代的创始人们进入了这个阶段。对创业神话

---

[12]　新自由主义（Neoliberalismus）与经典自由主义一样，力求建立一个自由的、以市场为基础的经济秩序，承认私有财产、合同自由和自由贸易。与经典自由主义的相反之处在于，它以国家为竞争秩序的创造者和守护者，故而在竞争政策中赋予国家积极的监管作用。新自由主义一词最早出现在 1938 年的巴黎，在 1970 年代有了飞跃式发展。到了今天，它产生了两个变体：1. 德国新自由主义，也就是秩序自由主义，它提倡对社会和经济政策进行某些国家干预；2. 以哈耶克等为代表的芝加哥学派、奥地利学派的新自由主义，也就是受盎格鲁－撒克逊影响的新自由主义变体，它拒绝国家干预。到了 1990 年代，新自由主义这一经济学词汇，又发展成了一种政治标语，描述具有以下特征的经济政策：通过放松管制来加强竞争、加强自由贸易和金融全球化、限制赤字支出、通过私有化来减少官僚作风等。批评者们认为，这种片面强调经济因素的做法削弱了社会正义和民主决策的力量。

的重新阐释借鉴了坎贝尔的英雄之旅原型，它分为三步：出发，前往异国他乡；历险，经历九九八十一难的考验；回归，凯旋。这很容易被诠释为一个创新循环。[22] 又或者，将创造性毁灭者诠释为颠覆者，为如何走出"创新者困境"（innovator's dilemma）[13] [23] 指明道路，该困境指市场引领者往往会成为自身成就的牺牲品这一悖论。这些引领者通过技术革新、改进现有产品来与既定客户需求保持一致，他们因此错失了颠覆性技术带来的机会，这些技术产生了新产品并创造了新市场，即使这些创新最初往往不够成熟，只吸引了一小部分客户。颠覆性创新创造空间需要管理者具备熊彼特所说的企业家的所有素质：他们不能依赖销售预测，因为没有针对尚不存在的市场的研究；他们的投资能否获得回报只能通过试错来确定；他们必须无视客户的期望，无视当前行之有效的组织安排、资源分配和估值标准。简而言之，他们必须离开常规区域，冒失败的风险。开发新的商业模式，暂时满足于适度的利润率，以使今后可能出现更大的利润率。技术怪才凭借非凡的想法获得成功这类英雄传奇，也是创业文化（Start-up-Kultur）基本神话清单的一部分。[24] 在史蒂夫·乔布斯（Steve Jobs）、杰夫·贝佐斯（Jeff Bezos）或埃隆·马斯克（Elon Musk）等数字经济巨头的传记中，人们找到了他们史诗般的身影。[25]

---

[13]　译法引自 [美] 克莱顿·克里斯坦森：《创新者的窘境》，胡建桥译，中信出版社，2014。

2. 后英雄管理

与熊彼特一样,在创造性毁灭的最新改写版中,领导职能是为创新职能服务的。从经济角度来看,重要的是实行新组合,而不是由谁以何种方式来处理它们。尤其是具有超凡魅力的个人,可能注定要克服对颠覆性变革的抵制,他们可能会在成功管理一家公司方面承受巨大压力。熊彼特认为,经济组织可以由个人执事艺术的力量来引导。熊彼特提到领导者的"权威"(Autorität)、"分量"(Gewicht)、"顺从寻求"(Gehorsamfinden)[14] 26 可能有助于形成传奇,但它与当代公司治理的现实几乎没有关系。

因此,自 20 世纪 70 年代以来,在组织理论和实践中广泛存在对英雄(这一直意味着:等级)领导模式的批评,"后英雄"这一定语早在军事专家和社会心理学家发现这一点之前就已出现,大卫·布拉德福德(David L. Bradford)和艾伦·科恩(Allan R.Cohen)于 1984 年

---

[14] 可参考 [美] 约瑟夫·熊彼特:《经济发展理论》,何畏、易家祥等译,商务印书馆,1990。出于版本差异,汉译本此处写作:"因此,领袖们完成他们的职能,更多的是用意志而不是用才智,更多的是用'权威'、'个人的声望'等等,而不是用创始的思想。"此段论述在西方企业家认同中较为重要,史蒂夫·乔布斯等人的传记中多次出现对领导者这三种特质的描述,故据 1934 年的德文第七版重新翻译如下:"领袖类型的首要特征在于他们拥有一些特质,再一次,与其说是通过才智(且就此而言,其所通行之处并非天宽地阔,而要直穿某些罅隙),不如说是通过意志,通过力量,去接触完整、明确的事物,看清其真相——通过独自前行、一马当先的能力,通过面对不安全感和阻力毫不退缩的意识,继而通过对他人的影响力(来达成目标),这些影响力可被标注为'权威''分量''顺从寻求'。余者无需赘述。"其中,"顺从寻求"可能与韦伯的支配—顺从理论有关。

出版了一本题名为《追求卓越的管理》（*Managing for Excellence*）的当代组织发展高绩效指南。在此书中，他们用后英雄主义的"育才型管理者"方案替代并对抗英雄主义的"专家型管理者"和"指挥型管理者"模式。[15] 27

按照此类书籍的惯例，两人首先抛出了戏剧化的问题概览，然后着重介绍了他们的解决方案：按照传统观点，一个好的管理者的特点是公司或部门的所有线索都汇集到他这里。是他设定了目标，分配了任务，监督了任务的执行，纠正了错误。更重要的是，一个好的管理者监督公司的所有流程，在技术专长上超越下属，在冲突中拥有最终发言权，并对成功和失败全权负责。布拉德福德和科恩认为这是一个既浪漫又不切实际的理想，深深植根于美国文化中的英雄主义观念，其标志是"战火硝烟中的军官冷静沉稳、秋毫不差地指挥着千军万马，最终战胜敌人；从不随波逐流的商业家，义无反顾地坚持着自己的想法，直至获得成功；西部英雄孤身一人消灭镇上的恶霸，还善良人们以平安"。[16] 28

---

[15]　译法引自 [美] 大卫·布拉德福德、艾伦·科恩：《追求卓越的管理》，刘寅龙、韩以群译，中国人民大学出版社，2008。

[16]　译文引自 [美] 大卫·布拉德福德、艾伦·科恩：《追求卓越的管理》，刘寅龙、韩以群译，中国人民大学出版社，2008。

　　然而，这种从约翰·韦恩（John Wayne）[17]电影中复制的使命宣言很难直接挪用至一个任务复杂、工作流程高度网络化的现代大公司的管理层。英雄主义的领导风格不可能适应快速变化的市场和竞争，因此它会破坏公司的能力。事实证明，管理者的英雄主义是追求卓越的障碍。他们过度的控制和对控制的渴望带来了致命的后果：如果一切都是自上而下决定的，那么下级向主管部门隐瞒实际信息，或更确切地说，报喜不报忧，或者延误上报的情况就会反复发生。来自下属的错误信息反过来又导致来自上层的错误决定。问题没有在它出现的地方得到解决，而是堆积在管理者的办公桌上，管理者既没有时间也没有技术特长来妥善处理它们。由于员工的技术特长和解决问题的能力未受到挑战，他们的积极性降低。缺乏学习动力，潜力得不到开发。总之，出现了一个恶性循环：管理者承担的责任越多，员工承担的责任就越少，这反过来又迫使管理者承担更多的责任，等等。[18] 29 管理者的伟大使其他人变得渺小。专家型管理者仍然致力于成为大师级工匠或工程师的典范，依靠专业知识卓越的权威，并将组织问题视为技术挑战，而指挥型管理者在专注于社会层面的同时，却被他自身无所不在的控制者角色压倒，他将所有精力都投入到监督由他指派的

---

　　[17]　约翰·韦恩（John Wayne），美国男演员，以出演西部片和战争片中的硬汉形象而闻名。韦恩被认为是那个年代所有美国人的化身：诚实、有个性、英雄主义。他是好莱坞有史以来最伟大的影星之一。1999 年，他被美国电影学会选为"百年来最伟大的男演员"第 13 名，同时位列"美国十大文化偶像"第 4 名。

　　[18]　译文引自 [美] 大卫·布拉德福德、艾伦·科恩：《追求卓越的管理》，刘寅龙、韩以群译，中国人民大学出版社，2008。

任务是否得到了正确执行上，投入到杜绝混乱、惰性、无能或反叛的端倪上。这两种英雄主义管理者当然都受益于个人的超凡魅力，但他们的领导风格更官僚（或技术官僚）。

治疗基于诊断：当英雄主义管理失败时，尤其是在责任集中和控制过度的情况下，后英雄主义的育才型管理者必须在这些方面采取其他招式。在作出任何决定之前，他必须问自己一个问题："怎样才能在解决每个问题的同时，进一步开发员工的奉献意识和能力呢？"[19] 30 "赋能变得与恰如其分地完成任务一样重要。"与英雄管理者不同，后英雄管理者没有神话般的榜样，与他最为相符的榜样，是一位要求严格，同时又予人以支持、珍视和启迪的辅导师。（辅导作为一种社会技术，兴起的同时也在衰落。[31]）布拉德福德和科恩最初的目标是在他们的指导下，从根本上改变心态，实际上是建立团队责任感，不断提升员工能力，并设定总体企业目标。当然，所有这些都不是单纯地做慈善，而是为了增强责任意识和提高工作绩效。后英雄管理不是一种道德理想，而是一个优化计划。这两人强调，他们倡导的领导风格绝不等同于自我退位和缺席管理。积极的参与是引导和维持员工不断学习、承担管理责任的必要手段。育才型管理者"知道应该怎样影响自己的员工，但又不需要不遗余力地控制员工；帮助员工，但不需要一应俱全的答案；为了争取他们的参与，可以放弃百般苛刻的高度集

---

[19]　译文引自 [美] 大卫·布拉德福德、艾伦·科恩：《追求卓越的管理》，刘寅龙、韩以群译，中国人民大学出版社，2008。

权；可以做到强而有力，但不必独揽大权；让员工各司其职，但不需要强迫任何人"。[20] 有时候，英雄主义的努力，需要不"那么"英雄主义。[32]

因此，后英雄的领导风格不是简单地否定英雄主义，而是一种更高层次的英雄主义：至高无上的伟大，是为了事业而放弃英雄无畏的单打独斗。对角色的这种理解无法解析为明确的原则。布拉德福德和科恩的书以"警示录"结尾，他们在其中提出了 6 条悖论：第一，与英雄主义模式的管理者相比，（后英雄主义）育才型管理者的积极性既不能多，也不能少；第二，育才型管理者在巩固控制权的同时，必须把自主权下放给员工；第三，育才型管理者通过把更多的权利赋予员工，增加了自己的权利；第四，育才型管理者应该以团队建设方式支持员工；第五，育才型领导模式需要以乐观积极的态度信任员工，但是在实施过程中却应该冷面无私；第六，尽管育才型领导模式需要采取新的行为方式，但对于管理者来说，改善自身绩效的最佳方式却是关注他人的需求，而不是只盯着自己的需求。[21] [33] 诚然，即使是后英雄主义的英雄，也无法满足矛盾的要求。育才型管理者模式并没有卸开英雄主义模式的超负荷重担，反而压力陡增。效仿这种模式的人永远都停不下来，因为无论他做什么或不再做什么，都不得不同时看

---

[20]　译文引自 [美] 大卫·布拉德福德、艾伦·科恩：《追求卓越的管理》，刘寅龙、韩以群译，中国人民大学出版社，2008。

[21]　译文参考自 [美] 大卫·布拉德福德、艾伦·科恩：《追求卓越的管理》，刘寅龙、韩以群译，中国人民大学出版社，2008。

所有这些硬币的两面。因此，顶级的后英雄管理，是有随时从一方切换到另一方的能力的。

布拉德福德和科恩的书标志着大量"后英雄领导"（post-heroic leadership）相关出版物的肇始，尽管在细节上存在差异，但它们总是宣传参与式的领导模式。其首创者将团队视为集体英雄[34]，其他人则关注这一概念的转换潜力，或指出其与女性主义的权力批判相近。[35] 这些人再次将后英雄主义导向与知识经济的要求相结合，在知识经济中，成功首先取决于才智、信息和理念，只有那些在管理中有效推行了共识和合作文化，而不靠命令来压制员工的公司，才有取得成功的机会。[22] [36]

迪尔克·巴埃克（Dirk Baecker）专门为德语受众准备了后英雄管理的思想，并从系统理论的角度延续了对它的讨论。这一切都始于对现已不复存在的《法兰克福汇报》（*Frankfurter Allgemeinen Zeitung*）特刊《纵观经济》（*Blick durch die Wirtschaft*）的一系列评论，梅尔夫·韦拉格出版社（Merve-Verlag）于 1994 年将相关文章合辑为一个《口袋本》（*Vademecum*）[23]。后来，作为《后英雄管理评论》（*Revue für postheroisches Management*）和其他出版物的联合创刊人和作者，巴埃克

---

[22]　参考自 [英] 查尔斯·汉迪：《非理性的时代：工作与生活的未来》，方海萍等译，浙江人民出版社，2012。

[23]　"Vademecum"一词由拉丁文"Vade mecum"（"与我同行"）合写而来。在德国，口袋本原指便于人们在差旅、日常外出休闲时随身携带阅读的实体的小册子或小型书，如今，它也演变成了各种手册、指南等的常见标题词。

对复杂社会中复杂组织的领导理论作了概述。[37]它的基调是讽刺的，并且依赖于悖论的刺激。

与布拉德福德和科恩一样，巴埃克也认为英雄主义领导已经变得功能失调，因为它假设出的世界过于简单："他们只知道盈亏。他们还颂扬他们的英雄们指引了明确的方向并以身作则，也就是有必胜的信念和无私奉献的精神。"[38]然而，所谓"大道至简"（grands simplificateurs）的管理制度代价很高。决策者之所以会犯蠢，是因为他们怠于学习；其他人则处于一个习得性无助的恶性循环中，或被迫采取反对和拒绝的态度。英雄式领导的特点是在任何情况下，领导都是正确的：如果他的战略成功，证明的是英雄式管理者的智慧，但倘若不成功，过错就被归咎于不称职的员工，或者归咎于整个世界还不够成熟。然而，那些不去面对自我质疑和外界批评的人，在面对可能发生变化且必须不断变化的现实时，丧失了调适的能力。英雄式的领导风格能打造出近乎完美的规范，在规范发生变化时却无力促进其同步发展。

与此同时，巴埃克的后英雄主义管理并不想去克服复杂性，而是试图使它变得富有成效。它不以决心来弥补不确定性，却有意分散责任或使它循环流转起来，这一方面破坏了英雄的扮演者和领导者角色的互补性，另一方面也破坏了非英雄的观众和执行者角色的互补性："后英雄主义的决策是以这样一种方式做出的，即其他人随后也能做出同等的决策。决策不再由一个拥有专属权限的人拍板定论。作为替代，做决策的权限被标记出来，并循环了起来。"[39]与此同时，"将问题识别为问题，也就是展示出问题，继而将问题转移出去的能力"就既分散又广泛了。[40] 这反过来又产生了深远的影响：如果每个人都想成为且能够成为决策者，那么决策标准也会成倍地增加。援引各种无可辩驳的理由、给出限制条件，或对更好的想法任意打压等，在此几乎毫无助益，只能是"从不同的角度认识到相关各方在合理性上的差异"。[41] 后英雄领导和后现代对专制主义思想意识的诀别相互依赖。然而，承认多个决策者和决策理由，绝不意味着维护任意性或支持普遍地放弃领导。相反，领导者和被领导之间的不对等区别被一种对等假设抵消，即假设这两个职位上的人员可以持续变动。

巴埃克更进一步，呼吁不仅要根据每个案例的具体情况来做决策，还要以创造新的决策需要和决策空间的方式来做决策。与问题本身相比，要解决问题的绝对意志和能解决问题的坚定信念才更成问题。当英雄管理者们试图一劳永逸地完成任务时，这位后英雄管理者知道这既不可能，也不可取。"未解决的问题的好处"在于它们会不断地提醒我们，还没有一切尽在掌握。"这意味着你要不断地调动精神和物质的资源，问自己是否能解决这个迄今尚未解决的问题。这意味着你总是在想'你想去想的'以外的事情。这意味着针对某一情况，你可以做出的反应越来越多，远比一眼看上去的要多。"[42] 从企业层面来看，未解决的问题是带有迷惑性的，即"手段与目的、能力和资源、行动与结果之间的关系模糊，甚至矛盾"，这使得竞争对手很难看透你，从而为你赢得活动空间："没什么比模仿一家能就明确的问题拿出明确解决方案的公司更容易的。"[43] 与此同时，那些不相信只有一个最好的方法（one best way）的人，最后很有可能获得非常多的解决方案。"这意味着你可以选择，如果你幸运的话，你会爱上小的解决方案，这些小的解决方案有时比大的解决方案更有效，而且对其他人来说永远是个谜。"[44]

适用于问题的，也适用于问题的戏剧化形式，即危机：因为后英雄主义管理者有意增加选择，他寻找并培植危机，而不是英勇地对抗它们。他可以依赖环境而"建立起必不可少的不安全感"。他喜欢的步态是跟跄："如果你不总是踩错脚，那你就没有走上正确的轨道。"做一点伪装有助于不让这看起来像一个弱点："你不一定非要向大家展示。我们有足够的静心技巧，可以以最好的方式把平静和不安结合起来。因为其中存在着需按捺的悖论：我只有在担心时才能放心。"[45]

然而，巴埃克认为他提出的悖论风暴的时代在 2007 年已经结束，并宣布此后进入了"后英雄管理 2.0"阶段。从那以后，仅仅以具有讽刺意味的方式呈现复杂性是不够的，还要将悖论的形式转化为"递归的决策形式"。[46] 要做到这一点，一方面必须让复杂性变得不可见，这样才能避免无休止的思考导致的决策无能；另一方面，必须通过观察每一项决策来呈现出复杂性，观察它消化了哪些不确定性，它又产出了哪些新的不确定性。按照同样的方式，巴埃克的英雄式和后英雄式领导的区分也被解构了："这种一刀切的区分本身……就是英雄式的。它将问题过度简单化了。在现实中，与此相反，你总是在与英雄打交道，他们知道如果旧的方法不起作用，什么时候该转向后英雄智慧，去找到新的方法。又永远存在一个后英雄式的领导，当需要英雄影响力出面做一个不可能的决策时，他偶尔也会化身为英雄。"[47]

"后英雄"这个定语在此既不代表时间顺序，也不代表它从根本上背离了英雄主义，而是代表了一种领导风格，它同时掌握了两种模式，并且能随时从一种模式切换到另一种模式。英雄的位置不会仅仅因为不清楚由谁来填补为好，或能展现英雄主义的机会渺茫，就一直空着。相反，最终每个人都应该能够成为英雄，即使只是暂时的，且任何人都没把握能够长期保持他们的特殊地位。同样，当形势需要时，每个人都应该放下他们的英雄野心。要知道一个人什么时候受欢迎，另一个人什么时候受欢迎，需要政治智慧，"政治智慧不仅能够看出来差异，而且能够弥合分歧，并以此开发出一种新的玩法"。[48] 从这个意义上讲，后英雄主义领导并非对规则的应用，而是一门艺术。

3. 市场法庭

最后，巴埃克对后英雄管理者的素描，落在了熊彼特对创造性毁灭者的描绘开始的地方：个人的优秀品质可以被践行，但不能进行严格意义上的教学。无论是企业家式行动人的革新意志和执行力，还是后英雄管理者的赋能特征，以及他们处理复杂问题的技巧，都无法从经济学论著、管理顾问意见或系统理论智慧指南中汲取，即使相关文献依旧汗牛充栋。操盘实施新组合，调动起员工的个体责任感和创业的能力，都需要有非凡的品质。在需要领导力的地方，对领导者的召唤也就接踵而至；在寻求创新的地方，人们求贤若渴，寻觅着富有创造性的思想者，而不论其领导功能或创新过程是由哪种模型阐释的。

不拘一格，只为人才。

熊彼特和巴埃克都在寻找"动态"的代理人。与此同时，维护现状者和执着守旧者只会是反面教材；是否维护现状构成了英雄主义领导和后英雄主义领导之间区别的表象。对两位理论家而言，革新过程将被启动这一事实首先是毋庸置疑的，但如何能更好地启动或完成这一过程，或由谁能更好地启动或完成这一过程呢，从熊彼特到巴埃克，观念发生过转变。熊彼特和巴埃克也谈过英雄主义和理性化之间的关系：英雄主义这一定语若用于积极进攻，则意味着与锱铢必较的理性决裂；若用于消极据守，则代表着它会把对控制权的主张推向极致。如果说熊彼特在理性化的巨大压力中预见了资本主义谢幕的那个令人沮丧的时刻，那么巴埃克则自信地认识到，在理性的调节作用下，英雄式管理的静态理念已不再契合先进资本主义的复杂性。他们中的一方只相信来自英雄主义杰出人物的创造性毁灭，而在另一方看来，英雄主义的独角戏恰恰阻碍了面对新问题时对新答案的寻觅。

巴埃克指出了这一转变背后的外部动力："后英雄管理可以免除英雄主义仪轨，因为对组织结构的自相矛盾的干预不再仅仅来自上层，来自高层，也越来越多地来自组织的市场环境之外。"^{49}尽管这位熊彼特式的企业家仍在发挥自己的权威，实现新组合，从而带领公司走向成功，但尤其是那些管理大师——他们的作品是巴埃克在他的《口袋书》中介绍给德国读者的，宣传说，如果当代公司能在其内部流程中引入竞争，将自身拆解为相互竞争的利润中心（profit centers），那它就能在竞争中胜出。最终，每个员工都应该在公司里表现得像一个企业家。创造性毁灭成为一项规则要求，不能再只用来要求少数行动人。与等级制度不同，市场负责人没有固定的位置，但所有参与者都以竞争对手的身份面对对方，谁能找到更多的客户并拿到比其他人更高的价格，谁就能成功。后英雄管理从竞争原则的延伸中得出了结论：领导力本身成为竞争过程的主体；概括了责任，即每个人都必须在市场这一"永久经济法庭"[24] 50 面前证明自己的行为是正当的。特殊性，或翻译成管理用语"非凡卓越"，是通过对客户意愿的预测和对独特卖点的争夺来实现的。英雄之旅收缩到了一个项目周期的长度。

因此，后英雄管理解构了英雄的地位，却没有消除英雄角色归属的不合理配置。与变得渺茫或无用的英雄说再见会造成空位，而空位又需要英勇的努力来保持不空虚。然而，与此同时，这是一个痛苦的提醒，经济竞争不会奖励自我牺牲的奉献精神和英雄主义的行动，而是奖励正确的客户决策。正是这种成就与满足的脱钩，削弱了英雄主义。与在市场中获得成功不同，英雄主义是一种精英主义的概念：卓越的行为造就了英雄。因此，行为本身及其开创性的、有益的或规避风险的效果必须清楚地归因于未来的英雄。这正是市场竞争条件下不能做到的。市场运作，正如弗里德里希·奥古斯特·冯·哈

---

[24]　可参考 [法] 米歇尔·福柯：《生命政治的诞生：法兰西学院演讲系列，1978—1979》，莫伟民、赵伟译，上海人民出版社，2011。

耶克（Friedrich August von Hayek）所说："遵循游戏的原则，技能和机会相结合，游戏中每个人得到的最终结果可能完全取决于他无法控制的情况，也取决于他的技能或努力。"⁵¹ 如果成功的责任仍然存疑且必须仍然存疑，那么英雄的名声就会受到普遍怀疑。然而，即使是经济竞争体制也离不开对执行者英雄主义意志的呼吁。就算成功绝非个人功劳，就算失败也未必是努力得不够，每个人都还得调动所有的力量——却无法确定努力是否一定有回报。熊彼特的"别开生面"也可以这样解读。他的榜样将不是普罗米修斯，而是西绪弗斯（Sisyphos）^[25]——所有神话英雄中最为"后英雄"者。

---

[25]　西绪福斯，是希腊神话中的埃俄利亚（Ephyra）国王之子，科林斯（Corinth）城的创建者。当宙斯掳走河神伊索普斯（Aesopus）的女儿伊琴娜（Aegina）时，河神曾到科林斯找寻其女，知悉此事的西绪福斯以一条四季长流的河川作为交换条件，告知他实情。由于泄露了宙斯的秘密，宙斯便派出死神要将他押下地狱。未料西绪福斯却用计绑架了死神，导致人间很长时间都没有人死去。后死神被救出，西绪福斯才被打入冥界。而在那之前，他嘱咐妻子墨洛珀（Merope）不要埋葬他的尸体。到了冥界后，西绪福斯告诉冥后帕尔塞福涅（Persephone），一个没有被埋葬的人是没有资格待在冥界的，并请求给他三天时间还阳，以处理自己的后事。自然，离开冥界之后，他就再也不想回去了。但人终有一死，死后的西绪福斯被判每天要把一块沉重的大石头推到非常陡的山上，然后朝边上迈一步出去，再眼看着这个大石头滚到山脚下面。他要永远地、毫无希望地重复这个毫无意义的动作。

第五章

后英雄时代的轮廓Ⅲ：战争

传统上来看，战争就是一台英雄制造机，它生产出使人成为英雄的需求，同时也生产出使人成为英雄的契机。在紧急状态下，它需要那些通过非凡事迹来证明自己的杰出人物；在一场攸关生死的战斗中，它要求人们做好牺牲自我和消灭他人的准备，并承诺他们会因此获得荣光，会受到纪念。将阵亡士兵追授为英雄，是为了从他们的死亡中撷取意义，授勋和其他荣誉嘉奖，旨在至少象征性地补偿退伍军人所遭受的痛苦，并平息良知的集体涌动。军事组织需要领导者和服从者，想要有效使用武器，就需要掌握技术。成为领导可以被认为是个人魅力使然，而要从后者中脱颖而出，就需要精湛的个人技艺。过度的暴力会反过来打断道德禁忌和文明禁忌。对力量的使用更需要合法化，并且依赖于体现出它的榜样。然而，不符合英雄标准美德的战士也能获得英雄的美名：战争为规则破坏和激情犯罪提供了戏剧化的场景，其模糊性只会增加"英雄之怒"（furor heroicus）的魅力。英

雄需遵守规则，但他们获得了军事杀人执照。最后，按照克劳塞维茨
（Clausewitz）的说法，偶然事件的影响和无法估量的摩擦阻力，使战
争中的行动犹如"人在阻力重重的介质中运动"[1] 1，滋养了对个人财
富的信念，激发了人们对能把握住凯若斯并能凭直觉在恰当的时刻采
取正确行动的伟人的渴望。

　　战争与英雄主义之间存在上述种种密切联系，它们牢固地植根于
社会制度和社会实践、正当秩序和文化想象中，后英雄战争时代听起
来像是矛盾的。英雄制造机过时了吗？战争不再需要英雄，不再产生
英雄了吗？是什么取代了对英雄主义的需求，是什么阻碍了保留英雄
主义的可能性？

1. 后英雄领导

　　据我所知，拓扑斯这个概念首次出现于 1987 年，约翰·基根
（John Keegan）的《指挥的面具》（*The Mask of Command*）一书中提到了
它，该书研究了从古至今统帅人物的性格演变。2 基于对个人的侧写，
这位英国军事历史学家勾勒了指挥权的历史，并区分了 4 种统帅的
原型：英雄主义的亚历山大大帝、反英雄主义的威灵顿公爵（Arthur
Wellesley）、非英雄主义的尤利西斯·S. 格兰特（Ulysses S. Grants）和
伪英雄主义的阿道夫·希特勒（Adolf Hitler）。在结论中，基根呼吁建

---

[1]　译文引自 [德] 卡尔·冯·克劳塞维茨：《战争论》（第 1 册），陈川译，民主与建
设出版社，2020。

立起一种新的、后英雄主义的军事领导模式，以满足核时代的要求。指挥官的任务基本上并不复杂，他写道，它基于一个简单的命令："那些将要面对死亡的人，不能有孤独死去的感觉。"[3] 这需要专业能力，需要心理技能和一定的戏剧表演天赋。成功的指挥权基于 5 个必要条件：第一，指挥官必须确保与他的士兵建立起一种情感上的、几乎是家庭关系般的纽带，其中包括与大部队保持足够的距离，以使自己人听话。第二，与士兵们打交道时要找到正确的语气，以鼓舞士气，在危急时刻激励他们，并在获胜后适当地表达感谢。第三，赏罚有度。第四，行动要基于全面认识，并经指挥官亲自核实。指挥官必须权衡一下，在哪些时候他应该冷静地评估从总部传来的信息，并据此作出部署；又在哪些时候他该亲上前线监督战事，并据此作出即时反应。第五，最重要的是，他要以身作则："那些置他人于危险中的人，必须表现出自身亦分担了危险，这样才能做到令行禁止，使人们绝对服从。"[4]

基根描绘了一个具有超凡魅力的军事领袖的理想原型（Ideal）——此人通过亲自披挂上阵、杀伐果决和善于鼓舞士气来加强他的官方权威，并以身则，身体力行地展示出他对部下的要求，他英勇的表现能够在战斗和对抗中力挽狂澜，但毫无疑问，基根认为上述种种通常也足以掩盖暴君、思想家和狂热分子对权力的渴求。然而，最重要的是，他明确表示，这个懂得将所有英雄元素加诸己身的个人领导者的理想原型——已经过时了。武器和通信技术的发展不仅从根本上改变了战争的进程，也改变了军事指挥权的先决条件。随着空战的到来，战场已经失去了空间的限制，从此覆盖了全域。远程武器的使用取代了与敌军的面对面冲突，侦察技术取代了探子，指挥官只在广播和电视信号中，以及偶尔访问部队时露面。

面对大规模杀伤性核武器，英勇的将领已经完全过时了。军队不再是战争的主要工具，将军们也不再继续承担决定性的指挥职能。相反，最高军事指挥权移交给了政治决策者，他们最重要的任务是确保冲突不会升级为核冲突。这种左右互搏的逻辑意味着要有一些严格的措施。通过这些具体措施，核战争应该在可控的同时被避免。它从公共／官方交流中撤出了，决定权不能归在任何个人的名下。最后，当计算机程序应该根据自动侦查系统中预先设定好的警告信号来独立发射核导弹时（或者至少不清楚人类行为在多大程度上仍参与决策过程），个人责任在技术网络中上演了人间蒸发。这排除了民主的控制，也排除了英雄主义的表演。个人之间的纽带、鼓励、制裁、行动、榜样等曾被验证过的策略不再有效。在这种情况下，基根总结说，需要一种完全不同的政治－军事领导模式，一种不煽动情绪、不依赖艺术性地自我展示，且以克制为特征的模式："事实上，他和时代领袖最重要的区别在于，他完全不是传统意义上的英雄，他无所作为、不树立令人信服的榜样、不说任何鼓舞人心的话、不分配奖励或施加惩罚，是一个消极的领导者，尤其是那些因谦逊、谨慎和理性而从群众中脱颖而出的人，可能根本不会被视为领导者。如果他们对此感到有些无所适从，那么'后英雄'是他们可以为自己选择的定语。"[5]

为了说明自己的观点，基根选择了一个被他视作后英雄主义领导的例子，他指出，1962 年古巴导弹危机期间，时任美国总统约翰·肯尼迪（John F. Kennedy）采取的行动就可圈可点。他将形势评估委托给了一个独立的执行委员会，"（该委员会）由一群据其专业知识和敏锐性而被挑选出的人组成，他们暂时卸下了其他职责，在没有总统参与的情况下举行了座谈"，并在 3 天内达成了多数共识，赞同进行海上封锁。[6] 经过短暂的审议，总统听取了他们的建议，由此在不对局势产生威胁的情况下表明了决心，采取了对事态进一步升级的预防性打击行动，这反过来又促使苏联方面满载核导弹的船只调头，并避免在古巴部署核武器。

对事件的此种解读是否低估了当时世界与核战争之间的距离，是可以商榷的。无论如何，从今天的角度来看，不可能有对肯尼迪主权管理危机的讨论。只是其失控的程度是后英雄主义的。[7] 与此同时，就基根而言，他的论证是基于 1987 年的可用资料进行的，美国总统"变身"为一种新型指挥官，他学会了"放弃英雄风格的诱惑，倾向于以一种更冷静、更理性的方式来承受遭遇到的危机和混乱"，其行为"带有很大的英雄主义色彩"。[8] 在此，后英雄也并非英雄的历史继承者，而是他们摒弃了英雄姿态和战争冒险的当代形式。简而言之：基根的英雄主义领导人并不为胜利而拼搏，他们的目标是要防止发生最糟糕的事——核灾难——如果有必要，甚至可以通过军事手段来防止其发生。正因为他们必须面对的挑战太大了，才使他们不能像英雄一样行事。

2. 后英雄战争

《指挥的面具》写于冷战的最后阶段，核集团对抗（Nukleare Blockkonfrontation）构成了此书的经验背景。然而，对后英雄战争的进一步讨论是由其他经验决定的，并采用了不同的角度：1995 年，美国军事理论家爱德华·N. 勒特韦克（Edward N. Luttwak）在《外交事务》（*Foreign Affairs*）杂志上发表了题为《走向后英雄战争》（Toward Post-Heroic Warfare）的文章，[9] 苏联在此之前几年解体。然而，随着东西方对抗的结束，和平的时代却没有到来。相反，因为地区冲突不再自动卷入集团对抗，战争和内战的数量增加了。虽然冷战期间的每一次军事冲突都会引发核升级的危险——这也是美国和苏联总是直接或间接参与其中的原因，但这种不可靠的控制机制在两极世界秩序崩塌后失效了。甚至在 1989 年之前，大国要派兵到战争区域执行长期作战任务，就已经很明显地遇到了越来越多来自国内的阻力。美国从越南学到了，苏联从阿富汗学到了，一旦被运送回国的遇难士兵人数增加，且行动看不到尽头，国内民众的情绪就会发生变化。

这种对己方（且只有己方）损失的不可忍受是勒特韦克论断的核心。由于对牺牲者问题过于敏感，美国及其西方盟国，这些大国尤其受到了威胁，这基于"在似乎有利时使用武力，并接受不可避免的牺牲者——至少只要他们的人数与所获得的利益成正比"的意愿。[10] 与过去不同，"在小型军事行动中损失数百名士兵，或在小型战争、远征行动中损失数千名士兵"，不能再被淡化为"常规事件"[11]。相反，政府担心法治会遭到大规模破坏，还会避免采取那些可能危及士兵生命的军事行动。勒特韦克举出的事例是 1993 年 10 月，美军从索马里的仓促撤离——此前有 18 名特种部队成员在试图逮捕一名民兵领袖时被杀，当着国际电视观众的面，他们的尸体被拖到摩加迪沙的街头。勒特韦克以类似的方式解释了英国、法国和德国拒绝动用地面部队介入正在崩溃的南斯拉夫的分裂战争的原因。美国政府不想在摩加迪沙溃败后，冒更多士兵死亡的风险，欧洲政府也不愿意在无关其切身利益的冲突中牺牲他们的士兵。

勒特韦克认为，假定电视台对后英雄的"伤亡羞愧"（casualty shyness）的报道导致了士气低落、从而点燃了美国反越战运动的观点，与认为 20 世纪 60 年代以来，美国享乐主义价值观甚嚣尘上、因此对好战者的厌恶情绪有所加强的观点同样短视。相反，他提出了人口统计学方面的原因——每个家庭的孩子数量减少和婴儿死亡率的下降——因为美国方面明显不愿意接受士兵的死亡："当一个或几个孩子因病死亡是一种常见的现象时，一个或多个儿子在战争中死亡，其意义就与今天美国或欧洲家庭在面对同样境况时有所不同了，在这些家庭里平均不超过两个孩子。他们中的每一个都有望存活下来，而每一个孩子都占据着大比例的家庭情感成本。"[12] 这种情感倾注呼应于一种被勒特韦克用不屑的语气称为"妈咪主义"（mammismo）[2] 的态

---

　　[2]　"妈咪主义"（mammismo）是按照大男子主义（machismo）一词的结构创造出来的。"machismo"是一个在 1930 年代—1940 年代被提起的西班牙及葡萄牙语术语，大男子（macho）一词被认为源于当地严格的阳刚之气（masculine）概念，其词源为拉丁文的"男性"（masculus）。男性被期望拥有勇气、力量、智慧和领导能力，"成为大男子（转下页）

度，[13] 它指一种夸张的母爱或家长之爱，旨在保护自己的孩子免受任何危险，并且漠视他人的期待："大部分美国父母和亲属通常不会反对他们的孩子参军，并以此决定职业，献身于战争，为战争做准备。但当他们的孩子实际被送往战区时，他们往往会感到沮丧和愤怒。他们认为受伤和冒死亡风险是令人发指的丑闻，而非职业危害。"[14]

对于基根而言，勒特韦克给后英雄下的定义，就使它成为采取军事行动的障碍。而与后者不同的是，他看到的原因不是核时代的无限歼灭潜力使得英雄冒险成为世界的末日游戏，而是人们对牺牲的集体抵触，因为人们对英雄主义号召已无动于衷。从人口统计学角度来看，这激起了军方对那些娇柔"娘炮"们的古老怨愤。"妈宝！"他们再次愤怒地说道。他们指责小家庭的情感羁绊。认为正是这种羁绊，而非市民阶层的商人精神导致人们拒绝送自己的儿子（现在也包括女儿）上战场。毕竟，商人重利轻离别啊。

如果说基根关注对军事领导者的重新定义，那么勒特韦克关心的则是如何重新获得发动战争的能力。美国及其盟友的后英雄心态表露出了一种危机。西方社会对军事要求充耳不闻，尽管拥有技术优越的武器库，但由于社会年龄结构不同——关键词："青年膨胀"[3] 15——

（接上页）（男子汉）"（ser macho）几乎是所有伊比利亚男孩的愿望。从好的方面来看，大男子主义与"男性供养、护佑家人的责任"有关，但它也始终与支配、侵略、炫耀等负面因素息息相关。

[3] "青年膨胀"（Jugendüberschuss，英语写作 youth bulge），是德国社会学家古纳尔·海因索恩（Gunnar Heinsohn）提出的一种理论，认为年轻人口越来越多，可能引发社会动荡。

它们的对手可以发起持续的英雄主义动员，这使它们非常容易受到对手的攻击。

勒特韦克提出的关键问题是："由专业、终身领取养老金、以职业为导向的人员组成的武装部队如何对付民族主义的或宗教狂热的侵略者？"[16] 他不寻求追求崇高理想或拔高道德水准的答案。因为人口统计数据不会被推翻，所以除了清醒地考虑克制行动之外别无他法：对失去下一代的恐惧限定了军事行动的框架，这迫使指挥官遵守零受害者规则，并站出来反对采取会使自己的武装部队面临丧生或致残的危险行动。使用无人机进行高空轰炸和空袭——在 1900 年代中期，使用无人机仍然是未来的愿景——正在成为可选择的战略手段。然而，在干预国家间冲突或内战时，它们的作用有限，在这些冲突中，人们不仅要与正规部队作战，还要与民兵和其他准军事组织作战。地面部队，即众所周知的"地面上的靴子"（boots on the ground）在这里仍不可或缺，但其部署很难在国内获得通过。作为替代方案，勒特韦克建议在英国军队或法国外籍军团中任用尼泊尔廓尔喀人[4]雇佣兵，根据时代的新自由主义精神，私营军事公司这一形式实际上应变得更为重要。创建一个"伤亡暴露指数"（casualty exposure indes）也很有意义，军事指挥部可以在此基础上制定客观标准，确定哪种类型的部队

---

[4]　廓尔喀（Gurkha）位于尼泊尔中部地区，18 世纪时曾为尼泊尔沙阿王朝（Shah Dynasty，1768—2008 年）的首都。历史上，廓尔喀人侵略过西藏地区，后被清政府征服，成为"中国最后一个藩属国"，但在 1908 年之后，它受英国控制。廓尔喀又以雇佣军闻名世界。"9·11"事件后，英国就曾派出廓尔喀部队前往阿富汗战场，进行地面战。

适合执行未来的行动，因此应当扩充。[17] 目标必须是尽可能避免采取直接接触敌人的人员密集型步兵行动，而要从远处精确有效打击敌人。人们不得不告别拿破仑或克劳斯维茨的伟大战争概念，即"为伟大目标而战，最终以决战告终"。经济禁运、武装封锁和有选择性的军事打击，即低门槛的行动更具前景，对自己的部队而言，这些行动不带来风险，它们不能保证速战速决，但从长远来看，可更持续地削弱敌人。带有强烈帝国主义思想的理论家勒特韦克推荐了罗马军团为遏制他们在帝国边缘的对手而使用的攻城策略，作为后英雄战争的历史典范。[18] 向前回溯，他的文章反映出所谓新阶段战争的轮廓已经浮现，但"军事变革"[5]（revolution in military affairs）仍在如火如荼的进行中。[19]

3. 后英雄社会中的英雄共同体

几年后，当柏林政治学家赫尔弗里德·明克勒（Herfried Münkler）采纳了后英雄主义对时代症候的诊断，并欲进一步解决问题时，[6][20] 全球政治冲突的局势发生了变化，德国的外交政策也随之发生了变化：在2001 年 9 月 11 日的袭击之后，美国政府不得不加入全球反恐战争，在

---

[5] 1990 年代，美国发起了"军事变革"（Revolution in Military Affairs，缩写为 RMA）。其目的是通过信息及传递信息的通信网络系统，远距离控制精确制导武器准确无误地击中目标，以提高部队的作战效率。在伊拉克战争中，RMA 的有效性得到了证明。后来，美国又陆续推出了"数字化陆军"等构想，进一步推动了部队的数字网络化水平建设。

[6] 可参考 [德] 赫尔弗里德·明克勒：《新战争》，章林译，中央编译出版社，2006。

德国武装部队的参与下，与盟国一起进军阿富汗和伊拉克。自 1945 年以来，德国军队首次参加了科索沃战争中的战斗行动。德国公众意识到，联邦国防军士兵是否会在战争中丧生不再只是一个理论上的问题。

与勒特韦克一样，通过大量战争理论和战争史出版物，[21] 明克勒明确了要将当代战争发生的转变置于广泛的历史背景中去讨论。二人也毫不掩饰想让自己的分析参与到政治议程中去这一事实。虽然勒特韦克希望确保美国作为具有进攻性的全球霸主的角色，但由于后英雄时代中人们不愿意作出牺牲，美国的地位受到了威胁；而明克勒强烈主张欧洲始终存在向心凝聚的需求，德国应履行其作为欧洲中心大国的角色，并且，如果采取军事行动有助于地缘政治稳定，德国就不应被排除在外。[7] [22] 在这种情况下，对后英雄社会的讨论也标志着危机的暴露。毕竟，政治"如果没有得到社会的持续支持"，就无法完成长期"执中之权"（Macht in der Mitte）[8] 的任务。[23]

与勒特韦克相比，明克勒并没有使用"后英雄"这一定语来限定一种战争模式，而是将它视作一种特定的社会形象，他在提到德国社会学家斐迪南·滕尼斯（Ferdinand Tönnies）所谓的共同体和社会时，将二者各自的英雄形象区分开来。共同体由共同起源、共同的价值观和共同的规范维系在一起，社会由功能性合作关系和趋同利益维系在

---

[7]　参考自 [德] 赫弗里德·明克勒：《执中之权：德国在欧洲的新使命》，李柯译，当代世界出版社，2022。

[8]　译法引自 [德] 赫弗里德·明克勒：《执中之权：德国在欧洲的新使命》，李柯译，当代世界出版社，2022。

一起。英雄取向可以归结为社会性的公共模式，他们最初的社会主体是男性组织的战士集体。然而，这些英雄共同体必然植根于一个非英雄的社会，他们从中被招募并以此养活自己，但他们也必须坚持自己的排他性，并为自己的寄生生存方式辩护。因此，他们"需要一次又一次的战争和斗争；他们必须向供养他们的社会证明自身的价值，才能获取社会对他们的尊崇"。[24] 然而，英雄主义仍然是"一个专业领域"；它并没有将牺牲的假想扩大到共同体的所有正式成员，也没有使他们的政治参与依赖于服兵役。[25]

明克勒也将这种被其描述为在人类漫长的历史时期中盛行的前英雄主义的形象，与英雄社会中的类型进行了对比，"因为它构成了19 世纪和 20 世纪初欧洲民族国家的基础"。在这里，"英雄的形象和对其愿意作出牺牲的期望……不仅限于文明海洋中的军事岛屿"，而是遍及整个社会空间，没有遭遇天敌。[26] 民族主义和军国主义时代也以普遍的英雄主义为特征。这种扩张被英雄社会转变为一个庞大的英雄共同体所超越，极权主义政权在 20 世纪上半叶开始了这种转变。他们将战争提升为唯一合法的存在方式，并在恐怖和意识形态的支持下，迫使其成员无限服务并随时准备战斗，这只能在自身牺牲后画上句号。没有人能够回避对英雄事迹和英雄牺牲的普遍召唤。[27]

这些英雄社会或转变为英雄共同体的社会，发现自己处于一种永久动员的状态，它们释放暴力，并在两次世界大战中达到高潮。按照明克勒的说法，1918 年之后，英雄主义的过度扩张在胜利者之间引发了相反的反应，并被击败："这样的战争使社会疲惫不堪，然后从英雄社会转变为后英雄社会……在这种情况下，有两种反应是显而易见的：要么你在下一次斗争中再次拿起枪，因为你认为自己上次没有表现出足够的英勇和牺牲意愿，如果进行更坚决的动员，我们能做些什么——要么拒绝将牺牲和荣誉挂钩的模式，认为这是一种历史谬论，我们希望从现在开始避免这种谬论。"[28] 纳粹德国愿意不惜一切代价抹消失败的耻辱，选择了第一种方式，并发动了一场新的战争，即使在军事颓势已无法挽回、毫无希望的情况下，它也没有放弃这场战争。然而，与 1918 年不同的是，战败者在 1945 年投降后，不想再了解任何军事英雄主义。

在德意志联邦共和国，先是过度的英雄动员确保了后英雄主义的倾向"以任何其他欧洲社会都无法比拟的强度得到了肯定"，[29] 但明克勒还指出，牺牲的想法和成为英雄的想法，不仅存在于后纳粹德国。对所有工业化国家来说，"捐躯赴国难，视死忽如归的道德约束"确实已经耗尽，或部分丧失了从前的效力。[30] 究其原因，除了勒特韦克的人口统计学观点和"宗教能力的减少"，还有其他原因。它包括政治信仰，如民族崇拜，这是在战略区域交火中已经建立的战争形式，随着原子弹的发展而变得激进，"它不区分战斗人员和非战斗人员，因此不再允许拯救受害者"。[31] 英雄牺牲的假想意味着为了更高的目标而自我牺牲的行为：英雄为他人甘冒生命危险，带领共同体走向胜利，而共同体又通过把他作为英雄来加以崇拜而向他致敬。大规模杀伤性武器是荒谬的，它带来暴力死亡，不分青红皂白地扑向每一个人。无法证明英雄的名声或英雄美德的吸引力是正当的；在战争中服役和在战争中牺牲自己生命的意愿也不能继续被要求作为社会契约的自然组成部分。绝大多数人不再愿意将自己的毁灭视为在服务中需承担的一种风险。[32]

正如明克勒承认的那样，在德国，对军事牺牲的保留无疑比在美国更果断，例如，爱国的象征和仪式仍然可以要求被广泛地、不加置疑地接受，并与"选民"的基督教观念相结合。尽管流行文化强制激活了英雄叙事和许多政治家的好战言论，但美国社会也充满了后英雄主义，这在其军备性质、征兵方式中有所体现，也体现在自越战以后的战争中。然而，总体而言，"民众战斗、杀戮和死亡意愿的崩塌"[33]并没有剥夺无论是美国还是与其结盟的西方国家采取军事行动的力量，因为由于武器技术的发展，不再需要动员大量民众了。

特别是，明克勒列出了三组措施，旨在保持在集体厌弃牺牲的条件下发动战争的能力：第一，后英雄社会通过投入研发、生产远程武器和采取相应的战略变革，发挥其技术优势，将其士兵的作战风险降至最低。第二，暂停征兵，向志愿和专业军队过渡，确保在政治上有发言权的中产阶级的孩子们免于服兵役，这些人被认为是特别不愿意作出牺牲的群体，而暂停征兵打消了他们潜在的不满情绪。第三，通过使用雇佣兵而将战争私有化的行为，极大地迎合了"后英雄社会的自由买卖心态"。[9] [34]

可见，后英雄社会不会让英雄消失，而是将这一角色委任给了专

---

[9] 译文引自 [德] 赫尔弗里德·明克勒：《新战争》，章林译，中央编译出版社，2006。

业的武行演员，他们从事其他人回避的"脏活儿"（dirty jobs）。他们没有创作和平主义的田园诗，甚至没有驯服暴力，而是试图在维持它的同时，与其保持距离。在变化的环境下，他们接近了被明克勒认为是历史模范的形象：一个非英雄的社会，为了发动战争而维持一支志愿或专业的军队，同时能够在很大程度上免除成为英雄的义务。在这方面，明克勒的前英雄社会和后英雄社会比英雄社会或同质化为英雄共同体的社会更相似。前英雄尚未实现对牺牲的大规模动员，而后英雄已不再能够实现，但两种社会形态在将相应的期望集中在培养具有特殊军事才能的专家群体上时都达到了一致。大多数人口基本都生活在非军事区。然而，奖励制度发生了变化：因为后英雄社会不再依赖荣誉这种象征性的资本，他们更多地通过金钱、职业机会和工作保障来招募安保人员。

毫无疑问，明克勒对时代的诊断是有远见的。它延伸到 20 世纪末和 21 世纪初的西方工业社会，即使在这些社会中，他也看到了他们放弃军事英雄主义的程度有很大差异。与此同时，在世界其他地区，英雄主义的吸引力并没有耗尽。其中有人口统计学的原因，正如明克勒在参考了古纳尔·海因索恩关于"青年膨胀"与暴力发生率之间具有相关性的有争议的论点后所解释的那样。

英雄社会和后英雄社会的全球同时性令双方剑拔弩张。在暴力升级的地方，国家之间的战争与内战、军阀主义和恐怖主义之间的界限变得模糊。与此同时，在这些不对称的冲突中，各方都在用极不对等的武器作战：一些人利用自己的军备和军事组织力量，尽可能将受害者排除在自己的部队之外，另一些人则试图通过不需要先进技术的战略来弥补自己的弱点，但是需要高度的牺牲。这种双重不对称的典型表现是一方使用武装无人机，另一方发动恐怖分子的自杀式袭击。明克勒用"无人机是后英雄社会的精髓"[36]替代了黑格尔的"武器是战斗的精髓"。这一点还可以加以补充：将任何飞机、汽车、刀具和其他东西变成致命武器的能力是恐怖组织的精髓。

远程杀戮策略将战争转变为在安全距离内先发制人的追击，这与要求基本公平的决斗理念相矛盾，在这种决斗中，杀死敌人，而不将自己置于可能被敌人杀死的危险之中是不光彩的。[37]恐怖袭击还通过消灭手无寸铁、毫不相干的人来散播恐怖，从而破坏了这种相互关系。然而，自杀式袭击的策略也动员了一个好战的殉道者，其赞助人和支持者会在他死后嘉奖其为英雄，因为他们蔑视死亡，献出了自己的生命。与他们不同的是，在数千英里之外的屏幕前发射地狱火导弹的无人机战士很难成为英雄。他们缺乏在恐怖分子的挑衅下牺牲自己的意愿。他们的攻击使后英雄社会直面自身的脆弱性。按照明克勒的说法，无论是在决战中，还是仅靠军事手段，这个对手都无法被击败。没有百分百的反恐保护。他建议不要总是以行动主义的方式推出新的安全方案，这甚至会破坏为他们的敌人所鄙视的民主自由，而建议以"英勇的沉着"应对恐怖主义威胁。通过"收紧我们的道德腰带，可以这么说，并表明恐怖袭击不会改变我们的日常生活和我们的价值观"，我们会让恐怖分子的策略落空，"因为他们只有通过以恐惧来征服我们才能变得强大"。[38]这写于2006年。

　　9 年后，在巴黎《查理周刊》（*Charlie Hebdo*）编辑部遭到袭击后，明克勒更加坚信后英雄社会"不依靠英雄的残余就无法生存"，但它也在建设应对上述情况的"防线"：第一反应是将遭到攻击的受害者重新解释为英雄，即将受害者变成牺牲意义上的受害者，以"减少战略脆弱性来武装后英雄社会"。然而"怯懦的权利"当然并不适用于所有人；后英雄社会更希望"其士兵和警察有相当程度的自我牺牲精神"。不仅如此，它需要"额外的捍卫者"。这意味着漫画家、讽刺家和作家，而不仅仅是《查理周刊》的那些："你现在必须永远勇敢，不要让剪刀在你的脑海中工作。后英雄社会要想用信息、启蒙和嘲讽的手段来对抗对手和挑战者，就需要这种勇气。"[39]

　　再一次申明，后英雄和英雄不是相互排斥的关系。相反，后英雄社会中依然有英雄存在，英雄作为外部补充和内部不可或缺的遗存——或者至少应该保留它的存在。一方面，他说明了为什么愿意作出自我牺牲的英雄主义资源几乎不再可用，同时也承认这种去英雄化政治文化的镇静和民主化效果。另一方面，他对德国社会在面对恐怖威胁时所能表现出的韧性表示担忧，批评其不愿承担"欧洲中心力量"的军事职责，并祭出了强烈的责任英雄主义。人们可以在其中看到一种"阿吉奥纳门托"（aggiornamento）[10] 的策略，即试图平等地承

---

　　[10]　阿吉奥纳门托（aggiornamento），意大利语词，是第二次梵蒂冈大公会议的关键词之一，因天主教教皇、享有"好教宗"美誉的圣若望二十三世（Sanctus Ioannes PP. XXIII）的使用而闻名。其含义大致为（使罗马天主教教义、教规）与时俱进、更新迭代、现代化等。

认当前的后英雄主义宪法，并消除由此带来的行动上的限制。后英雄社会，"自视为'先进的存在'和反思过英雄主义阶段的'业已学习者'"[40]，应该冷静应对成为牺牲品的可能性，大可不必作为整体而承受对牺牲精神的刻薄要求。与此同时，实践应该留给那些受专业要求或自愿这样做的人，至少部分自动化或可能很快会实现的完全自动化的武器系统也使将非专业士兵部署到前线的行为变得多余。

4. 盲区

对时代症候的诊断通常试图从一个单一的角度出发来解释社会现实，并对他们的发现作戏剧化的夸张，将其变成一种充斥着危机和动荡的叙事。他们给自己的时代打上哪个标签，这个标签就应该是理解这个时代的万能钥匙。基根、勒特韦克和明克勒也遵循这种升级逻辑（Logik der Zuspitzung）。他们叙述了一场英雄主义的危机，基根将它指向军事指挥权的丧失，其余两人则认识到了人们赴死意愿的削弱，从而证明了战争形势的剧烈变化是合理的。既然查明了病因，诊疗方案的出台也就不远了，后英雄战争时代的先驱们绝不会在作行动建议时踟蹰摇摆、往复不定。虽然基根在冷战结束前不久主张一种使冲突逐步降温的领导风格，考虑到核毁灭的可能性，这种领导风格必须保持极端克制，但勒特韦克和明克勒却在短短数年，或者更确切地讲，在十年之后就设计出了一些方案，让西方国家在民众不愿作出牺牲的情况下，仍然可以选择进行——低于核门槛的——军事干预。他们认为，尤其是在美国和德国，公众难以容忍自己的军队有所损伤，只有找到与之功能对等的替代品，他们才能维持或恢复其发动战争的能力，从而维持或恢复其作为主要大国或中等大国的政治地位。这包括部署能够极大限度地降低士兵风险的技术武器，进行组织结构改革，向规模可控的专业军事单位转变，作为英雄团体，这些单位承担剩余的危险任务。与此同时，大多数人的后英雄主义态度几乎无法改变。不能期待心态上的根本转变，因为无论是家庭人口统计数据还是核威胁或价值观的变化，都无法快速轻松地消除。勒特韦克和明克勒因此专注于为强权政治实在论发声，这种实在论（Realismus）坚持认为，"为了防止出现内战和基于种族动机的驱逐"，有时也需要"进行军事干预"，不过谁都知道，动用军事力量"只是防止内战的众多手段中的一种，而且其效果也是最短暂的"[11]，这就是"权力类型的组合"应该更开放的原因。[41]

　　在美国，源于经验的反对意见主要针对勒特韦克的论点展开，它们试图在民意调查的基础上证明，美国民众绝不像勒特韦克所假设的那样厌恶牺牲，因此也并不像他所设想的那样抵触战争。相反，他们的态度基于一种直截了当的成本－收益计算：一方面，大多数人反对美国扮演世界警察的角色，另一方面，他们更信任自身的军事力量，而非其盟友或国际机构。因此，只要战争的预期收益，尤其是获胜的概率足够大，它们就非常愿意接受损失（或忽略损失）。[42] "9·11"

---

　　[11]　译文引自 [德] 赫弗里德·明克勒：《执中之权：德国在欧洲的新使命》，李柯译，当代世界出版社，2022。

后，席卷全国的爱国英雄主义浪潮很快消退，对阿富汗和伊拉克战争的支持也随之崩溃，这一事实与其说是后英雄主义心态蔓生的证据，不如说是因行动持续了太久，人们不再相信他们能取得成功的证据。无论如何，战争仍在继续。另一种批评认为，对自愿牺牲问题的执着掩盖了这样一种观点，即在军事行动开始后，人们几乎总是（尽管不情愿）勉为其难地坚持下去——即便这只出于一种宿命论逻辑："我们赢不了，我们松不掉，我们无法退出。"[43]

明克勒对后英雄社会的诊断关涉了另一种政治局势。这引起了巨大的反响。军事社会学家尼娜·莱昂哈德（Nina Leonhard）指出，在此类军事政治"阿吉奥纳门托"的过程中，明克勒也重新调整了军民关系：她批评说，因为明克勒对后英雄主义和英雄主义作了多数派和少数派的区分，就把限制作战能力的原因全然放在了社会这边。在这一点上，是时候摆脱人们对非暴力的幻想，并"认识到他们的士兵长期以来一直面对着要在战斗中使用暴力的现实"。[44] 由于明克勒认为指望人们的心态发生转变是不切实际的，他的诊断可以归结为非军事化的平民人口和重新军事化的武装部队之间的差距越来越大："实际上，无法通过强调牺牲的士兵永垂不朽，并批评社会对这种牺牲意愿缺乏认可来重新定义军队在现代社会中的地位，现代社会的特点是个性化和功能差异化，并以文明为导向，不是要赋予谁一种'自成一格'（sui generis）的地位，也不声称士兵享有特殊的社会地位。"[45] 在后英雄社会中，军队是英雄主义团体的理念，取代了士兵是穿制服的公民的共和党模式。

职业化军队与社会其他部分渐行渐远的趋势并不新鲜，随着军队向志愿军的转变，这种趋势再次加剧。与此同时，必须在后英雄社会中征募人员的武装部队依赖于：保持军事和民用领域之间的边界可互渗。[46] 联邦国防军的征兵活动同时反映了这种分离和纠缠：一方面，他们已经为复兴一种特殊的军事文化（如果不是反主流文化）作好了准备，并特别吸引了渴望成为英雄者——不仅仅是年轻人。德国联邦国防军职业门户网站提供的工作列表的顶部列出了成为"孤独的战士"（男性 / 女性）的课程，该课程旨在使参与者能够"领导一个独立于敌后的团队并生存下来"，要求他们"发挥出最大的身心潜能"，作为回报，他们承诺课程参与者的身体康复能力得到增强，并且"在遇到危机的情况下，尤其是在面对压力的情况下能够展现出自信"。[47] 2018年的征兵海报恰如其分地展示了一名女性士兵的军事照，上面有操作装备和已经装备妥当的冲锋枪，还有"斗争，听从你的召唤"这一主题词。而两年前，医疗服务部门已经打出了"我们不是在寻找白衣天使，而在寻求戎装英雄"的口号。[48] 另一方面，士兵的英雄模式与基于平民技术或管理职业的后英雄模式形成对比，只在背景中暗示战争的现实。

被排除在外的——在军队的自我介绍中，就像在勒特韦克和明克勒的诊断中一样——是西方国家派遣军队去进行干预的世界其他地区的受害者们。几乎没有人提起这些死者。他们及其亲属的痛苦显然对人们发动战争的能力几乎不产生任何影响。后英雄社会避免了本国公民的伤亡，但如果是出于军事需要，他们非常愿意在另一些地方夺取生命。不对称的战争也会造成不对称的伤亡：并非所有人的生命都是平等的。某个人的死亡将是一场灾难，另一个人的死亡则被记录为附带损害。千金之子坐不垂堂，而另一些人则被忽视了，他们仍然被排除在令人悲痛的受害者圈子之外。[12] 49 前者是世界万象的中心，后者则是人们看不到后英雄主义话语之外的冷漠，即来自士兵的暴力，来自后英雄主义社会所关心的士兵行动的风险。他们不仅仅是潜在的受害者，同时也是肇事者，这一点一直不为人所认知。因此，后英雄语义学掩盖了一个事实，即当代西方社会是"外部化社会"（Externalisierungsgesellschaften）50：尽管他们厌恶牺牲，但他们接受了无数平民和军人的伤亡，前提是伤亡只会发生在距离遥远的他者身上。勒特韦克和明克勒无疑描述了当代战争的根本性转变，但通过把英雄态度的销蚀作为他们分析的关键，他们还愤世嫉俗地划分了相关和不相关的受害者类别，这些类别刻写在各种形式的军事暴力中。

英国军事历史学家马丁·萧（Martin Shaw）提出的风险转移战争（risk-transfer war）的概念更为平淡无奇，但与后英雄社会的后英雄战争相比，也没有那么委婉。51 它与勒特韦克和明克勒的说法并无本质不同，但与他们有所区别的是，萧目前的诊断并不基于权力政治议程，他还指出了西方新战争方式（New Western Way of War）的黑暗

---

[12]　可参考 [美] 朱迪斯·巴特勒：《脆弱不安的生命：哀悼与暴力的力量》，何磊、赵英男译，河南大学出版社，2016。

面——这是他相关著作的标题。[13]这种战争模式的创新之处不在于军事战略遵循成本－收益计算并寻求风险最小化——这也适用于过去的大多数战争——但在全球相互依存、文化变革、综合媒体观察和先进军备技术支持的条件下，风险认知，尤其是对风险的评估，已经发生了转变。西方国家是否及以何种形式进行军事干预，在很大程度上取决于统治者认为军事行动将在多大程度上加强或危及它在大多数国内民众中的政治支持。然而，这种失去合法性、失去权力的风险与政府在战争中暴露敌我双方的战斗人员及平民的危险是分不开的。哪些人应该被杀戮、哪些人进行的杀戮应该被接受、哪些人的生命不应该受到威胁等军事决定，具有直接的影响，会造成直接的政治后果。这引出了风险群体的等级划分：风险被外包给那些自身死亡对西方国家政治公众影响较小的人（如果有的话）。因此，当务之急是尽可能排除本国武装部队的损失，尤其是本国平民的损失，最重要的是，减轻后者对战争的过度关注。对留在家里的人来说，接收到的信息最好是经过专门的媒体良好过滤的。在军事行动中，空袭是被优先考虑的；地面行动最好留给该地区的军事盟友去做。袭击应集中在敌军或准军事组织身上，尽可能保护战区的平民。然而如果出现了可疑情况，那么战区平民的生命并不比他们自己士兵的生命更重要。因此，为了不

---

[13]　此书完整标题为《新西方战争方式：风险转移战争及其在伊拉克的危机》（*The New Western Way of War: Risk-Transfer War and its Crisis in Iraq*）。也可参考 [英] 马丁·萧：《风险转移——西方新战争方式透视》，王顺义、刘妍编译，载《世界安全丛书》2004 年第 10 期。

危及己方士兵，战区平民死亡是可以接受的，例如在火箭袭击或无人机攻击中被波及的人。虽然正在采取措施保护平民，但意外屠杀是风险计算的一部分。飞行高度能够保护轰炸机机组成员，但不可避免地会导致在确定攻击目标时产生失误。[52] 同样的情况也适用于远程控制武器系统，尽管有高分辨率的监控图像，这些系统还是经常以无关平民为目标。为了避免附带损害或法律赔偿要求，巴拉克·奥巴马（Barack Obama）领导的美国政府甚至开始将行动区内的所有适龄男子归类为战斗人员，从而免除对他们进行袭击的罪责。[53]

风险转移的比例与战争的竞争逻辑相矛盾：所有军事组织都基于将死伤风险委托给选定的行动者，并以此训练和武装他们的原则。反之，他们能够通过使用暴力将自己的风险降到最低，并将其转嫁给对手。但是，只要双方实力旗鼓相当，单方面转移风险是有限度的，战争仍然是生死攸关的斗争。军事英雄主义行为需要受到鼓舞刺激。在承担不可转移的剩余风险时，总是需要英雄。这恰恰是多余的，因为西方的军事战略转向了这样一种行动逻辑，即宣布无风险杀戮，并使其在技术上成为可能。它推翻了战斗的要素，用风险管理代替了牺牲。

对于那些处于风险转移的另一端的人来说，情况则完全不同：在军事极端不对称的情况下，他们展示能动性的主要方式是预见到自己的受害，让自己成为牺牲品，并在这样做的过程中展现对手的脆弱性。他们用对风险的蔑视来对抗西方对风险的规避，西方用精确武器进行有针对性的处决，而他们在选择目标时公开表现出残忍和任意性。肆无忌惮的杀戮意愿可能会动摇西方社会的安全感，让他们技术优越的武器系统化为乌有。英雄崇拜在此野蛮生长不足为奇。煽动他们不是文化返祖，而是对对手风险经济的战略反应。

而那些被以同样含糊和带有歉意的方式贴上"后英雄"标签的社会绝不是先进文明的港湾。目前它们在很大程度上使他们的人民暂时免于作出英勇的牺牲，但它们要确保自己在军事上的霸权，那么英雄机器是否会永久关闭，或是否可以在必要时再次运行就成了一个悬而未决的问题。

第六章

后英雄时代的英雄

在当代描摹的后英雄人格、后英雄管理或后英雄战争的轮廓中，英雄人物表现为功能失调的麻烦制造者、落伍的老古董或无法再动员的资源：不合时宜、累赘多余、不堪重负。然而，夹在出于文化悲观主义而发出的对损失的悲叹和轻松愉悦、文质彬彬又令人眼花缭乱的吟唱之间的，是对权衡大师和创造性毁灭者的赞美，面对恐怖威胁时英雄沉着的呼吁，以及对强人政治魅力的迷恋，它们之间形成了鲜明的对照。后英雄主义不仅跟传统英雄榜样说了再见，也迎接了全新的角色阵容登场。因此，要给当下的后英雄主义把脉，在描摹其图景时，不仅可以观照这些男女英雄角色出现在哪些舞台上，也可以看看他们出现在了哪些观众面前。后英雄时代的男女英雄们展示了需要克服的挑战、需要准备迎接的危险、需要坚持的价值观，以及最终能使我们感动的故事——即便我们自己并不一定想体验这些故事。

1. 日常英雄

日常生活中的英雄在后英雄时代的英雄群英会中居于要位——勇敢的救援人员和助人为乐者，他们在危急时刻挺身而出，在现场进行勇敢的处置干预，并且在此过程中，将自己置于了危险之中。从更广泛的意义上讲，日常英雄还包括那些应对了不利的生活条件，或在非强制的前提下做出了远超通常水平举动，为社会做出了贡献的人们。与人们惯常熟悉的英雄活动领域不同，日常生活中的女性英雄并非少数。平凡英雄的故事述说平凡之人达成非凡之业的故事。这些生活中的英雄的事迹不再发生在那些特殊的领域，挑战常常就出现在某个人的家前屋后。这使得英雄之旅变得多余。精致的英雄主义将英雄化的可能性与出身或职业联系起来，或者把它留给具有非凡权力的罕见杰出人物，而日常英雄主义模式则具有包容性：每个人都可以被授予荣誉称号，只要他或她没有在关键时刻失手，在足够长的时间里掌握了自己的命运，或者牺牲式地关爱他人。[1] 结果，英雄的这一定义理所当然地失去了其独特性。触目可及的英雄主义总是面临着选择标准降低的风险，以至于他们理所当然地陷入了琐碎的事件中，很难将英雄与他们的受众区分开来。

英雄现代性的特点是其集权式的英雄召唤不会放过任何一个人，与之相比，后英雄主义的日常英雄主义需要出于自愿，与无条件服从的精神不相容。每个人都可以成为英雄，没有人必须去当英雄。那些只擅长指挥或是只为了名望的人，缺乏当代日常英雄主义叙事中的反威权和利他特质。无所畏惧的急救人员、坚持不懈和无私奉献的英雄，都遵循一种道德冲动，这种道德冲动不是基于道德准则和利益最大化考虑的。日常英雄不引人注目，但不让人觉得习以为常，他们在行动前会深思，但不会功利地进行利益考虑。他们对制度的信心薄弱。与此同时，他们缺乏要在复杂社会中展开共同生活所需要和践行的那种冷漠。他们没有将责任委托给国家当局、专业安全机构或保险公司，而是在特定的地方做必要的事情。"这就是他们的样子，"福音派教徒迪亚科尼·巴登（Diakonie Baden）在他名为《前所未闻！这些日常英雄》（*Unerhört! Diese Alltagshelden*）的宣传册子里写道："这位 30 岁的单亲妈妈，非常忙碌——尽管如此，仍然收留了一个陌生人的孩子，否则他就不得不进福利院了。这位退休人员——他花几个小时与当局一起帮助年轻的难民开始他们的职业生涯。这位护理人员，除她的专业知识之外，还带着她全部的同情心和同理心去照护那些用爱来依赖她的人。妻子和丈夫互相说：'我想帮忙——用我的捐款。'"[2]

类似这样的故事让你效仿，并且它们依赖于个人榜样的清晰和道德权威的说法。个人行为的例子不仅仅涉及行政援助计划或专业应急管理策略。将志愿者、敬业的护理人员和慷慨的捐助者提升到英雄的位置，旨在将他们通常不为人知的作为带入公众视线，并给予他们应得的认可。然而，在这种情况下，英雄的出现也成为社会问题所在的指示牌：当有组织的帮助系统缺乏资金和人员，或者在其他方面存在缺陷时，社会中就需要英雄。志愿工作可以补充进来，帮助官方达成他们本来无法实现的目标。给予象征性的满足就可以省下恰当的报酬。分发英雄证书比雇用编外人员便宜。因此，日常英雄主义的高歌为新自由主义废除福利国家服务的声浪提供了伴奏。这些声音越大，需要得到支持的人就越忧心忡忡。

这种英雄叙事的力量不仅在于从道德上正本清源(Vereindeutigung)。日常英雄都是善良的英雄，他们吃苦受罪，但他们的行为是无可非议的，其中所能发生的悲剧性冲突，充其量是他们与自己的懒惰作斗争。这为说教干预开辟了一个领域：因为英雄行为与亲社会行为(prosoziales)同时发生，所以似乎需要去教授它；因为像你我这样的人是英勇的，每个人都应该能够去学习。

这就是菲利普·津巴多的论点，他的"英雄想象项目"(Heroic Imagination Project) [1] 成立于 2011 年，为全球有抱负的日常英雄提供培训讲习班。³ 这位社会心理学家因"斯坦福监狱实验"而闻名，1971年，他将斯坦福大学心理研究所的地下室改建成了一座模拟监狱，并通过报纸广告招募了一群学生，以抽签的方式来把他们分成狱警和囚犯的扮演者。几天后，这些"囚犯"被真正的警察从家中带走，他们被逮捕，并被蒙上眼睛，带进监狱牢房，穿着制服、配备警棍和太阳镜的看守在那里接收了他们，并对他们实行了羞辱性的入狱程序。"囚犯"必须戴上手铐脚镣，穿上一套没有内衬的短病号服，并获得一个

---

[1]　可参考 [美] 菲利普·津巴多：《津巴多口述史》，童慧琦、陈思雨译，浙江教育出版社，2021。

机构编号，他们必须使用该编号而不是他们的姓名。警卫被要求维持规则和秩序，津巴多特别鼓励他们要强硬。没过多久，局面就失控了。看守开始虐待囚犯，一些囚犯精神崩溃。该实验也通过隐藏摄像头被记录在胶卷上，但六天后，它不得不提前结束。[2] 4 尽管一开始，学界表达了对实验设计和其结果的科学价值的强烈批评 5——社会心理学家利昂·费斯廷格（Leon Festinger）认为整个事件与其说是严肃的研究，不如说是正在发生的事情——但随后，该实验成为整个机构中最受欢迎的权力动态研究之一。对于津巴多来说，监狱模拟实验首先证明了"邪恶的平庸性"。如果将普通人置于一定的环境，并将他纳入对其行为赋权的权威体系中，普通人就会变成残暴的拥趸。人采取何种行动的决定性因素不是个人性格，而是系统和情境因素："'恶劣系统'创造'恶劣情境'，'恶劣情境'造成'恶劣之果'，'恶劣之果'造成'恶劣行为'，就算是好人也无法免于受影响。"[3] 6

津巴多将这种洞察力转移到了对日常英雄主义现象的研究中。助长了人道主义意愿的东西，同样也助长了反人道主义的意愿。那些拯救生命、减轻痛苦或以其他方式表现出异常亲社会行为的人，与那些羞辱或虐待周围人的人并没有本质不同。这意味着，"每个人都在等待成为英雄的时刻到来，而在该时刻到来时期望人们做出正确的

---

[2]　可参考 [美] 菲利普·津巴多：《路西法效应：好人是如何变成恶魔的》，孙佩妏、陈雅馨译，生活·读书·新知三联书店，2015。

[3]　译文引自 [美] 菲利普·津巴多：《路西法效应：好人是如何变成恶魔的》，孙佩妏、陈雅馨译，生活·读书·新知三联书店，2015。

事"[4] 7 "邪恶的平庸性"对应于"英雄主义的平庸性"。[5] 8 良好的行为也需要有益的制度和环境,这是可以实现的。如果一致的压迫、权威束缚和责任扩大增加了伤害他人的可能性,那么重要的是让个人免受这些机制的影响。因此,成长为男性和女性英雄首先是一种抵抗运动,这当然必须考虑到黑暗面影响的多样性:"与错误的不和谐之举战斗时,需要不同的手法才有办法反抗用来对付我们的'顺从—酬赏'策略。在应付会将我们去人性化或去个人化的人时,往往会出现劝服性的言论以及有力的传播者,强迫我们采取不同的原则,但这些原则却不是我们需要的。切断群体思维的做法,和减轻强力游说我们加入者的影响方式也有所不同。"[6] 9

津巴多设计了一个"十步骤"计划,传达"自我觉察力"(self-awareness)、"情境敏感度"(situational sensitivity)和"街头智慧"(street smarts)——他将其简称为"3S 力",即类似于日常实践智慧的东

---

[4] 译文引自 [美] 菲利普·津巴多:《路西法效应:好人是如何变成恶魔的》,孙佩妏、陈雅馨译,生活·读书·新知三联书店,2015。

[5] 在《路西法效应:好人是如何变成恶魔的》的前言中,津巴多写道:"在'邪恶的平庸性'(banality of evil)的概念里,平凡人要对其同类最残酷与堕落的卑劣行为负责,而我主张'英雄主义的平庸性'(banality of heroism),则对每位随时愿意尽人性本分的男男女女挥动英雄的旗帜。号角一旦响起,他们会明白这是朝着他们而来。当我们面对情境和系统的强大压力时,都该坚持人类本性中最好的本质——以颂扬人性尊严来对抗邪恶。"([美] 菲利普·津巴多:《路西法效应:好人是如何变成恶魔的》,孙佩妏、陈雅馨译,生活·读书·新知三联书店,2015)

[6] 译文引自 [美] 菲利普·津巴多:《路西法效应:好人是如何变成恶魔的》,孙佩妏、陈雅馨译,生活·读书·新知三联书店,2015。

西，并提出了从步骤一"承认我犯错了！"，到步骤十"我会反对不公正的系统"的条文。[7] 10 在其主要针对青少年和年轻人的日常英雄训练中，该计划已缩减为三个学习单元。11 第一课旨在杜绝所谓的"旁观者效应"，即这样一个经常被观察到的事实，即在紧急情况下，在场的人越多，愿意提供帮助的个人就越少。12 在决策研究中，这种现象也被称为"失踪英雄困境"（missing hero dilemma）。13 因为每个人都在指望其他人出面干预，最终反而没人挺身而出。角色扮演游戏或录像分析有助于克服这种致命的下意识举动。第二课旨在用动态的自我形象，取代静态的自我形象（"固定型的思维模式"，fixed mindset）。[8] 14 获得这种"成长型思维模式"（growth mindset）的人将失败视为学习机会，并坚信只要付出足够的努力，他们就能扩展自己的技能，并应对几乎所有挑战。不因为结果，而因为你的努力本身而受到表扬是特别能激发动力的，因此于内在的成长曲线有利。这也是可以练习的。最后一课则致力于打破刻板印象和偏见。

尽管津巴多在他的社会心理实验中总是强调社会环境会给人类行为打上深刻的烙印——这是他关于恶与善的平庸性的核心论点，但其训练的基石是个人拥有打破情境魔咒的能力。该计划让人想起学校里的思想品德课，并以"如果你愿意，你可以"的自我提升建议为基

---

[7]　参考自 [美] 菲利普·津巴多：《路西法效应：好人是如何变成恶魔的》，孙佩妏、陈雅馨译，生活·读书·新知三联书店，2015。

[8]　可参考 [美] 卡罗尔·德韦克：《终身成长》，楚祎楠译，江西人民出版社，2017。

础，它遵循积极心理学的口头禅，即扬长比揭短更有效。英雄行为的语义作为一种额外的激励因素，通过将假定的价值观绑定在那些关于模范行动的故事中来产生影响："英雄式行为主要的焦点是人性的善良面。我们关心的是英雄故事，因为它们是强而有力的提醒，提醒人们有能力对抗邪恶势力，提醒人们不要对诱惑让步，提醒人们超越自己的平庸性，提醒人们注意行动的呼吁，并且在其他人怯于行动时踏出第一步。"[9] 15 然而，为了能利用上这一点资源，津巴多必须清除掉英雄主义中所有黑暗的成分。在故事中被树立为道德榜样的英雄们不赞美暴力，也不渴望名利或意欲篡夺权力。他对"欧美、中产阶级、成人、后现代"的价值观进行了自我批判式的描述，任何与上述价值观相矛盾的东西都被他的"英雄式行为的新分类"排除在外，是为"伪英雄"的。[10] 16 其英雄精神有四个要素："第一，必须出于自愿；第二，必须涉及冒险或如生命威胁之类的潜在牺牲，对于身体健全性的立即威胁，或是对健康的长期危害、可能造成个人生活品质严重下降；第三，必须服务于某个或某些他人，或是服务于一整个社群；第四，行动当下必须不预期有附带性或外在性的收获。"[11] 17 津

---

[9]　译文引自 [美] 菲利普·津巴多：《路西法效应：好人是如何变成恶魔的》，孙佩妏、陈雅馨译，生活·读书·新知三联书店，2015。

[10]　参考自 [美] 菲利普·津巴多：《路西法效应：好人是如何变成恶魔的》，孙佩妏、陈雅馨译，生活·读书·新知三联书店，2015。

[11]　译文引自 [美] 菲利普·津巴多：《路西法效应：好人是如何变成恶魔的》，孙佩妏、陈雅馨译，生活·读书·新知三联书店，2015。

巴多将牺牲者的概念扩展到了其人需承担社会风险，而不仅仅是要面对人身伤害的威胁这一层面，但无私牺牲的标准对他来说仍然不可或缺。他的英雄传奇也并没有讲述对美好生活的梦想，而是在说为了成就一番伟业，需要忍辱负重，勇于承担。

这里有一个微小但关键的区别：尊重那些致力于为需要帮助者提供服务的人，尊重那些不服从强大权威，乃至拒绝任由迫害阻止他们为理想而战的人是一回事；而呼吁忍受苦痛的意愿是另一回事——即使这种呼吁是通过讲述关于英雄榜样的感人故事来进行的。这些故事旨在鼓励其听众趋向无私利他主义，同时必须抑制他们对自我保护的渴望。津巴多的赋能策略是后英雄主义的，因为它并不对牺牲作强制要求，而是通过叙事来诱导人们，并让他们进行演练。然而，就某种程度而言，他在监狱实验中要求守卫们表现出的苛酷，也与他对日常英雄气概的溢美之词不无相关。

2. 体坛英雄

日常生活偶尔也为普通人提供应获英雄主义嘉奖的机会，这一信息缩短了英雄人物与普通人之间的距离，同时也就带走了他们的一些荣光。无论人们如何强调他们的事迹，邀请他们参加脱口秀或授予他们荣誉勋章，有组织的崇拜者群体和集体敬拜活动都很少出现。如果表演者和观众之间没有明确的角色区分——因为每个人都可以成为英雄，那就会缺少一种如彼德·斯洛特戴克（Peter Sloterdijk）所说的

"纵向张力"^{[12] 18}，从而导致助长英雄崇拜的情感能量的缺失。

与此同时，在没有硝烟的体育场上，情况有所不同，它没有日常英雄主义那样满溢的道德情怀，却受到了更多的关注，并激发出人们的热情：竞技体育产出了一幕幕效果显著的英雄戏剧，传递着胜败之争的严肃性，又轻松地击败对手，如同游戏，从而提供了一种温和的对抗模型。体坛英雄保证令人兴奋，并提供有吸引力且无害的身份认同，完全符合后英雄时代对英雄的需求：体育比赛既不是战争，运动员也不是可怕的统治者。运动员们的越轨，表现在了突破身体限制方面；从另一个角度来看，有裁判和兴奋剂检查来惩罚违反规则的行为。你可以为英雄欢呼而不用为死者哀鸣或为被害者辩护；你可以和他们一起战栗，而不用担心他们的生命或你自己的生命；你可以尊重他们，而不必担心要臣服于他们；你可以坐在扶手椅上欣赏他们的表现而不必去效仿他们；你可以是他们的忠实粉丝，无须花费比订阅天空频道更多的钱，也无须冒险，你也不会太过失望——你可以与志

---

[12]　当下炙手可热的德国社会学学者彼德·斯洛特戴克在其于 2009 年发表的《你必须改变你的生活》(*Du mußt dein Leben ändern*) 一书中提出了"纵向张力"(Vertikalspannungen) 这一概念。其标题出自赖内·马利亚·里尔克 (Rainer Maria Rilke) 十四行诗《阿波罗残像》(*Archaïscher Torso Apollos*) 的末句。对斯洛特戴克而言，"你必须改变你的生活"如宗教信条一般，是对所有人生历练的总结、提炼和升华，这一信条引导人们接近他们的"纵向张力"，提醒他们超越自我并最终得到成长的可能性。亦即，作为个人内在意志表达的纵向张力能带来人的自我优化提升。因此，"纵向张力"可被理解为人们内在固有的那种向上的积极驱动力，它被认为是治疗"横向松弛"(Horizontalen Entspannung)，或言"躺平"这一时代症候的一剂良药。从某种角度来看，这种内部张力也能对抗实则由外部而起的"内卷"。

同道合的人一起去做这一切，并利用既定的仪式和广义上的虔诚纪念品。顶级体育赛事是否真的如体育社会学家卡尔－海因里希·贝特（Karl-Heinrich Bette）所说的那样上升为"现代社会的核心英雄体系"，以及是否"像垄断一样使用有利于体育及其主角的英雄修辞"发生，是一个很好的辩论话题。无论如何，这个社会领域无疑拥有不断更新的员工储备和连续的缓冲机会，等待着一个个闪耀的"英雄显圣和封神的机会"。[19]

贝特从系统理论的角度总结了这一英雄系统的八个组成部分：

第一，体育比赛制造了"展示个人身体和性格的机会"。[20]在大多数其他社会体系中，身份和地位的匹配并不取决于或至少不完全取决于个人表现，而体育比赛的成功可以直接归功于参赛运动员的身体表现、精神力量和团队协作水平，他们可以且必须通过非凡的努力来赢得自己的英雄地位。没有其他选项；选项是留给寄托于其英雄的大众的。

第二，以决斗模式为蓝本的"形式对称原则"是这种体育精英主义提出的暗示。[21]各个分支的规则旨在确保机会均等，从而使比赛中取得的成绩公正地呈现为个人努力和个人才能的结果。当然，不仅有真材实料的优胜者，也有撞大运的赢家，只是他们的幸运源于在正确的时间展现了决定性的竞争优势。

第三，即使不是生死攸关的问题，顶级运动员的表现也可以很好地解释为对更大整体作出的牺牲。尤其是在竞技体育中，几乎总是集体在呼吁运动员去取得荣誉，人们要求球队、俱乐部或国家无限地支出，并承诺以英雄的名声作为回报。相反，球迷团体和国家崇拜群体在体育英雄身上搜寻并找到他们对社群的渴望的具体焦点。

第四，体育的争斗逻辑要求每场比赛都产生明显的赢家和输家。这是由不同的测量程序和评估系统，以及作为制度化第三方的裁判员来确保的。表格、成绩统计和奖牌榜让英雄排名呈现出可量化的客观性。

第五，体育比赛是在观众在场或媒体参与的条件下进行的，这一事实使"运动员的动作和观众体验的同步性"成为可能。[22] 这种接近互动的方式增加了临场感，是体育赛事魅力的重要组成部分。英雄化只有在寻求他人认可自身成就的运动员遇到想要感受兴奋的观众时才会发生。

第六，观众的情感参与要求体育赛事的过程和决策选择相对容易理解，并在戏剧性升级的时刻达到高潮。降低复杂性有助于制造出英雄。主观动机不必被破译，也不需要了解广泛的组织结构或抽象的系统合理性。即使观众不理解全部的比赛规则，只需令他们领会运动场或屏幕上的你争我压，这就足以对他们进行情感动员。

第七，凭借其构成性的"输赢代码"，体育赛事助长了一场场不断推翻旧冠军，并让新冠军登上宝座的超越性竞争；铭刻在其中的记录逻辑不断产生超越性能限制的机会。两者都提供了英雄主义的且"一致性和偏离性的同时侧写机会"。[23]

第八，体育赛事的情感潜力基于这样一个事实，即观众以无动作的观众角色消费赛事，并能够实时跟进决策。一场比赛将如何进行和结束无法被准确预测，但也不对日常生活造成严重后果。对运动及其英雄的热情可能会占用大量的空闲时间和情感能量，但即便是世界上最重要的小事，也仍然只是一件小事。

贝特拒绝"关于'后英雄'社会的时髦言论"[13] 24，认为它忽视了运动在英雄体系中的无所不在。然而，这得益于英雄主义导向在其他领域的重要性的丧失。因此，体育英雄的崛起是去英雄化过程所产生的矛盾效应。贝特完全正确地拒绝了彻底的告别姿态，但忽略了这样一个事实，即后英雄意向，从系统论的角度来说，标志着重新进入，将英雄 / 非英雄的区别重新引入对后英雄社会的观察中，而与此同时，后英雄社会错误地相信这一区分不再适用于以这种方式理解——作为一种在怀疑英雄的时代对英雄主义作出的遏制而非终结——体育英雄热潮证实了当前对后英雄社会的诊断。

虽然日常英雄主义代表道德化，但体育中的英雄榜样一方面体现了表现层面，另一方面体现了英雄的娱乐层面。顶级运动员因孜孜不倦的训练，精湛的身体控制，有效利用力量、耐力及战略和战术智慧而备受赞誉，但他们也因在全球化赛事行业中被称为魅力四射的艺人而受到赞誉。他们作为典型，唤起了观众能感受到的自我提升的精神，同时让他们不必恪守严格的纪律。孩子们可能梦想效仿他们的体育偶像；成年人知道无论如何都为时已晚。因此，体育英雄的形象被证明既是当代主题诉求的消失点，也是使他们的强压变得更容易忍受

---

[13]　关于贝特的观点，亦可参考 [德] 卡尔 - 海因里希·贝特：《体育社会学启蒙：现代社会体育运动研究》，陈燕译，北京体育大学出版社，2020。

的工具。在这方面，体育明星的地位与流行文化中的其他标志性人物相似。正是因为体育——就像流行音乐或电影世界一样——明显地被排除在必要领域之外，所以它可以提供英雄身份认同的可能性，以弥补社会其他领域产生的、但在其自身领域无法充分应对的情感和意义缺陷。自相矛盾的是，体育英雄在客观上可有可无，但对其粉丝而言，他们在主观上是不可或缺的——这是相对化和加强化的英雄主义与后英雄主义遭遇的又一个例子。

必须一直假设一切都取决于个人，特别是在经济和教育系统中，个体可衡量的表现直接化身为成功，但现实实践始终否认这一点。精英主义错觉可以在体育运动中得以维持，正是因为它与生活中业已存在的机会的分配无关。例如，在政治、经济或科学领域，尤其是在密切的社会关系中，始终如一的表现将是一场噩梦，而在体育比赛中区分赢家和输家，增加了他们的娱乐价值。激情与矛盾、对行动的生理欲望及其被动消费、自由竞争与公平竞争规范、商业化的明星崇拜和协会、联合会或国家的神圣化的矛盾共存，是理解当代英雄主义的关键，人们不愿离开对伟大的崇拜，然而与此同时，这种崇拜被转移到安全区域。

3. 超级英雄

超级英雄漫画打造的奇幻世界是男女英雄持续拥有高人气的领域之一。对于英雄在当代的视觉呈现，它具有近乎标志性的意义。凡是要被标记为"英雄"的人或事，都有身着奇异的弹性服装或头戴未来感盔甲的超级肌肉人形象，有着超人的标志、蝙蝠侠的蝙蝠面具或其他类似的漫威和 DC 宇宙的标志。它们千变万化，被模仿了成千上万遍，提供了几乎是普适性的、全球都可理解的符号集合。无休止的系列改编电影为其传播做出了重大贡献，但系列制作早已不再局限于受到品牌保护的产品，而是四处泛滥：无论是在儿童牙膏、WLAN 路由器、精酿啤酒的广告上，还是在肿瘤诊所的募捐中、被曝光过的诈骗行业里；无论是寻求护理工作的年轻人，还是被邀请参加儿童生日的小孩子，抑或是被漫画化的政治领袖身上，超级英雄和他们的所属元素在视觉上随处可见。公司、志愿组织和社会运动使用他们的标志，与他们联名——这是文化调查研究过的那种对文化－工业代码的挪用进行重新解释的积极例子，即使在无数挪用中，食古不化、冥顽不灵之处绝非轻易可改变的。

相反，超级英雄联盟也可能不仅限于讽刺漫画或电影一类的平台中：美国艺术史学家和作家泰茹·科尔（Teju Cole）以一张照片为例，该照片显示了一位支持"黑人的命也是命"（Black Lives Matter）运动的活动家，他穿着普普通通的夏装，被两名身穿重型战斗装备的警察逮捕，而他以正直无畏的态度挥着手，这诠释了视觉情念程式的文化力量。伊希亚·埃文斯（Ieshia Evans）没有装扮成超级英雄，摄影师也没有试图让她看起来像一个超级英雄。这张照片走红了，因为观众自发地从中认出了漫画和电影中熟悉的主题，即一个有着强大自我的战士，也因此是反对野蛮力量的无敌战士。根据科尔的说法，这样的图像满足了一种心理需求："实际上没有人是超级英雄，没有人能飞，也不能挡子弹。钢铁侠、神奇女侠、美国队长并不比阿喀琉斯或阿周那 [14] 更真实。我们知道这一点。但是自它们开始被讲述以来，神奇的战斗故事的意义在数千年里一直没有改变。超自然英雄主义的形象并不能欺骗我们，让我们误以为人之肉身可以做什么或忍受什么。但它们使耐心、无畏、愤怒或尊严等内心状态暂时可见……我们在这些图像中解读到正义的必要性。摄影师将捕捉到的短暂瞬间凝固成了永恒，不可能的事情发生了，我们也得到了勇气。"[26]

正是在它的对照关系和各类事件（détournements）的开放性中，这一体裁的神话潜力才得以展现。自 1930 年代开始以来，它在无数次媒介变化中存活下来，并在未放弃其基本叙事模式的情况下适应了不断变化的时代。叙事惯例相对简单，既保证了认可度，也保证了可能的变化：超级英雄有一个使命，通常是从超级恶棍手中拯救世界。他们还拥有可以在与对手的战斗中使用的超人的力量，这确保他们一定能够最终获胜——至少目前是这样。最后，超级英雄有一个可以表明的身份，除了他们的服装和属性外，这个身份还得到了一个起源故事的验证，该故事也解释了一个不起眼的平民和一个超级英雄的双重存在。[27] 这种叠加反映了漫画形成初期那批最早的受众，主要是白人男孩的内心状态。他们发现自己夹在自卑感和对无所不能的幻想之间左右为难。超级英雄在超级警察和无政府主义"治安官"之间横跳，对

---

[14]　阿周那（Arjuna）是印度大史诗《摩诃婆罗多》（*Mahābhārata*）里的中心人物，一位勇武的英雄。

应着年轻人在依赖权威和选择叛逆之间的摇摆不定。

在这一定义明确、范围广泛的框架中，可以容纳很多内容，特别是因为幻想之为一种文类，无须关心其内容与事实情况的接近，而是通过审美手段创造了一个虚构的现实空间，就已经容纳了很多内容，超级英雄的故事不是用来相信的，它们提供认同。为了达到这一目的，它们在神奇事物的点名册上勾选，从故事和传说的世界中汲取灵感，或者借鉴科幻、超自然恐怖等流派。[28]他们所承诺的消遣来自对同一模式的不断变换调整。一方面，神话叙事满足了"对冗余的渴望"[15]，[29]另一方面，通过其重复结构，它们提供了一个平台，针对当前的问题所在，对渴望和恐惧进行探讨。新版本并没有过多沿

---

[15] 19 世纪中期，批评家们普遍认为大众文化惧怕尝试新的事物，而常以复杂的手法来重复老旧题材，那些"笨拙的冒险永恒重复"，令人生厌。然而，一个世纪后，享誉世界的意大利作家、符号学家、理论家翁贝托·埃科（Umberto Eco）尝试使用符号学方法研究媒体文化问题，从现代性的角度出发重新审视了大众文化。1964 年，在与罗兰·巴特的《符号学原理》（*Éléments de Sémiologie*）、马尔库塞的《单向度的人》（*One-Dimensional Man*）、马歇尔·麦克卢汉（Marshall McLuhan）的《理解媒介：论人的延伸》（*Understanding Media: The Extensions of Man*）同期出版的《启示录派与综合派》（*Apocalittici e Integrati*，翁贝托·埃科将马尔库塞归为启示录派，而视麦克卢汉为综合派的代表人物）一书中，埃科集中讨论了各种大众艺术形式，指出"重复"正是大众文化的重要特征，非严肃作品在题材、手法等方面的重复出于人们"对冗余的渴望"（Hunger nach Redundanz）。埃科认为，一方面，在现代工业社会里，包括符号系统在内的传统信息、传统思维方式等受到极大冲击，一切都在迅速发生翻天覆地的变化，冗余的叙事及其他艺术手段因此成了人们能够停留在其中休憩片刻的唯一一避风港。因此，不能将其简单地视为媚俗。从另一方面来看，在大受欢迎的《星际迷航》（*Star Trek*）系列作品中，克林贡人（Klingons）有着独特的生理结构，其维持重要生命功能的器官都有冗余，这种被称为"brak'lul"的特性使得克林贡战士在战斗中有极强的恢复能力。由此可见，名为冗余者，其实大有功用。

用之前的版本，而更像是覆盖了旧本的重写本。这一流派的非历史性的时间性总是产生新的存在：适宜的传统要素集合被重新组合，不合时宜的传统在随后的修订中被处理掉，当下正在发生的事件被统合进来。

尽管涵盖了所有平行宇宙和时间循环，超级英雄传奇中现实的存在感仍十分醒目 [16]，由此引发了一场热烈的解释学讨论。专家和粉丝讨论——除其他事项外——关于政治浸润、社会形象和主体传唤；时而进行精神分析，时而引入交叉性（intersektional）解释，时而展开意识形态批判，时而关注文化符号。与超级英雄相关的讨论在哲学、神学甚至物理学领域都有学术贡献。[30] 这些截然不同的解释与漫画和电影中的角色本身一样矛盾：在一篇发表于 1964 年且影响至今的文章中，翁贝托·埃科将超人认定为"在一个精神失常、失望和自卑感司空见惯的等级社会，在一个剥夺个人的独特性以便于由腐朽组织强权来替他作决定的工业社会，以及在非体育运动领域，个人的力量在面对机器时显得荒唐可笑，而这机器本是为人服务，在由人所支

---

[16]　例如，在美国科幻动画片《瑞克和莫蒂》（*Rick and Morty*）中，超天才的疯狂科学家瑞克·桑切斯（Rick Sanchez）利用自制的传送枪和太空飞行车，带着自己的外孙莫蒂等人在各个平行宇宙意识、潜意识、故事……中穿梭历险。在这些时空中，存在着无数个版本的瑞克和莫蒂，他们甚至成立了自己的组织，即瑞克跨界委员会，但其他宇宙中的瑞克和莫蒂只是配角，他们可以是反派，可以被随意牺牲，只有地球版本的"瑞克·桑切斯C-137"，也就是我们现实世界中的这个瑞克和这个"瑞克的莫蒂"，才是绝对主角。就是这样一部以"越轨"为线索的超现实动画片，它本身的内容又时常提醒着观众，在我们这个现实中发生的一切才是关键。瑞克和莫蒂疯狂旅行的终点，总是要回归地球，与家人团聚。

配的社会里"，人们为实现"自主渴望和权力梦想"而作的"矫治神话"（Geeichte[n] Mythos）。[31] 半个多世纪后，德国作家、媒体人迪特马尔·达斯（Dietmar Dath）声称，长久以来被污蔑为"一地鸡毛的缩影"的超级英雄流派是"带有神话诗意的个人主义放大镜"或"现代人整体上的主体自我感知的伟大寓言"，他们必须证明自己走在"从好到更好的道路上"。[32] 如果有人关注了德国作家、电影和文化评论家乔治·塞斯伦（Georg Seeßlen）对扎克·施奈德（Zack Snyder）的《超人：钢铁之躯》和克里斯托弗·诺兰（Christopher Nolan）的《蝙蝠侠》三部曲的批评，那么就会发现，人们打破了"在身体和英雄图景中，在作为悲情制造机的建筑中，在对武器兵戈的崇拜中，在身体和社会的军事化中"运用法西斯美学元素[17]来策划超级英雄电影的套路。即使在流行文化典型的"轻浮的模仿和去语境化"之后，剩下的至少是"一种对抗大众、对抗人民和对抗民主的文化悲观姿态"。[33]

最后，对于大卫·格雷伯（David Graeber）来说，蝙蝠侠群英会[18]代表了"法律和政治秩序的捍卫者，这些捍卫者似乎是从无到有的，

---

[17]　一般认为，法西斯美学追求极端而绝对的审美。按照苏珊·桑塔格（Susan Sontag）等人的论断，电影中的法西斯美学元素包括：集结的人群、体格上的十全十美、展示强者对弱者取得的胜利、主宰与奴役、对服从行为和狂热效应的迷恋等。此外，它通常还具有将自己制造的人工现实直接等同于现实本身，以及大量地、突出地使用隐喻手法等特点。

[18]　蝙蝠侠群英会（Batman und Co./ Batman Inc.）是美国 DC 漫画旗下的超级英雄团队，由全世界受到蝙蝠侠布鲁斯·韦恩资金赞助的超级英雄组成，其中还包括了于 2016 年在《中国超人》中首次登场的"中国蝙蝠侠"王柏熙。

无论这些法律和政治秩序有多少缺陷或有多么堕落，都必须得到捍卫，因为单一的选项将会更糟。他们不是法西斯主义者。他们只是普通人，却极为强大。他们生活在一个法西斯主义是唯一政治选择的世界"。[34]

对后英雄时代的诊断与流行文化中女性或男性超级英雄的层出不穷之间是否存在共鸣？是否正如埃科所认为的那样，这是一种补偿现象，旨在补偿主体的去中心化体验？超维度的英雄人物是否像达斯所说的那样举起了一面镜子，在镜子中，我们认出现代对自我提升势在必行的期许和强制要求被讽刺性地夸大了？或者，根据塞斯伦和格雷伯的批评，他们是否支持威权主义取向的回归或持续存在？"超级英雄是否必须扭转后英雄主义，拯救世界并响应每一次危机：'9·11'事件、金融危机、关塔那摩（Guantánamo）？"[35]

所有这些都是真的。然而，后英雄时刻出现在超级英雄流派本身的多元化过程，这一过程主要受市场驱使，它的年表让人想起一种在古代已经盛行的对世界时代进行划分的学说。在其发展过程中，在黄金、白银和青铜（或称黑暗）时代之后，女性或男性超级英雄现已进入"水银时代"（Quecksilberzeitalter）[36]：五花八门、变化多端，几乎适用于所有目标群体。同时，英雄们显得更加矛盾，他们往往是受过创伤的人物，被自我怀疑所折磨，这些与对手几乎没有区别。叙事惯例已经松动，"继续、重建或废除之间的明确界限"不复存在，[37] 具有讽刺意味的模棱两可被列入日程。以超级英雄传奇为媒介，既可以进行思想改造，也可以进行当代批判，可以刻画出内心复杂的人物，也可以描摹出迟钝麻木的人物，而在此之上，这一切都可以进行"元英雄主义"（metaheroisch）的思考。具有讽刺意味的是，至少在某些时候，这种拥有最笨拙的英雄陈词滥调的流派被证明是对英雄在当代文化中的地位进行深入反思的场景所在。

日常英雄主义叙事中的助人为乐和救死扶伤精神，也出现在超人、神奇女侠和群英会的使命宣言中；与体坛女性和男性英雄一样，这些也与独特的成就、对抗的娱乐价值相关。但是，当真实人物的行为在日常生活中、在体育这一交界领域里被英雄化时，超级英雄漫画和电影又开辟出了一个想象的空间，让人们可以在不受良心谴责的情况下追求全能的幻想，带着一片赤忱之心沉醉在整个内城的毁灭之中。英雄僭越的一面取代了其作为道德模范的一面。当然，人们也可以就此去问哈贝马斯"谁需要这个，为什么？"但答案将在情感而非明确或隐含的唤起行为的层面上找到。马克斯·霍克海默和西奥多·阿多诺的名言——"取乐是一个矿泉浴场"（Fun ist ein Stahlbad）[19] 38——可以颠倒一下：矿泉浴场是可以取乐的（Stahlbad ist Fun），你只要坐在电影院的沙发椅上消费就行。

---

[19] 可参考 [德] 马克斯·霍克海默、西奥多·阿多诺：《启蒙辩证法》，渠敬东、曹卫东译，上海人民出版社，2020。原译文为："而取乐则是一种很有疗效的沐浴疗法。"作者在此批判了文化工业制造的快乐幻觉，称："笑声是我们无法逃避的权力的回声。而取乐则是一种很有疗效的沐浴疗法。快乐工业绝对不会不对此作出规定。它把笑声当成了施加在幸福上的欺骗工具。幸福的时刻是不会有笑声的；只有轻歌剧和电影才把性连同不断回响的笑声一并展现出来。"

4. 强悍的男人，勇敢的女人

当代政治空间里生出的英雄主义领导总体上也与情感纽带相关。民粹主义运动的运作方式一体两面，一面是同质化的人民，另一面是与他们脱钩的精英。他们搬弄着所谓叛徒在人民内部进行破坏和全球化带来外部危险（对于左翼民粹主义者来说，危险是商品和资本的跨境流动；对于右翼民粹主义者来说，危险是人口的跨境流动[39]）等是非，并索取人民真实意愿的独家代理权。而自始至终，他们都在追寻个人化的独夫策略，并想建立起一种政治风格，利用强悍的男性，而极少是女性的自负专断来对抗所谓的政治机构的软弱和腐败。这使得他们特别需要扮成英雄。实际上，并非所有的民粹主义运动里都存在这样一位相应的人士，但即便领导者的位置暂时空置，对他的召唤也形成了动员。

当然，人格化并不是民粹主义运动的专利，在这方面，它并不是游离于民主政治之外的激进他者，而是民主政治扭曲变形后的形象展现。所有政党，尤其是在竞选活动中，都会将注意力引流到他们的顶级候选人身上，将事实争议上演为领导层冲突，并将胜出者看作凯旋的英雄，予以庆贺。传媒化政治把政治家们变成了政治演员，即使角色剧本不止一个，戏剧性的剧目也是有限的，但人们对可以被英雄化的主角的渴望十分强烈。在脱口秀和推特（Twitter）盛行的时代，正如马克斯·韦伯在一个世纪前所宣称的那样，[40] 秉持职业精神，"政治是一种并施热情和判断力，去出劲而缓慢地穿透硬木板的工作"[20]，它不再适合作为自我展示的方式了。短期的形象打造取代了长期规划的愿景，具有攻击性的可视化管理变得比彻底研究文件更为重要。个人化的动力不仅由乌韦·席曼克（Uwe Schimank）所称的当代政治的基本"造型悖论"（Gestaltungsparadox）推动：社会面临的挑战越紧迫，"越需要深远的变革，这样才能治本，而不仅仅是治标"。与此同时，"政治决策者的形象塑造功夫与实际行动需求相去越远"，并进一步迫使他们采取应对后英雄主义的策略，[41] 明星崇拜愈加盛行，实干家的行动愈热火朝天，决定性的示威活动如火如荼。英雄主义神话降低了公众的政治复杂性，并且消减了公众复杂的政治需求。[42]

民粹主义运动遵循这些动态，但民粹主义领导人的表演与民主政治家有别。强悍的男人（和女人）并不认为自己代表特定人群的利益，而是声称他们直接体现了人们想象中的团结。他们领导下的宪法和以人民为集体主体的宪法是相互依存的。[43] 正如杨－维尔纳·穆勒（Jan-Werner Müller）所写的，这并不一定意味着他们具有超凡魅力的领导风格："这当然有助于民粹主义政党拥有一个令人印象深刻、热情四射、忘记日常生活的领导人，但这也适用于其他政治团体。在民粹主义思想的世界中，民粹主义领袖正确认识和落实人民的独特意志至关重要。根据他们自己的理解，他（或她）不一定领导，而是

---

[20] 译文引自 [德] 马克斯·韦伯：《政治作为一种志业》，钱永祥译，载康乐等译《韦伯作品集·学术与政治》，上海三联书店，2021。

他（或她）追随……人民。"[44] 为了维持这种虚构出的领导者和追随者统一的假象，他必须成为一个矛盾的形象，他是"伟大的'小人物'"[45]：一方面，他完全是一个普通人民的后裔，另一方面，他是一个卓越非凡的人物。他可以成为追随者的代言人，只有凭借其非凡的手段，他才能获得权威。

这种双重表演的一部分还包括故意违反规则和民粹主义领导人的粗鲁浮夸举止，这种行为一再陷入尴尬的怪诞之中。违反禁忌是所有民粹主义者清单的一部分；然而，在策略性地使用"政治不正确"（political incorrectness）的方式上，强悍男性榜样与女性的榜样不同，右翼民粹主义者的榜样与左翼民粹主义者的榜样不同。因为他们侮辱政治对手、爆发种族主义、对妇女或残疾人发表贬损言论，右翼强人以其公然的暴力威胁，但也以其无耻的财富和力量，强调了他们对根据出身和阶级状况通常属于的权势集团的前线立场，同时表明他们既不关心法律界限，也不关心体面或有品位的界限。通过这种方式，他们可以让大众认识到自己内心的怨恨，并以自己为榜样，把怨恨转变为公开的攻击。他们扮演着代表的角色，而他们的追随者们也很乐意被代表，这就鼓励了他们也抛开其文明禁忌。他们并不是因为不顾一切，而是因为僭越和出格而受到赞赏。那些向强权宣战并显然（几乎）能够夺取一切的人必须拥有非凡的权力，不是作为拥有禁欲主义美德的统治者或父权英雄，而是作为僭越的民间英雄，那些让"上位者"（die da oben）懂得敬畏，用铁扫帚清扫政治的"奥基阿斯牛厩"（Augiasstall）[21] 的人，索求强者红利——即使他们已经占据部长职位，或居住在总统府。与他们为伍的人，会将对抗叛逆与支持独裁结合起来。

然而，摆出英雄主义的姿态，与其说是为了认同，不如说是为了达成演员和观众之间的一致，不要把作品本身看得太重，而要将其用作情感共鸣放大器。一个愿打，一个愿挨，双方都希望在心绪业已被扰乱之后吃下一颗定心丸。专业的沟通顾问确保共振机器得到润滑，算法对信息流进行分类并过滤"来自人们的背景噪声，以便为他们服务"。[46] 共同的情感也可以避免令人不安的事实。任何有碍圈子自我强化的事情都会被撒谎的媒体否认或被斥责为阴谋。与其说是事实上具有一种凝聚力，不如说是创造出了一种凝聚力，然后你会心甘情愿地让自己卷入其中。

民粹主义英雄的扮演者通过从根本上降低复杂性，避过了席曼克的"造型悖论"：在其他人看到问题的地方，他们会嗅出阴谋并找出替罪羊。他们将把寻求解决方案的辛苦工作留给那些愚蠢到仍然相信他们的被瞧不起的"善行者"。作为替代，他们提供了廉价的机会，让这些人可以联合起来形成一个激愤的群体，把气撒在弱者头上，并

----

　　[21]　希腊神话中的奥基阿斯（Augeías）是伯罗奔尼撒半岛的伊利斯（Elis）的国王。在一天之内清扫干净奥基阿斯王的牛厩是赫拉克勒斯著名的十二功绩之一。相传此牛厩里养有三千头牛，三十年来未曾打扫，故后世用其喻指杂乱无章的地方、烂摊子。在政治言论中，清扫奥基阿斯牛厩意味着揭发腐败，并对腐败造成的不良影响进行彻底清除。

将政治精英驱赶到他们面前。只要他们树立起敌人的形象，他们就可以背信弃义。他们传达出的信息很简单：如果向好的方向转变已绝无可能，至少其他人的情况会更糟。因为社会意味着无情的斗争，所以最好是属于更强大的势力阵营。[47] 这就是强悍的男性经常摆出持枪造型的原因之一。尤其是通过一种颠覆性的风格，使自相矛盾成为规则。这种风格创造了一种不可预估的气氛，用长期持续的愤怒取代了说服力。这不是由合理化推断计算而来奥德修斯式的计谋，而是一种利用感性情绪进行压制的策略，其目的是永远掌握控制权，甚至进一步俘获对手。

虽然当代的日常英雄、体坛英雄和超级英雄叙事，通过放宽成为英雄的门槛、对他们进行道德净化、将他们的行动转移到无害的领域，并反思性地处理他们的矛盾性，从而吸收了后英雄主义的问题意识，但民粹主义英雄的表演断然颠覆了我们处在后英雄主义社会的这一诊断。他们代表着独夫领导、刻板僵化的敌友模式、战斗到底的豪言壮语、对暴力的赞美和一种冲动的情绪政治。他们自封为旧时英雄的复生者，但与往昔英雄们的共同之处，远比其不断援引前人的历史壮举所暗示的要少。民粹主义的新英雄主义气概也在后英雄世界中起舞。与他们所宣称的榜样不同，今天的强者是受媒体驱动的机会主义者，他们（受算法支持）对公共舆论的敏锐感使他们无法喊出要求坚持不懈和要求牺牲的口号。宣讲鲜血、汗水和眼泪不是他们的业务。他们也没有必要这样，因为大众英雄主义的动员在今天已变得可有可无。在后英雄时代，民众领袖只需将自己装点成英雄的样子并在情感上感染公众就足够了。然而，这并没有降低其危险性。

然而，这还不是全部。政治领域强者的回归还包括"男性法西斯主义的女性反对者"的崛起。[48]勇敢的年轻女性，如气候活动家格蕾塔·通贝里（Greta Thunberg），通过在学校罢课而发起了现在全球性的"星期五为了未来"运动，或是卡罗拉·拉科特（Carola Rackete）船长，她和她的船员一起从地中海救出了在海上遇险的难民，并与意大利内政部部长抗争，被推崇为叛逆的反英雄。这一观点不止基于对传统英雄模式的彻底颠覆，还让右翼民粹主义演讲者看起来有些老迈过时："曾经是男人出海到了世界其他地方，把温顺甚或在悲叹的女人留在了大陆和狭小的家园。但现在，恰恰是他们，那些被抛在后面、悲叹、渴望筑起高墙和边界的男人，要关闭港口，并向走进世界的女人大喊'送她回去'（send her back）。"[49]

然而，新的女英雄们也受制于个人化和极端化的规律，她们被所有人都难以逃离的大众传媒束缚着，自己也被传媒化了。对她们进行报道的方式，可能会妨碍她们的主张。抵制全球变暖，打破对个别行动家采取拘禁手段的残暴政策，将她们理想化为英雄式的光辉正面人物，满足了媒体的需求，也满足了大众对具有正能量的动人故事的渴望。一方面，通贝里、拉科特和她们的同伴给社会运动增光添彩，并给出了勇于行动的鼓舞人心的例子。另一方面，她们的英雄化也隐藏着昙花一现、难以为继的危险。媒体的关注周期很短，总是需要新的、更引人注目的行动。个人的展示叠加了个人的信息。如果对标志性人物的兴趣减弱，运动的号召力也会减弱。甚至在此之前，身份认同也意味着权利让渡。崇拜是否能激发或鼓励崇拜者继续扮演大众的角色尚不清楚，特别是因为与其偶像不同，他们中的大多数人无法将抗议变成全职工作。同时，年轻女性身具的道德品质使她们变得软弱。她们受制于她们不可能达到而只可能失败的标准。即使是最谨慎的气候女英雄也会产生二氧化碳排放。而她的对手已经在用厌恶女性和病态的长篇大论抨击她，正等着以双重标准为她定罪。更为冷静的观察者认为她们是幼稚的，只是不关心政治的理想主义者。

英雄化的逻辑也让我们无法在一个更大的层面去思考问题。无论如何，政治变革受个人行为改变的影响有限，即使每个人都效仿格蕾塔·通贝里，停止搭乘飞机，气候灾难仍将继续下去。因此，崇拜少数几个领衔者，就如常言所说，是"在森林之中吹响哨子"：只要有人作出行动，哪怕只是踏出很小的一步，就很容易打消所有让人感到畏惧的原因。对简单解决方案的渴望，以及对体现这些解决方案的象征性榜样的搜寻，证明这些榜样自身才是出现了危机的征兆，并非身为英雄就定能力挽狂澜。

当强悍的男人放任他们的英雄狂想四处撒野时，勇敢的年轻女性们忍耐着他们英雄化的仪式。当然，大家很快就学会了与超凡魅力者进行互动的规则。摆出英雄之姿的专制者和劝导良行美德的女性英雄是相互对抗的角色：一个人想以英雄的身份出现，并尽一切可能榨取人们对其所扮演的角色的好感；另一个人被塑造成女英雄，却尽量退后，隐身于事件背后。他一心想要篡权上位，她试图让权势归于理性。两者都要求彻底地转变，并发动其追随者的影响力来达成目标。在他们的矛盾对立中，社会展露出它的裂隙，它滋生着男女英雄，同时也意识到当今的社会分化问题只能以后英雄的方式来解决——如果有这种方式的话。

结语

英雄主义之"否思"?

　　考察后英雄时代的主体、管理和战争,其当代诊断清晰地表明,英雄式询唤在多大程度上仍然存在。通过对当代男女英雄人物陈列式的描述,可以看出他们对后英雄主义问题意识的吸纳度。因此,应该避免发布英雄主义的讣告或发布英雄主义永存的主张。英雄传奇之所以存在,是因为它们满足了一直延续至今的利益和情感需求;它们会发生变化,而当这些需求所依托的形势与情势发生变化时,英雄传奇也随即更迭。正如我在本书中所尝试的那样,人们可以并从考察英雄主义发生转变的过程入手,追溯社会变革的历程。然而,很难坚守一种"客观中立的"远观者的姿态,要写清英雄主义,必定会涉及对它的价值判断。无论如何,随着这里勾勒出的时代画卷的轮廓越来越清晰,英雄传奇,包括那些后英雄之英雄的传奇,在我心中激起的不安也越来越强烈。

　　这种不安推动我尝试对英雄形象进行批判,我将英雄形象看作一种解释模式、一种行动的命令和一种关系形式，简而言之：一种个人和集体的取向模式。我从 2019 年去世的社会学家和社会历史学家伊曼纽尔·沃勒斯坦那里借用了"否思"（kaputtdenkens）一词，这遵照了他本人对英文"unthinking"的翻译建议。[1]沃勒斯坦想从根本上质疑历史社会科学的基本认识论概念，他所创立的世界系统分析和对英雄所指的考察几乎没有共同之处。但正如发展范式（Entwicklungsparadigma），英雄叙事也预设着观点的导向和行动的导向。

有时甚至在同一个方向上："我们需要英雄。"例如，精神分析学家克里斯蒂安·施耐德（Christian Schneider）使用了"别开生面"这一现代基本母题，"因为他们是调节社区和社会乌托邦需求最主要的人物投影。社群总是面对两个问题：自我保护和自我超越。英雄人物涉及后者。我们生活在热血滚烫的文化之中，我们不断需要新的目标，需要受到超越自我和超越日常事务的激励。这正是英雄所提供的。他们指向超越的东西。如果你没有这些冲动、没有乌托邦、没有对于未来的憧憬和追求，那么人们在一个社会中共同生活的机制就会变得脆弱"。[2]英雄作为代际发展的推动者——这让人想起黑格尔对"世界历史个人"的命名，和他一样，施耐德知道引领进步的主角们踏过尸山血海。"但凡说到英雄，自然会提起死亡，更准确地说：谋杀。"他在同一次访谈中说道。当然，这就产生了对合法性的需求："古典的英雄不会自私自利。他总是为群体服务。他打破杀戮禁忌，以保护群体，对外捍卫群体及其价值观。"[3]这种以集体利益为名的英雄式暴力只会强化与其一致的现代的历史观念，即将历史看作敌对集团之间的斗争。"我们"需要英雄，因为只有这个"我们"感受到来自其他人的威胁，并且只有在永久动员起来对抗外部威胁时，我们才能体验自己是"我们"。——英雄的本质：一种人格化的群体利己主义行为。

英雄主义在道德上也出现两极分化：要么只有胜利才重要，只要目的高尚，一切手段都是合理的；要么英雄即使在战斗中长期失败，仍坚守他的原则。两者都需要对自己和对环境冷酷无情。妥协能力并非英雄美德的一部分。恩岑斯贝格所指的忧郁的"回撤英雄"（Helden des Rueckzugs）是英雄行会里的非典型代表，他们是反英雄，无人为其竖立纪念碑，也无人称言对其崇拜。⁴与此同时，英雄的语言受制于苛刻的语法；最主要的部分是一贯如此的！任何要成为榜样的人都必须将其坚持到底。最好谨守笛卡尔（Descartes）的准则，"在行动上尽可能坚定果断，一旦选定某种看法，哪怕它十分可疑，也毫不动摇地坚决遵循，就像它十分可靠一样"。[1] 5 即便南辕北辙，只要你走的时间足够长，走得足够远，就一定能在漫漫森林之中找到容身之所。⁶这番教诲肯定不适合用作道德指南。世界太复杂，本无原则可循。英

---

[1]　译文引自 [法] 笛卡尔：《谈谈方法》，王太庆译，商务印书馆，2011。笛卡尔在其后继续论述道："这样做是效法森林里迷路的旅客，他们绝不能胡乱地东走走西撞撞，也不能停在一个地方不动，必须始终朝着一个方向尽可能笔直地前进，尽管这个方向在开始的时候只是偶然选定的，也不要由于细小的理由改变方向，因为这样做即便不能恰好走到目的地，至少最后可以走到一个地方，总比困在树林里面强。"

雄主义将矛盾冲突化解为二元对立或戏剧化其不可解性，来缓解模棱两可的矛盾冲突。最后，英雄战胜邪恶势力，悲剧性死亡，或是在战斗进入下一轮之前得到短暂的喘息。透过英雄的眼睛，世界呈现为黑白相间的样子。灰色的混合区域会消失，并且不提供其他颜色——英雄的本质：一道简化程序。

英雄榜样保护我们免于平庸和停滞，这是所有为英雄辩护的论点中反复出现的论点。但这再也不能令人信服了。必须始终优先考虑创新、增长和消除边界的前提是值得怀疑的。在全球变暖的时代，热烈喧嚣的社会及其英勇的火力加速器理所当然地声名狼藉。对奥多·马库阿德"马克思的第十一篇'费尔巴哈（Feuerbach）论文'离间了历史和哲学这对铁哥们"这一妙语稍作调整：英雄们"只是以不同的方式改变了世界，但重要的是不要伤害这个世界"。[7] 最不需要的就是英勇的非凡人物。有太多的利害关系，关键不是凭一己之力所能扭转。英雄传奇里掩藏了太多人的辉芒，这样便更能凸显出那一个人的闪耀夺目；它们忽略了其他众人的参与，而把最终的胜利成果归功于一人。[8] 然而，最重要的是，英雄传奇包含的是个人主义的谎言，即一个单独的个体如果全力以赴去拼搏，那所有的艰难险阻、致命挑战也都可以克服。任何接收到这个信息的人都可以沉浸在伟大的幻想中度过一段时间，然后才不得不更加强烈地感到挫败——英雄的本质：一种关于责任化的话术，它一面让人有能动性，一面又同样程度地让人"负罪"。

约瑟夫·坎贝尔的追随者将有关英雄进阶的神话作为成功学贩

卖。英雄可能会犹疑并与自己斗争，但最终他超越了自己，他出发、击败怪物并最终迎娶了公主。这样做的代价至少是暂时的人格分裂，英雄主义自我意识的形成过程是一项高处不胜寒的事业。甚至崇拜者为了向英雄表达致敬，不得不将英雄旅人与其社群分离开来，以此来暗示着他是个特殊之人。一个只由英雄旅者构成的社会更可能是一个令人十分难以忍受的自大且自恋者的集合，不会是一个团结的地方。正因为英雄之旅将每个人都送上了同一条旅程，其他有志者只会阻碍自己的神化。——英雄的本质：一次自我之旅（Egotrip）。

　　然而，勇气、决心、胜利甚至个人更愿意为集体作出牺牲，这些似乎非常直接地打动了我们。谁会怀疑英雄榜样带来的启示呢？那么，不是一切都取决于正确的选择吗？这是那些不相信英雄的必要性的人的论点，但他们至少相信英雄的必然性，因此试图用道德上无可挑剔的变体来置换那些令人反感的变体。但是关于勇敢的日常英雄和不屈不挠的反抗者女英雄的故事也受到个人主义偏见的影响。旨在减少无力感和鼓励该出手时就出手的做法将注意力集中在少数人的工作上，难以从上层构筑起反抗力量。"对个人责任和对个人干预的叙述维持了现状，无论是关于社会不平等、贫困还是污染，"美国公关家和活动家丽贝卡·索尔尼特（Rebecca Solnit）写道："我们所面对的最大的问题不能靠英雄来解决。它们应该靠社会运动、联盟和公民社会来解决，如果有的话。"因此，"当公民将责任推卸给英雄时，这样的国家是不幸的"。[9] 没有人比那些被授予这一称号的人更清楚这一点，并且，他们尽其所能与它作斗争。"作为个人，你可以为保护气候做的最有效的事情就是，是停止做'个人，'"索尔尼特引用一位生态活动家的话说。[10] 鞠躬以示崇敬，或单打独斗以追逐桂冠当然比寻找盟友更容易，而这当然无助于事业。英雄崇拜即使在向女性反抗者道贺时也是保守的。也许英雄改变世界不是真的；也许他们的故事只是为了让事情保持这种状态而制造出了一点仿佛事情已有所改变的噪声。——英雄的本质：一种去政治化的策略。

汉娜·阿伦特（Hannah Arendt）将政治作为理解为坦率的"和而不同"[11]，英雄传奇将个人行为与牺牲意愿结合起来。不仅仅只有军事英雄主义是以战士英模为基础的。英雄是那些自愿（或加引号的"自愿"）接受特殊剥夺，甚至冒着生命危险服务于群体或执行救援任务的人。（在殉道者的意义上）必须做出牺牲这一事实绝对不容置疑，必须使众多英雄道路上（在受害者的意义上）的非自愿牺牲消弭于无形。尸体的气味被熏香掩盖。英雄主义的死亡崇拜将朋友和敌人之间的区别凝固为可受哀悼的人和被剥夺了受吊念这种认可形式的人之间的区别。[2] [12] 有些人被提升到英雄的地位，有些人被妖魔化或被完全从公众记忆中抹去。英雄叙事将合法性强加给它们的主人公，而英雄对他人实施的行为是否合法则无人在意。为此，人们以围绕英雄行为的情感能量为食粮。对他的勇气感到惊讶，对他的胜利充满热情，对他的失败表示同情，对他不得不忍受的事情感到愤慨，对他的

---

[2]　可参考 [美] 朱迪斯·巴特勒：《脆弱不安的生命：哀悼与暴力的力量》，何磊、赵英男译，河南大学出版社，2016；[美] 朱迪斯·巴特勒：《战争的框架》，何磊译，河南大学出版社，2016。

命运感到恐惧。最后，对他去世的哀悼产生了一种吸引力，同时也让受众免于去质疑——也包括对他们自己痴迷于此的质疑。言必称大义的英雄指令与其说是正当的，不如说它引诱和压倒一切。通过人们的祈愿，他们设置了一个识别陷阱：在钦佩和崇敬的模式下，几乎没有可供反思的空间距离。英雄的牺牲的出现似乎是理由充分正当的，因为它会引发感动。对此质疑就是大逆不道。——英雄的本质：企图进行情感绑架。

对后英雄时代的诊断涉及牺牲意愿的减退以及权威领导和自我领导模式的合法性的丧失，但他们仍坚持让英雄来担当危机解除者，或者至少承认在需要应对危机时，对英雄有明显的渴求。如《信经》[3]（Credo）所示，面对非同寻常的情况不仅需要非同寻常的措施，还需要具有非同寻常品格的个人来执行这些措施。例外状况（state of exception）需要特别的格式塔。如果常规运作使人庸碌，那么在紧急状态下，英雄主义就会蓬勃发展。与取得官方授权、遵循程序规则或强制进行非正式的更佳论证等相比，更重要的是采取决定性的行动。集中力量对个人采取行动，从叙事上概括了统治者的自我赋权实践。英雄传奇也有其政治神学。在民主制度中，统治地位已经退回到了组

---

[3]　"Credo"，拉丁语本意为"我相信"。《信经》是基督教信仰及仪式的重要组成部分，在天主教、新教、东正教及其各自的分支中，又各有其具体所指。较为公认的《信经》有《使徒信经》(Symbolum Apostolorum 或 Symbolum Apostolicum)、《尼西亚信经》(Symbolum Nicaenum) 等。在弥撒中，《信经》被用作祈祷词，或念诵，或和着格里高利圣咏（Cantus Gregorianus）等弥撒背景音乐唱诵。

织结构之中，利维坦 [4]（Leviathan）的化身仍然是抽象的或可被替换的。"权力的空位" [5] 13 出现，英雄主义的个人化政治填补了进去。行使权力的个人中心越少，由强悍的男人、偶尔也由铁娘子出演的统治剧目的受众就越多。如同其大众神话样板一样，演出的导向遵循戏剧冲突需不断升级的诚命，在遭遇危机时，对英雄的需求就增加了，但英雄既然辈出，不能无用武之地，这就生出了对危机的需求。英雄永远枕戈待旦、蓄势而发，他们需要紧急状态，就像警察需要罪犯作案一样。没有来自四面八方的敌人，没有处处潜伏着的危险，他们就没有把自己当成救世主的机会。他们承诺驱散的恐怖正是他们权威的来源。——英雄主义：一种统治技术。

英雄主义领域里，"否思"仍在上演。作为神话杀手的启蒙者是一个英雄人物，他的反英雄冲动证实了即使在否定行为中，英雄主义

---

[4] 《圣经》中的海中巨兽、海怪。在霍布斯的政治学巨著《利维坦》（*Leviathan*）中，它被用以指代强权领导、巨型国家机器。

[5] "权力的空位"（empty place of power），是法国当代政治哲学家克劳德·勒弗（Claude Lefort）提出的概念。勒弗利用中世纪史学家恩斯特·康托洛维兹（Ernst Kantorowicz）关于国王的两个身体的比喻，将前现代社会的政治秩序描述为一个以国王为首的有机秩序。国王有"两个身体"，一个是他的自然的会死亡的身体，另一个则是象征性的不会死亡的身体，即作为王国统一性的象征，而国王的权力被认为来自上帝，因此具有确定性。法国大革命中路易十六被斩首事件具有强烈的双重意味，现代社会正是传统社会有机体被斩"首"之后的存在。勒弗将国王已死、社会无首的状态称为出现了"权力的空位"。他认为，现代民主制度是人们试图填补权力的空位过程中的一种尝试。人民作为一个整体替代了国王的位置，但其本身及其意志都是抽象的、不可见的、无法确定的，显然无法有效地行使权力，因此需要选出其代表，这又引出了勒弗的另一个理论重点：民主制度中"被代表"与"代表"之间永远存在、无法弥合的距离。

神话仍具有其有效性。这也许就是我们为何还要更进一步，对"否思"的概念进行再"否思"的原因。无论在何种情况下，为了解毒，仅仅发现它们的毒性所在是不够的。毫无疑问，英雄崇拜支持了逆来顺受的产生——就像牺牲一样——它们描绘了一幅满溢着战斗意识的画面。一个充斥着不可调和的对立面的世界，只有依靠更强大的人才能保证其安全。这也正是这些英雄传奇本身的叙事吸引力所在。他们提供令人兴奋的娱乐，带你进入奇妙的世界，并邀请你与他们的主人公一起战栗，与他们一起为最后的胜利欢呼，或哀悼他们的垮台。简而言之，它们刺激感官。情感无可抗拒，只能被其他情感抵消；也只有其他的故事才能颠覆英雄传奇的力量。"去英雄化"不仅是一个叙事学主题。

美国科幻作家厄休拉·K. 勒古恩（Ursula K. Le Guin）在她的"虚构的提袋理论"（Carrier bag theory of Fiction）[14] 中设计了一个替代无处不在的英雄传奇的方案，同时解释了为什么这种替代方案尚未能够站稳脚跟：她写道，对于人类来说，食物的主要来源包括收集的种子、根、芽和水果，而猎物只占饮食的一小部分。然而，猎人不仅从他们的远足中带回了肉，还带回一个故事。她标出了其中的不同之处。与第一个猎人如何用他的长矛猛刺猛犸象的侧腹、第二个怎样被猛犸象的獠牙刺穿、第三个凭借何种精湛的箭法射中巨象这样高度戏剧化的描述相比，告诉你如何在这里挖块茎、在那里采摘浆果，首先收集蘑菇，然后费力地将燕麦粒从外壳中取出就显得那样乏味，很难从中找出有吸引力的部分。猎人的故事里不全是动作，它还有一个英雄，"英雄是强大的。在不知不觉中，野燕麦地的男男女女、他们的孩子，乃至工匠的技艺、思想家的思想、歌手的歌声，都已经融入了英雄的故事之中。但这不是她的故事，而是他的"；这是一个"杀手故事（Killerstory）"。[15] 勒古恩从这里划出了一条线，直到长崎，到被投掷了凝固汽油弹的越南村庄，再到受里根威胁的"邪恶帝国"（苏联），也在"科技领先神话"里画了线。这个故事的结构类似于矛或箭的运动轨迹：英雄叙事是线性的。它不蜿蜒曲折，而是寻求从起点到目的地的直达路线。它的核心是一场冲突，英雄自当参与其中。

勒古恩拿来与英雄叙事进行对比的故事既不是线性的，不采用对立结构，也不围绕着一个强大的演员展开。相反，它是关于提袋的。在人类文化之初，没有可以用来打、刺、杀的物品，而是需要用于收集和储存的容器：卷起的叶子、蚌壳、挖空的南瓜、锅和网。提袋的故事是完全不英雄主义的。它们收集不同种类的素材并将它们相互关联起来。当然，其中也包括冲突。但它们似乎只"作为一个整体的必要组成部分，其本身不能被描述为冲突或和谐，因为它的目的不是最终解决问题或就此停滞不前，而是维持一个持续的过程"。[16] 很明显，这个故事中的主人公看起来不太好。他虽然在提袋中也占有一席之地，但他不再是全部事物的中心，最重要的是，没有支撑起他的基座。正如唐娜·哈拉维（Donna Haraway）在评论勒古恩时所写的那样，"磨刀霍霍，作好了战斗准备的行动寓言"取代了"猎人杀死并带回可怕猎物的男性化人造故事"，"改变"和"消逝"的故事和谐共生。[17]

人们没必要分享勒古恩（从伊丽莎白·费舍尔 [Elizabeth Fisher]
那里借鉴来的 [6] 18）的人类学推测，追随她（本身就是英雄叙事的一
个特征）的二元性别象征说，人们可能会偶然发现她（与哈拉维共享）
的整体主义，并注意到她关于箭头运动的叙事隐喻具有误导性（她忽
略了英雄传奇也需要"阻碍元素"的事实），但可能会被提袋理论中
暗含的"温和的极端"刺激到。她的文章只有六页，包含了对英雄主
义的基本批判，她认真对待其叙事结构，避开了反对认同反英雄主义
的陷阱。勒古恩并不认为英雄是要被击破的，她把英雄们从其基座上
摘取下来，把他们和其他许多人、动物、物品等一起装进一个大袋子
里，并在她的冒险旅程中夹带了大量的故事，这些故事无关于战斗、
杀戮和自我牺牲，而与采集和收集有关。

如果有人想把讲述如此这般的故事的艺术、倾心于这样的故事的
态度称为后英雄的，那么应该说，我们距离真正成为后英雄还有很长
的路要走，但成为后英雄中的一员，会是个好主意。

---

[6]　指勒古恩在文章中提到，美国人类学家、女性主义者伊丽莎白·费舍尔在其 1979
年出版的著作《女性写作》（*Women's Creation. Sexual Evolution and the Shaping of Society*）中谈
道："最早的文化发明物一定是个容器，用来盛装人们采集到的东西，还有吊兜或网袋。"

致　谢

　　完成这样一本书的想法源自我与德国研究基金会资助的"英雄—英雄化—英雄主义"(Helden-Heroisiert-Heroismen)合作研究中心(SFB)的合作,该中心于 2012 年在弗赖堡的阿尔伯特-路德维希大学成立,本书是其中的部分成果。如果没有与该协会的同事们进行深入讨论,我将无法编写它。在合作研究中心开展的活动中,我对书中各个版块作过单独介绍。首先,我要感谢托比亚斯·施莱希特里姆(Tobias Schlechtriem),他与我一起参与了子项目"后英雄主义与非凡人物的新形象之间的当代社会学诊断"。我在本书中所阐述的内容在很大程度上是我们共同思考的结果。我要感谢马丁·鲍尔(Martin Bauer)、尼古拉斯·德特林(Nicolas Detering)、卡罗尔·迪策(Carola Dietze)、本杰明·多伯(Benjamin Dober)、乌尔里希·叶格尔(Ulrich Jaekel)、安德烈亚斯·朗格诺尔(Andreas Langenohl)、维布克·利布哈特(Wibke Liebhart)、克劳斯·莱因哈特(Klaus Reinhardt)和芭芭拉·韦维尔(Barbara Wewel)对各个章节和整个手稿的透彻阅读和批判性评论。米尔科·贝克尔斯（Mirko Beckers）、安娜－莉娜·格里戈（Anna-Lena Grigo）、马吕斯·米尔克（Marius Mielke）、卢卡斯·波奇（Lukas Potsch）和海伦妮·塔阿（Helene Thaa）支持我购买文献资料，我要热烈感谢他们。这本书的完成还得益于两次短暂居留——2016—2017 学年和 2018 年夏季——在康斯坦茨大学，作为联邦政府和各州卓越集群倡议的一部分，成立了"融合的文化基础"卓越集群文化研究学院。我要感谢这样优秀的团队的负责人的邀请，感谢文化研究学院工作人员的热情款待和积极支持。苏尔坎普出版社的伊娃·吉尔默（Eva Gilmer）从本书创作之初就一直陪伴着我们。我对她的鼓励和建议致以谢意，感谢她将这本书纳入出版计划，感谢她的精心编辑。

注　解

导言：英雄与后英雄：对立共存

1　Jürgen Habermas, »Fundamentalismus und Terror. Ein Gesprach mit Jürgen Habermas«, in: ders., Jacques Derrida, *Philosophie in Zeiten des Terrors. Zwei Gespräche, geführt, eingeleitet und kommentiert von Giovanna Borradori*, Hamburg 2004, S. 49-69, hier: S. 69.

2　Diedrich Diederichsens, *Über Pop-Musik*, Köln 2014, S. 390.

3　"我们都将成为英雄，哪怕只有一天"（We can be heroes just for one day），是鲍伊于 1977 年发表的大热单曲《英雄》（*heroes*）中的副歌歌词。"在未来，每个人都能拥有哪怕只有十五分钟的名气"（In the future, everyone will be world-famous for 15 minutes），承诺自 1968 年的安迪·沃霍尔。Kasper König, Pontus Hultén, Olle Granath (Hg.), *Andy Warhol. Catalogue for the Warhol Exhibition at the Moderna Museet Stockholm*, 10. Februar-17. März 1968, Stockholm 1968.

4　Walter Reese-Schäfer, »Zeitdiagnose als wissenschaftliche Aufgabe«, in: *Berliner Journal für Soziologie* 6:3 (1996), S. 377-390, hier: S.377.

5　Heinz Dieter Kittsteiner, »Die heroische Moderne. Skizze einer Epochengliederung«, in: *Neue Zürcher Zeitung* v. 10. 11. 2001.

6　Immanuel Wallerstein, *Die Sozialwissenschaft »kaputtdenken«. Die Grenzen der Paradigmen des 19. Jahrhunderts*, Weinheim 1995.

7　对英雄主义的这种呼求与迪特尔·托马（Dieter Thoma）对民主英雄的力挺有根

本性的区别，在后者看来，民主英雄应该是"为我们服务的一员"，且是"我们中的一员"。托马没有认识到民主的和反民主的英雄主义是不可分割的——民粹主义领导人同样自称是"我们中的一员"，是"为我们服务的一员"。男女英雄们无法与民主兼容。毫无疑问，民主需要勇敢的拥护者和热情的捍卫者，但英雄们才是最需要这二者的人。托马的论文发表于本书的手稿完成之后，故未能对其观点进行更深入的探讨。希望另有引出它的机会。

第一章　英雄理论的模块

1　Vgl. Michel Foucault, *Die Regierung des Selbst und der anderen. Vorlesung am Collège de France 1982/83*, Frankfurt/M. 2009, S. 19.

2　Christoph Schweer, *Heimweh, Heros, Heiterkeit. Nietzsches Weg zum Übermenschen*, Würzburg 2018，S. 28-31. 作者试图从概念上对"Held""Heros""heldisch""heroisch""Heldentum""Heroismus""Heroikertum"进行区分。然在本书中，我遵循它们的习惯用法，并在很大程度上将"Held"和"Heros"用作同义词。

3　Jean-Jacques Rousseau, »Über die Tugend des Helden« (1751), in: *Zeitschrift für Kulturphilosophie* 3:1 (2009), S. 117-128, hier: S. 119.

4　Georg Wilhelm Friedrich Hegel, *Vorlesungen über die Philosophie der Geschichte*, Frankfurt/M. 1986, S. 45f.

5　Mike Featherstone, »The Heroic Life and Everyday Life«, in: *Theory, Culture & Society* 9 (1992), S.159-182, hier: S. 160. （本条引用并无既有德语译文，在此情况下，德文由本人译出，以下皆同此例。）

6　Vgl. Niccolò Machiavelli, *Der Fürst* (1513), Frankfurt/M.1990，S. 18. "因为正如那些绘画风景的人们，为了考察山峦和高地的性质便厕身于平原，而为了考察平原便高居山顶一样，同理，深深地认识人民的性质的人应该是君主，而深深地认识君主的性质的人应属于人民。"
译文引自 [意] 尼科洛・马基雅维里：《君主论》，潘汉典译，商务印书馆，2011。

7　Jacob Burckhardt, »Das Individuum und das Allgemeine. (Die historische Größe.)«, in: ders.: *Werke*, Bd. 10: *Ästhetik der bildenden Kunst. Über das Studium der Geschichte*, München, Basel 2000, S. 497-525, hier: S. 497f.

8   Vgl. Edgar Zilsel, *Die Geniereligion. Ein kritischer Versuch über das moderne Persönlich-keitsideal mit einer historischen Begründung* (1918), Frankfurt/M. 1990, S.169.

9   Vgl. Marion Meyer, Ralf von den Hoff,»Helden wie sie-Helden wie wer? Zur Einführung«, in: dies. (Hg.), *Helden wie sie. Übermensch-Vorbild-Kultfigur in der griechischen Antike*, Freiburg u. a. 2010, S. 9-18, hier: S. 10. Zu den antiken Grabkulten für Heroen vgl. Gunnel Ekroth, *The Sacrificial Rituals of Greek Hero-Cults*, Liège 2002; zum antiken Kriegshelden vgl. Tonio Hölscher, *Krieg und Kunst im antiken Griechenland und Rom. Heldentum, Identität, Herrschaft, Ideologie*, Berlin, Boston 2019.

10   Vgl. Albrecht Koschorke, *Hegel und wir. Frankfurter Adorno- Vorlesungen 2013*, Berlin 2015, S. 139f., mit Verweis auf Northrop Frye, *Analyse der Literaturkritik*, Stuttgart 1964; Vgl. dazu auch Hans Robert Jauß,»Interaktionsmuster der Identifikation mit dem Helden«, in: ders., *Ästhetische Erfahrung und literarische Hermeneutik*, Bd. 1: *Versuche im Feld der literarischen Erfahrung*, München 1977, S. 212-258.

11   Vgl. Ronald G. *Asch, Herbst des Helden. Modelle des Heroischen und heroische Lebensentwürfe in England und Frankreich von den Religionskriegen bis zum Zeitalter der Aufklärung*, Würzburg 2016.

12   Hans Blumenberg, *Vor allem Fontane. Glossen zu einem Klassiker,* Frankfurt/M., Leipzig 2002, S. 131.

13   Dietmar Dath, *Superhelden. 100 Seiten*, Stuttgart 2016, S. 60.

14   Max Weber, *Wirtschaft und Gesellschaft. Grundriss der verstehenden Soziologie*, Tübingen[5]1980, S. 140.

15   Vgl. Michael N. Ebertz,»Charisma und ›das Heroische‹«, in: *helden. heroes. héros. E-Journal zu Kulturen des Heroischen* 4:2 (2016), DOI 10.6094/ helden. heroes. heros./2016/02/01, S. 516, hier: S. 9, mit Verweis auf Richard Sennett,»Charismatic De-legitimation: A Case Study«, in: *Theory and Society* 2 (1975), S. 149-170.

16   Hegel, *Vorlesungen* über *die Philosophie der Geschichte*, S. 48. Vgl. dazu Jacques d'Hondt,

»Der Kammerdiener der Geschichte und die Geschichte des Kammerdieners«, in: Manfred Buhr, Jacques d'Hondt, Hermann Klenner, *Aktuelle Vernunft. Drei Studien zur Philosophie Hegels*, Berlin 1990, S. 179-202。

17 Zur Theoriegeschichte dieser Figur vgl. Dieter Thomä, *Puer robustus. Eine Philosophie des Störenfrieds*, Berlin 2016.

18 Niklas Luhmann, »Die Autopoiesis des Bewußtseins«, in: *Soziologische Aufklärung 6. Die Soziologie und der Mensch*, Wiesbaden³2008, S. 55-108, hier: S. 86.

19 Ebd.

20 Jan-Philipp Reemtsma, »Der Held, das Ich und das Wir«, in: *Mittelweg 36* 18:4 (2009), S. 41-64, hier: S. 57.

21 Vgl.dazu–selbst ein Exempel romantisch-heroisierender Ge-schichtsschreibung–Eric Hobsbawm, *Sozialrebellen.Archaische Sozialbewegungen im 19. und 20. Jahrhundert*, Neuwied, Berlin 1962, 以及批评性质的续篇：Andreas J. Haller, *Mythische Räume der Gesetzlosigkeit in Erzählungen über Robin Hood, Klaus Störtebeker und Jesse James*, Phil. Diss. Bonn 2019. 译者注：“浪漫主义英雄”是一种文学原型，指的是拒绝既定规范和惯例，又为社会所拒绝、关注自我内心的人物。

22 Weber, *Wirtschaft und Gesellschaft*, S. 141.

23 Carl von Clausewitz, *Vom Kriege*, Bonn¹⁶1952, S. 89f.

24 Marcel Detienne, »La phalange. Problèmes et controverses«, in: Jean-Pierre Vernant (Hg.), *Problèmes de la guerre en Grèce ancienne*, Paris 1968, S. 119-142, hier: S. 121, zit. n. Etienne Smoes, »Achilles und Odysseus. Von der Wut zur Vernunft«, in: Ruthard Stäblein (Hg.), *Mut. Wiederentdeckung einer persönlichen Kategorie*, Bühl-Moos 1993, S. 56-75, hier: S. 58.

25 Grégoire Chamayou, *Ferngesteuerte Gewalt. Eine Theorie der Drohne*, Wien 2014, S. 108.

26 Karen Hagemann, »Heldenmütter, Kriegerbräute und Amazonen. Entwürfe ›patriotischer‹ Weiblichkeit zur Zeit der Freiheitskriege«, in: Ute Frevert (Hg.), *Militär und Gesellschaft im 19. und 20. Jahrhundert*, Stuttgart 1997, S. 174-200.

27 Simone de Beauvoir, *Das andere Geschlecht. Sitte und Sexus der Frau*, Reinbek b. Hamburg

1968, S.145.

28 Vgl. Astrid Deuber-Mankowsky, *Lara Croft – Modell, Medium, Cyberheldin. Das virtuelle Geschlecht und seine metaphysischen Tücken*, Frankfurt/M. 2001.

29 Bertolt Brecht, »Die Ballade von der Hanna Cash«, in: ders., *Die Gedichte von Bertolt Brecht in einem Band*, Frankfurt/M.1981, S. 229-231, hier: S. 230.

30 Vgl. G. William Farthing, »Attitudes Toward Heroic and Nonheroic Risk Takers as Mates and as Friends«, in: *Evolution and Human Behavior* 26 (2005), S. 171-185; Minna T. Lyons, »Who are the Heroes? Characteristics of People Who Rescue Others«, in: *Journal of Cultural and Evolutionary Psychology* 3 (2005), S. 239-248.

31 Josef H. Reichholf, »Zur Soziobiologie des Helden«, in: *Merkur* 63:9/10 (2009) (= Sonderheft: Heldengedenken. Über das heroische Phantasma), S. 835-842, hier: S. 842.

32 Ernst Cassirer, *Der Mythus des Staates. Philosophische Grundlagen politischen Verhaltens* (1949), Frankfurt/M. 1985, S. 249.

33 Vgl. Tobias Schlechtriemen, »The Hero and a Thousand Actors«, in: *helden. heroes. héros. E-Journal zu Kulturen des Heroischen* 4.1 (2016), S. 17-32, DOI 10.6094/helden. heroes. heros.2016.

34 Bertolt Brecht, »Fragen eines lesenden Arbeiters«, in: ders., *Die Gedichte von Bertolt Brecht in einem Band*, S. 656f.

35 Zum Topos des zaudernden Helden in der Literatur vgl. Theodore Ziolkowski, *Hesitant Heroes. Private Inhibition, Personal Crisis*, Ithaca, London 2004.

36 Charles Baudelaire, »Der Salon von 1846«, in: ders., *Sämtliche Werke/Briefe*, Bd. 1, *Juvenilia – Kunstkritik* 1832-1846, München 1977, S.193-283, hier: S. 280-283.

37 Baudelaire, zit. n. Walter Benjamin, »Das Paris des Second Empire bei Baudelaire«, in: ders., *Gesammelte Schriften*, Bd. 1.2, Frankfurt/M. 1974, S. 511-604, hier: S. 599.

38 Josef Früchtl, *Das unverschämte Ich. Eine Heldengeschichte der Moderne*, Frankfurt/M.2004, S. 305.

39 Hans Magnus Enzensberger, »Die Helden des Rückzugs. Brouillon zu einer politischen Moral der Entmachtung« (1989), in: ders., *Zickzack. Aufsätze*, Frankfurt/M. 1999, S. 55-

63. Zu heroischen und antiheroischen Deutungen des Sich-Zurückziehens vgl. auch Wolfgang Schivelbusch, *Rückzug. Geschichten eines Tabus*, München 2019.

40 Yaak Karsunke, »auf den tod des Joseph Barra«, in: ders., *gespräch mit dem stein. gedichte*, Berlin 1992, S. 75.

41 若果真如此，至少世界会停止片刻——之后就再也不同了。马克斯·韦伯的妻子玛丽安妮正描述了这种状况：" 6 月 14 日星期一，外面的世界永远静止不动了；只有一只鸫鸟在不停地唱着怀念之歌。时间停滞了。夜幕降临之前，他完成了最后一次呼吸。他躺在那儿，一道雷鸣闪电从他头顶划过。他变为旧日骑士的画像。[然后他庄严地安息在难以接近的神秘之中。] 他的面庞显得那么从容，典雅地与世长辞。他已经去往那遥不可及的地方。世界已经变了。"（Marianne Weber, *Max Weber. Ein Lebensbild*, Heidelberg 1950, S. 754.）

译文引自 [德] 玛丽安妮·韦伯：《马克斯·韦伯传》，阎克文、王利平、姚中秋译，商务印书馆，2010。[ ] 中是原译文中所无的句子，据本条注解原文译出补足。

42 Sigmund Freud, »Zeitgemäßes über Krieg und Tod«, in: ders., *Gesammelte Werke*, Bd. X, Frankfurt/M. 1999, S. 323-355, hier: S. 350f.

43 Susan Neiman, *Moralische Klarheit. Leitfaden für erwachsene Idealisten*, Hamburg 2010, S. 358. Vgl. zur Frage der morali-schen Rechtfertigung von Opferforderungen auch die Diskus- sion im von Marcel van Ackeren und Alfred Archer herausgegebenen Themenheft »Sacrifice and Moral Philosophy« *des International Journal of Philosophical Studies* 26:3 (2018).

44 Max Scheler, »Vom Sinn des Leides«, in: ders., *Gesammelte Werke*, Bd.2: *Schriften zur Soziologie und Weltanschauungslehre*, Bern, München 1963, S.36-72, hier: S. 52f.

45 "不愿富贵闲，只慕长生仙。"马提亚尔（Martial）在他的《格言诗集》（*Epigrammen*）（1,8）中如此述说。

46 Friedrich Schiller, »Die Braut von Messina«, in: ders., *Sämtliche Werke*, Bd.2, München ³1962, S. 825-912, hier: S. 912.

47 Bernhard Giesen, »Zur Phänomenologie der Ausnahme: Helden, Täter, Opfer«, in: ders.,

Zwischenlagen. Das Außerordentliche als Grund der sozialen Wirklichkeit, Weilerswist 2010, S.67-87, hier: S.85.

48 Karl Markus Michel, »Heldendämmerung. Die Schicksale der Grandiosität«, in: *Kursbuch* 108 (1992), S.63-86, hier: S. 64.

49 Martin Sabrow, »Die postheroische Gedächtnisgesellschaft. Bauformen des historischen Erzählens in der Gegenwart«, in: Etienne François u. a. (Hg.), *Geschichtspolitik in Europa seit 1989. Deutschland, Frankreich und Polen im internationalen Vergleich*, Göttingen 2013, S. 311-322, hier: S. 317. Vgl. auch ders., »Heroismus und Viktimismus. Überlegungen zum deutschen Opferdiskurs in historischer Perspektive«, in: *Potsdamer Bulletin für zeithistorische Studien* 43/44 (2008), S. 7-20.

50 Georg Wilhelm Friedrich Hegel, *Vorlesungen über die Ästhetik I*, Frankfurt/M. 1986, S. 247.

51 Vgl. zu dieser Gegenüberstellung in einer von Durkheims Religionssoziologie ausgehenden Perspektive Bernhard Giesen, *Triumph and Trauma*, Boulder, London 2004.

52 Früchtl, *Das unverschämte Ich*, S. 342.

53 Vgl. Julian Hans, »Scherz beiseite. Stalin als Actionfigur auf einem Bären reitend? So ein Bild wäre lebensgefährlich gewesen. Der Putin-Kult aber erträgt Ironie nicht nur – sie macht ihn unangreifbar«, in: *Süddeutsche Zeitung* v. 12. 02. 2018, S. 9.

54 Baltasar Gracián, *Der Held* (1639), Berlin 1996, S. 32.

55 Vgl. Helmuth Plessner, »Lachen und Weinen. Eine Untersuchung über die Grenzen menschlichen Verhaltens« (1941), in: ders., *Gesammelte Schriften*, Bd. 7: *Ausdruck und menschliche Natur*, Frankfurt/M. 1982, S. 201-387.

56 Henri Bergson, *Das Lachen*, Jena 1921, S.38f.

57 Zilsel, *Die Geniereligion*, S. 160.

58 Thomas Carlyle, *Ueber Helden, Heldenverehrung und das Heldenthümliche in der Geschichte* (1841), Leipzig 1895, S. 87.

59 Friedrich Nietzsche, »Götzen-Dämmerung: Streifzüge eines Unzeitgemässen, § 44.

Mein Begriff vom Genie«, *Digitale Kritische Gesamtausgabe Werke und Briefe [eKGWB]*, <http://www.nietzschesource.org/#eKGWB>, letzter Zugriff am 01.11.2019.

60　James Thurber, »Walter Mittys geheimes Leben« (1939), in: ders., *Vom Mann, der die Luft anhielt und andere Geschichten*, Frankfurt/M. 2006, S.230-238, hier: S. 238.

61　Vgl. Ulrich Bröckling, »›Bloß keine Leichensäcke!‹ Eine Hantologie postheroischer Kriegführung«, in: *Leviathan* 46:3 (2018), S. 453-465.

62　Ralf Konersmann, »Rousseaus dritte Abhandlung von 1751«, in: *Zeitschrift für Kulturphilosophie* 3:1 (2009), S. 129-134, hier: S. 131.

63　Vgl. Luhmann, »Die Autopoiesis des Bewußtseins«, S.87.

64　Gracián, *Der Held*, S. 68.

65　Ralph Waldo Emerson, *Repräsentanten der Menschheit* (1850), Zürich 1989, S. 31.

66　Vgl. James O. Urmson, »Saints and Heroes«, in: Abraham I.Melden (Hg.), *Essays in Moral Philosophy*, Seattle, London 1958, S.198-216.

67　Baudelaire, »Der Salon 1846«, S. 281.

68　Vgl. Andreas Gelz, *Der Glanz des Helden. Über das Heroische in der französischen Literatur des 17. Bis 19. Jahrhunderts*, Göttingen 2016; Jakob Willis, *Glanz und Blendung. Zur Ästhetik des Heroischen im Siècle classique*, Bielefeld 2017.

69　Robert Warshow, »Der Westerner« (1954), in: ders., *Die unmittelbare Erfahrung. Filme, Comics, Theater und andere Aspekte der Popul*ärkul*tur*, Berlin 2014, S. 106-120, hier: S. 120.

70　Lionel Trilling, *Das Ende der Aufrichtigkeit*, Frankfurt/M. u. a.1983, S. 84.

71　Gracián, *Der Held*, S. 12.

72　在此，尼采认识到了神话思维的基本特征"原因"与"结果"：从心理学上来推算，这是在动词中表达出来的信仰，主动与被动，行为与遭受。这就是说：发生事件被分离为一种行为与遭受，对一个行为者的假定是先行的。这背后隐藏着对行为者的信仰：仿佛哪怕去掉了"行为者"身上的一切行为，行为者本身也还剩了下来。这里的潜台词始终是这样一种"自我观"：所发生的一切事件都被解释为行为，带着一种神话，一个与"自我"相应的本质。译文引自

[德] 尼采：《权力意志》（全2卷），孙周兴译，商务印书馆，2011。

73 Hans Blumenberg, *Arbeit am Mythos*, Frankfurt/M. 1979, S. 18.

74 Albrecht Koschorke, *Wahrheit und Erfindung. Grundzüge einer Allgemeinen Erzähltheorie*, Frankfurt/M.2012, S. 76.

75 Ebd., S. 79.

76 Blumenberg, *Arbeit am Mythos*, S. 53.

77 Vgl. Johann Georg von Hahn, *Sagwissenschaftliche Studien*, Jena 1876, S. 340 (Tafel)；Vladimir Propp, *Morphologie des Märchens* (1928), Frankfurt/M. 1975；Lord Raglan, *The Hero. A Study in Tradition, Myth and Drama* (1936), New York 1956；in psychoanalytischer Perspektive: Otto Rank, *Der Mythos von der Geburt des Helden. Versuch einer psychologischen Mythendeutung*, Leipzig²1922. Für einen Überblick über diese Forschungstradi- tion vgl. Archer Taylor,»The Biographical Pattern in Traditional Narrative«, in: *Journal of the Folklore Institute* 1:1/2 (1964), S. 114-129；Alan Dundes, »The Hero Pattern and the Life of Jesus«, in: ders., *Interpreting folklore*, Bloomington 1980, S.223-261.

78 Koschorke, *Wahrheit und Erfindung*, S. 48f.

79 Joseph Campbell, *Der Heros in tausend Gestalten* (1949), Frankfurt/M. 1978, S. 26f. Campbells mythischer Gnostizismus ist antisemitisch grundiert. Vgl. dazu Brendan Gill, »The Faces of Joseph Campbell«, in: *New York Review of Books* 28 (1989), S. 16-19；Robert A. Segal, »Joseph Campbell on Jews and Judaism«, in: *Religion* 22 (1992), S. 151-170；generell zu Camp- bells Mythopolitik Robert Ellwood, *The Politics of Myth. A Study of C.G. Jung, Mircea Eliade, and Joseph Campbell*, Albany 1999, S. 127-169.

80 J Den Begriff monomyth übernimmt Campbell von James Joyce, *Finnegan's Wake*, New York 1939, S. 581.

81 Campbell, *Der Heros in tausend Gestalten*, S. 36.

82 Odo Marquard, »Lob des Polytheismus. Über Monomythie und Polymythie«, in: Hans Poser (Hg.), *Philosophie und Mythos. Ein Kolloquium*, Berlin, New York 1979, S. 40-58, hier: S. 46.

83 Bruno Bettelheim, *Kinder brauchen Märchen*, München 1980.

84 Mario Erdheim, *Die gesellschaftliche Produktion von Unbewußtheit. Eine Einführung in den ethnopsychoanalytischen Prozeß*, Frankfurt/M. 1982, S. 301.

85 Vgl. Hans-Jürgen Wirth, »Die Sehnsucht nach Vollkommenheit. Zur Psychoanalyse der Heldenverehrung«, in: *psychosozial* 10:31 (1987), S. 96-113, hier: S. 100, Donald W. Winnicott, »Übergangsobjekte und Übergangsphänomene«, in: ders., *Vom Spiel zur Kreativität*, Stuttgart 1979, S. 10-36.

86 Vgl. Niklas Luhmann, Karl Eberhard Schorr, »Das Technologiedefizit der Erziehung und die Pädagogik«, in: Niklas Luhmann (Hg.), *Zwischen Technologie und Selbstreferenz. Fragen an die Pädagogik*, Frankfurt/M. 1982, S. 11-41; Gerald Wagner, »Eine Schule für Helden«, in: *Frankfurter Allgemeine Sonntagszeitung* v. 08. 11. 2015.

87 Max Weber, »Die ›Objektivität‹ sozialwissenschaftlicher und sozialpolitischer Erkenntnis«, in: ders, *Gesammelte Aufsätze zur Wissenschaftslehre*, Tübingen [7]1988, S. 146-214, hier: S. 191.

88 Carlyle, *Ueber Helden, Heldenverehrung und das Heldenthümliche in der Geschichte.* 卡莱尔用历史上的具体例子描述了每一种类型。例如，他举奥丁（Odin）为神明英雄的例子，举穆罕默德（Mohammed）为先知英雄的例子，举莎士比亚（Shakespeare）为文人英雄的例子。

89 Scott T. Allison, George R. Goethals, *Heroes. What They Do & Why We Need Them*, Oxford, New York 2011, S.62.

90 Philip Zimbardo, *Der Luzifer-Effekt. Die Macht der Umstände und die Psychologie des Bösen*, Heidelberg 2008, S. 443f.

91 Karl Reinhardt, »Die Krise des Helden«, in: ders., *Die Krise des Helden und andere Beiträge zur Literatur und Geistesgeschichte*, München 1962, S. 107-114, hier: S. 107.

92 Georg Wilhelm Friedrich Hegel, *Vorlesungen über die Ästhetik I*, Frankfurt/M.1986, S.236-252.

93 Heinz Dieter Kittsteiner, »Stufen der Moderne«, in: Johannes Rohbeck, Herta Nagl-Docekal (Hg.), *Geschichtsphilosophie und Kulturkritik. Historische und systematische*

Studien, Darmstadt 2003, S. 91-117, hier: S. 107-114; ders.,»Die heroische Moderne.
Skizze einer Epochengliederung«, in: *Neue Zürcher Zeitung* v. 10. 11. 2001.

94 Bertolt Brecht,»Leben des Galilei«, in: ders., *Stücke*, Bd. VIII, Berlin1959, S. 5-208, hier:
S. 163.

第二章 英雄精神与现代性

1 Michel Foucault,»Was ist Aufklärung? «, in: *Schriften. Dits et Ecrits*, Bd. IV , Frankfurt/M.
2005, S. 687-707, hier: S.695, 697.

2 Ebd., S. 697f.

3 Ebd., S. 698.

4 Die Überschrift übernehme ich von Josef Früchtl, *Das unverschämte Ich. Eine*
Heldengeschichte der Moderne, Frankfurt/M. 2004, S. 67. Früchtls Hegellektüre verdanken
die nachfolgen- den Ausführungen auch darüber hinaus vielfältige Anregungen.

5 Georg Wilhelm Friedrich Hegel, *Grundlinien der Philosophie des Rechts oder Naturrecht und*
Staatswissenschaft im Grundrisse, Frankfurt/M. 1986, S. 180.

6 Georg Wilhelm Friedrich Hegel, *Vorlesungen über die Philosophie der Geschichte*, Frankfurt/
M.1986, S.46.

7 Georg Wilhelm Friedrich Hegel, [Brief an Niethammer vom 13. 10. 1806], in: *Briefe von*
und an Hegel, hg. von Johannes Hoffmeister, Bd. 1: 1785-1812, Hamburg 1961, Nr. 74,
S. 119-121, hier: S. 120.Vgl. zu Hegels Sicht auf Napoleon generell Nicolas Broussard,
»Napoléon, héros hegélien«, in: *Le Souvenir Napol*éonien 58 (1995), S. 9-20.

8 Georg Wilhelm Friedrich Hegel, *Vorlesungen über die Ästhetik I*, Frankfurt/M. 1986, S.
253f.

9 Ebd., S. 255.

10 Hegel, *Philosophie der Geschichte*, S. 45f.

11 Hegel, *Ästhetik I*, S. 243, 236, 241. ZumToposder»Heroenzeit«vgl. Rudolf Brandmeyer,»Heroische
Zeit und Gegenwart im ästhetischen und geschichtsphilosophischen Diskurs von Herder
bis Hegel«, in: Jörg Schönert (Hg.), *Polyperspektivik in der literarischen Moderne. Studien*

zur Theorie, Geschichte und Wirkung der Literatur, Frankfurt/M. 1988, S. 264-297.

12 Ebd., S. 243f.

13 Cristiana Senigaglia, »Heroismus und Sittlichkeit bei Hegel«, in: *Hegel-Jahrbuch* 1 (1999), S. 136-141, hier: S. 137.

14 Gerald Wagner, »Eine Schule für Helden«, in: *Frankfurter Allgemeine Zeitung* v. 08. 11. 2015.

15 Früchtl, *Das unverschämte Ich*, S. 71.

16 Hegel, *Grundlinien der Philosophie des Rechts*, S. 451.

17 Hegel, *Ästhetik I*, S. 251.

18 Ebd., S. 243.

19 Hegel, *Philosophie der Geschichte*, S. 47.

20 Ebd., S. 46.

21 Ebd.

22 Ebd., S.47, 49.

23 Heinz Dieter Kittsteiner, »Die Rückkehr der Geschichte und die Zeit der Erzählung«, in: *Internationales Archiv für Sozialgeschichte der deutschen Literatur* 27 (2002), S. 185-207, hier: S. 192.

24 Sidney Hook, *Der Held in der Geschichte*, Nürnberg 1951, S. 76f.

25 Hegel, *Grundlinien der Philosophie des Rechts*, S. 493.

26 Ebd., S. 495.

27 Ebd., S.494, 496.

28 Karl Marx, »Der achtzehnte Brumaire des Louis Bonaparte« (1852), in: *Marx Engels Werke*, Bd. 8, Berlin 1960, S. 111-207, hier: S. 116.

29 Ebd., S.117.

30 Karl Marx, »Der Bürgerkrieg in Frankreich« (1871), in: *Marx Engels Werke*, Bd. 17, Berlin 1962, S. 313-365, hier: S. 343.

31 Ebd., S.355f.

32 Georgi W. Plechanow, Über *die Rolle der Persönlichkeit in der Geschichte* (1898), Berlin

1982, S. 65f.

33 Ebd., S. 66.

34 Ebd., S. 66f.

35 Karl Löwith, »Weltgeschichte als Heilsgeschehen. Die theologischen Voraussetzungen der Geschichtsphilosophie«, in: ders., *Gesammelte Schriften*, Bd. 2, Stuttgart 1983, S. 7-239.

36 Plechanow, Über die Rolle der Persönlichkeit, S. 67f.

37 Nikolai Bucharin, *Gefängnisschriften 1. Der Sozialismus und seine Kultur* (1937), Berlin 1996, S. 163, 169f.

38 Ebd., S.170.

39 Bertolt Brecht, *Flüchtlingsgespräche*, Frankfurt/M. 1961, S. 158-162.

40 Ernst Bloch, *Das Prinzip Hoffnung*, Bd. 3, Frankfurt/M. 1973, S. 1378.

41 Ebd., S.1381.

42 Vgl. Silke Satjukow, Rainer Gries (Hg.), *Sozialistische Helden. Eine Kulturgeschichte von Propagandafiguren in Osteuropa und der DDR*, Berlin 2002; Robert Maier, *Die Stachanov-Bewegung 1935-1938*, Stuttgart 1990.

43 Heinz Dieter Kittsteiner, »Die Form der Geschichte und das Leben der Menschen«, in: Alfred Opitz (Hg.), *Erfahrung und Form. Zur kulturwissenschaftlichen Perspektivierung eines transdisziplinären Problemkomplexes*, Trier 2001, S. 147-159, hier: S. 149.

44 Friedrich Nietzsche, »Nachgelassene Fragmente Frühling – Sommer 1875«, 5 (58), *Digitale Kritische Gesamtausgabe Werke und Briefe [eKGWB]*, <http://www.nietzschesource.org/#eKG WB>, Vgl. zu diesem Topos auch 01.11.2019. Zu Nietzsches Verhältnis zum Heroischen vgl. Christoph Schweer, *Heimweh, Heros, Heiterkeit. Nietzsches Weg zum Überhelden*, Würzburg 2018.

45 Heinz Dieter Kittsteiner, »Die Stufen der Moderne«, in: ders., *Wir werden gelebt. Formprobleme der Moderne*, Hamburg 2006, S. 25-57, hier: S. 46.

46 Ebd., S. 44-53; ders., »Die heroische Moderne. Skizze einer Epochengliederung«, in: *Neue Zürcher Zeitung* v. 10. 11. 2001.

47 Johan Huizinga, »Heroismus«, in: ders., *Im Schatten von morgen. Eine Diagnose des kulturellen Lebens unserer Zeit*, Bern, Leipzig[2] 1936, S.129-139, hier: S. 134.

48 Vgl. Wolfgang Eßbach, »Radikalismus und Modernität bei Jünger und Bloch, Lukács und Schmitt«, in: Manfred Gangl, Gérard Raulet (Hg.), *Intellektuellendiskurse in der Weimarer Republik. Zur politischen Kultur einer Gemengelage*, Frankfurt/M., New York 1994, S. 145-160.

49 玛丽安妮·韦伯在此引述了韦伯的一名学生，耶尔格·冯·卡普赫的话："他是地地道道的现实主义者。他身上所体现的是真正的现实主义的英雄主义，按理，这正应该是我们这个时代的英雄主义。因此，他的现实主义就是一种无以穷尽的经验，因此，他关于实际问题的讨论，他的课程就像是艺术性工作——不仅在形式上，而且在本质上……重要的并不是他对一个问题说了些什么，而是问题本身以一种无法穷尽的形式呈现到我们面前，他本人则是其阐发者而已。"关于韦伯的英雄主义，参见：Roslyn Wallach Bologh, *Love or Greatness. Max Weber and Masculine Thinking. A Feminist Inquiry*, London u. a. 1990, Kap. 7: »Modern Hero«, S. 101-121。
译文引自 [德] 玛丽安妮·韦伯：《马克斯·韦伯传》，阎克文、王利平、姚中秋译，商务印书馆，2010。

50 Max Weber, »Die protestantische Ethik und der Geist des Kapitalismus«, in: ders., *Gesammelte Aufsätze zur Religionssoziologie I*, Tübingen[9]1988, S. 203.

51 Max Weber, »Wissenschaft als Beruf«, in: ders., *Gesammelte Aufsätze zur Wissenschaftslehre*, Tübingen[3]1968, S. 582-613, hier: S. 612f.

52 Max Weber, »Die ›Objektivität‹ sozialwissenschaftlicher und sozialpolitischer Erkenntnis«, in: ebd., S. 146-214, hier: S. 151.

53 Weber, »Wissenschaft als Beruf«, S. 605.

54 Ebd., S. 589. Vgl. Horst Thomé, »Der heroische Forscher«, in: Ralf Klausnitzer, Carlos Spoerhase, Dirk Werle (Hg.), *Ethos und Pathos der Geisteswissenschaften. Konfigurationen der wissenschaftlichen Persona seit 1750*, Berlin, Boston 2015, S.93-101.

55 Max Horkheimer, »Dämmerung. Notizen aus Deutschland« (1934), in: ders.,

Gesammelte Schriften, Bd. 2, Frankfurt/M. 1987, S. 309-452, hier: S. 344f. (»Heroische Weltanschauung«).

56　Ebd., S. 345.

57　Ernst Jünger, »Der heroische Realismus« (1930), in: ders., *Politische Publizistik 1919 bis 1933*, Stuttgart 2001, S. 553-557. »Der Krieg und das Recht«, in: Ernst Jünger [Hg.], *Krieg und Krieger*, Berlin 1930, S. 135-161, hier: S. 152. 他将对应于这一术语的态度描述为："即便注定失败，也要战斗到底""不为胜利，为战而战"。Vgl. zu diesem Topos auch Herbert Marcuse, »Der Kampf gegen den Liberalismus in der totalitären Staatsauffassung« (1934), in: ders., *Schriften*, Bd. 3: *Aufsätze aus der Zeitschrift für Sozialforschung 1934-1941*, Frankfurt/M. 1979, S.7-44；Richard Herzinger, »Wachtposten in der Götternacht des Nihilismus. Der melancholische Heroismus der Konservativen Revolution«, in: Ludger Heidbrink (Hg.), *Entzauberte Zeit. Der melancholische Geist der Moderne*, München, Wien 1997, S. 184-209；Gilbert Merlio, »Der sogenannte ›heroische Realismus‹ als Grundhaltung des Weimarer Neokonservatismus«, in: Gangl/Raulet (Hg.), *Intellektuellendiskurse in der Weimarer Republik*, S. 271-286；Christoph Schweer, »Nietzsche und der Heroismus der Konservativen Revolution«, in: Sebastian Kaufmann, Andreas Urs Sommer (Hg.), *Nietzsche und die Konservative Revolution*, Berlin, Boston 2018, S. 67-101.

58　Ernst Jünger, »Die totale Mobilmachung«, in: ders. (Hg.), *Krieg und Krieger*, S. 9-30. 下述阐释中包含我已在别处发表过的一些思考：»Die totale Mobilmachung (1930)«, in: Matthias Schöning (Hg.), *Ernst Jünger Handbuch. Leben – Werk – Wirkung*, Stuttgart 2014, S. 100-105。

59　Arno Schirokauer, »Garde-Ulanen – abgebaut!«, in: *Die Literarische Welt* 4:21/22 (1928), S. 1f., hier: S. 2.

60　Robert Musil, *Der Mann ohne Eigenschaften*, 1. Buch, Reinbek b. Hamburg 1978, S. 12f.

61　Jünger, »Die totale Mobilmachung«, S. 15.

62　Ebd., S. 14.

63　Ernst Jünger, »Die Totale Mobilmachung«, in: ders., *Blätter und Steine* (1934), zit.

nach der Ausgabe: Leipzig 1942, S. 122-153, hier: S. 131. Der zitierte Passus ist in der Erstveröffent- lichung des Essays von noch nicht enthalten.

64 Jünger, *Der Arbeiter*, S. 106.

65 Ernst Jünger, *In Stahlgewittern. Ein Kriegstagebuch*, Hamburg o. J. [1934], S.9.Vgl.zu Jüngers Transformation des Helden- bilds auch Michael Gamper, Der große Mann. Geschichte ein*es politischen Phantasmas*, Göttingen 2016, S. 348-350.

66 Vgl. Alfred von Martin, *Der heroische Nihilismus und seine Überwindung. Ernst Jüngers Weg durch die Krise*, Krefeld 1948, S. 112.

67 Ernst Jünger, »Vorwort des Herausgebers«, in: Friedrich Georg Jünger, *Aufmarsch des Nationalismus*, Berlin o. J. [1926], S. VII- XIII, hier: S. X.

68 Ernst Jünger, *Der Arbeiter. Herrschaft und Gestalt*, Hamburg ⁴1941, S. 107f.

69 Ernst Jünger, *Der Kampf als inneres Erlebnis*, Berlin ³1928, S. 112.

70 Ebd., S. 110.

71 Walter Benjamin, »Theorie des deutschen Faschismus. Zu der Sammelschrift ›Krieg und Krieger‹. Herausgegeben von Ernst Jünger«, in: ders., *Gesammelte Schriften*, Bd. III, Frankfurt/M. 1972, S. 238-250, hier S. 240.

72 Hegel, *Grundlinien der Philosophie des Rechts*, S.491.

73 Jünger, »Die totale Mobilmachung«, S. 30.

74 Jünger, »Der heroische Realismus«, S. 557.

75 Jünger, »Die totale Mobilmachung«, S. 13.

76 Harald Müller, *Der Krieg und die Schriftsteller. Der Kriegsroman der Weimarer Republik*, Stuttgart 1986, S. 232.

77 Friedrich Nietzsche, »Zur Genealogie der Moral«, § II , 2, *Digitale Kritische Gesamtausgabe Werke und Briefe [eKGWB]*, <http://www.nietzschesource.org/#eKGWB>,2019.11.1.Heinz Dieter Kittsteiner, »Nietzsches ›souveränes Individuum‹ in seiner ›plastischen Kraft«, in: *Internationale Zeitschrift für Philosophie* 2 (1993), S.294-316.

78 Peter Koslowski, *Der Mythos der Moderne. Die dichterische Philosophie Ernst Jüngers*, München 1991, S. 56.

79 Friedrich Nietzsche, »Zur Genealogie der Moral«, § III, 14; ders., »Jenseits von Gut und Böse«, § 212, *Digitale Kritische Gesamtausgabe Werke und Briefe [eKGWB]*, <http://www.nietzsche source.org/#eKGWB>，访问于 2019 年 11 月 1 日。

80 Sven Olaf Berggötz, »Nachwort: Ernst Jünger und die Politik«, in: Jünger, *Politische Publizistik 1919 bis 1933*, S. 834-869, hier: S. 859f.; ders., »Politische Publizistik 1923-1930«, in: Schöning (Hg.), *Ernst Jünger Handbuch*, S. 78-85.

81 Stefan Breuer, *Anatomie der Konservativen Revolution*, Darmstadt 1993.

82 Karl Prümm, *Die Literatur des Soldatischen Nationalismus der 20er Jahre (1918-1933). Gruppenideologie und Epochenproblematik*, 2 Bde., Kronberg 1974.

83 Stefan Breuer, *Grundpositionen der deutschen Rechten 1871-1945* Tübingen 1999, S. 127-129.

84 Hans-Peter Schwarz, *Der konservative Anarchist. Politik und Zeitkritik Ernst Jüngers*, Freiburg 1962, S. 59.

85 Reinhard Brennecke, *Militanter Militarismus. Vergleichende Studien zum Frühwerk Ernst Jüngers*, Stuttgart 1992.

86 Schwarz, *Der konservative Anarchist*, S. 78f.

87 Breuer, *Anatomie der Konservativen Revolution*, S. 89f. Zumnationalsozialistischen Heroismus vgl. umfassend Sabine Behrenbeck, *Der Kult um die toten Helden. Nationalsozialistische Mythen, Riten und Symbole 1923 bis 1945*, Vierow b. Greifswald 1996.

88 Behrenbeck, *Der Kult um die toten Helden*, S. 596.

89 Ebd., S. 597.

90 Heinz Dieter Kittsteiner, »Die in sich gebrochene Heroisierung. Ein geschichtstheoretischer Versuch zum Menschenbild in der Kunst der DDR«, in: *Historische Anthropologie* 2 (1994), S. 442-461, hier: S. 455.

91 Ebd., S. 457.

92 Kittsteiner, »Die Stufen der Moderne«, S. 53.

93 如以莫里斯·梅洛 – 庞蒂（Maurice Merleau-Ponty）在第二次世界大战结束后立

即提出的存在主义英雄主义（Existentialistischen Heroismus）为例，它没有喊出坚持的口号，而是在为自由欢呼："当代人的英雄不是一位怀疑论者、一位出于一时兴起的人，也不是一个颓废堕落之人。他只是偶然、无序和失败，经历过 1936 年，经历过西班牙内战，经历过 1940 年 6 月。他身处一个义务与任务并不明朗的时代。他对未来的偶然性和人的自由有着前所未有的切肤之感。万般求索后，并无任何确定的东西：无论是尚且遥遥无期的胜利，还是曾时常背信弃义的其他人。人们前所未有地证实了：诸事物的进程是蜿蜒曲折的；它极其需要大胆果敢；他们在世上孑然一身，孤零零地彼此面对。但有时候，在爱情中，在行动里，他们之间相互赞同，桩桩事件如其所愿。有时候，存在着那辉煌灯火，那闪电般的片刻，那胜利的时辰，或如海明威笔下的玛丽亚所说，存在着那荣耀，它消抹一切。"(»Der Held, der Mensch« [1945], in: ders., *Sinn und Nicht-Sinn*, München 2000, 249-255, hier: S. 255.)

译文引自 [法] 梅洛 - 庞蒂：《意义与无意义》，张颖译，载杨大春、张尧均主编《梅洛 - 庞蒂文集》第 4 卷，商务印书馆，2018。

94 Vgl. Alexandra Kaiser, *Von Helden und Opfern. Eine Geschichte des Volkstrauertags*, Frankfurt/M. 2010.

95 Vgl. Tobias Baur, *Das ungeliebte Erbe. Ein Vergleich der zivilen und militärischen Rezeption des 20. Juli 1944 im Westdeutschland der Nachkriegszeit*, Frankfurt/M. u. a. 2007.

96 Uwe Fleckner, »Der postheroische Held. Georg Baselitz und das Ende einer gescheiterten Ideologie«, in: Max Hollein, Eva Mongi-Vollmer (Hg.), *Georg Baselitz. Die Helden* [Ausstellungskatalog Städel Museum Frankfurt am Main], München 2016, S. 46-54, hier: S. 51.

97 Hans Magnus Enzensberger, »Das Ende der Konsequenz«, in: ders., *Politische Brosamen*, Frankfurt/M.1982, S. 7-30.

98 Ebd., S. 13, 11, 15, 27, 18；Enzensberger, »Zur Verteidigung der Normalität«, in: *Politische Brosamen*, S. 207-224; ders., »Mittelmaß und Wahn. Ein Vorschlag zur Güte«, in: ders., *Mittelmaß und Wahn. Gesammelte Zerstreuungen*, Frankfurt/M. 1988, S. 250-276.

99 Enzensberger, »Das Ende der Konsequenz«, S. 19f.

100 Kittsteiner, »Die Stufen der Moderne«, S. 53.

101 Kittsteiner, »Gegen die postmoderne Fragmentierung der Geschichte – für eine neue ›große Erzählung‹«, in: *Divinatio. Studia culturologica series* 13 (2001), S. 91-106.

102 Enzensberger, »Mittelmaß und Wahn«, S. 263.

103 François Jullien, *Über die Wirksamkeit*, Berlin 1999, S. 17.

104 Herfried Münkler, *Der Wandel des Krieges. Von der Symmetrie zur Asymmetrie*, Weilerswist 2006, S. 313.

105 Vgl. Günther Anders, *Die Antiquiertheit des Menschen*, Bd. 1: *Über die Seele im Zeitalter der zweiten industriellen Revolution*, München 1956, S. 21-95.

106 Vgl. Evgeny Morozov, *Smarte neue Welt. Digitale Technik und die Freiheit des Menschen*, München 2013.

107 Herbert Simon, *Homo rationalis. Die Vernunft im menschlichen Leben*, Frankfurt/M., New York 1993, S. 44.

108 Andreas Reckwitz, *Die Gesellschaft der Singularitäten. Zum Strukturwandel der Moderne*, Berlin 2017.

第三章　后英雄时代的轮廓 I: 主体

1 »Träumen kann ganz schön Kraft geben.« Interview mit Wir sind Helden (2005), <https://www.plattentests.de/content.php?show=52>, etzter Zugriff am 01. 10.2019. n dieses Kapi- tel sind Überlegungen eingeflossen, die ich bereits an anderer Stelle veröffentlicht habe: Ulrich Bröckling, »Ich, postheroisch«, in: *Zeitschrift für Ideengeschichte* 12:3 (2018), S. 21-32.

2 <https://corpuls.world/nohero>, letzter Zugriff am 01.06.2019. Vgl. dazu Andrea zur Nieden, »Helden oder Cyborgs? Datenbrillen und Wearables im Rettungsdienst«, in: *Denknetz-Jahrbuch*, Zürich 2017, S. 180-191, hier: S. 188f.

3 Jan-Philipp Reemtsma, »Der Held, das Ich und das Wir«, in: *Mittelweg 36* 18:4 (2009), S. 41-64, hier: S. 62.

4 Sigmund Freud, *Neue Folge der Vorlesungen zur Einführung in die Psychoanalyse* (= *Gesammelte Werke*, Bd. XV, Frankfurt/M. 1999), S. 84 f.

5 Sigmund Freud, »Der Dichter und das Phantasieren«, in: ders., *Gesammelte Werke*, Bd. VII, Frankfurt/M. 1999, S. 211-223, hier: S. 219f.

6 Vgl. Max Horkheimer u. a., *Studien über Autorität und Familie* (1936), Neudruck: Lüneburg 1987; Theodor W. Adorno u. a., *Der autoritäre Charakter. Studien über Autorität und Vorurteil* (1950), 2 Bde., Amsterdam 1969; Max Horkheimer, »Dämmerung. Notizen aus Deutschland« (1934), in: ders., *Gesammelte Schriften*, Bd. 2, Frankfurt/M. 1987, S. 309-452, hier: S. 344f. (»Heroische Weltanschauung«).

7 Freud, *Neue Folge der Vorlesungen zur Einführung in die Psychoanalyse*, S. 86.

8 Erich Fromm, »Theoretische Entwürfe über Autorität und Familie. Sozialpsychologischer Teil«, in: Horkheimer u. a., *Studien über Autorität und Familie*, S. 124f.

9 David Riesman, Reuel Denny, Nathan Glazer, *Die einsame Masse. Eine Untersuchung der Wandlungen des amerikanischen Charakters*, Darmstadt u. a.1956, S. 55.

10 Ebd., S. 391f.

11 Ebd., S. 170.

12 William H. Whyte, *Herr und Opfer der Organisation (The Organization Man)*, Düsseldorf 1958, S. 255.

13 Ebd.

14 Herbert Marcuse, *Der eindimensionale Mensch. Studien zur Ideologie der fortgeschrittenen Industriegesellschaft*, Darmstadt, Neuwied 1967.

15 Frank Böckelmann, *Die schlechte Aufhebung der autoritären Persönlichkeit* (1971), Freiburg 1987, S. 70. 在 1960 年代，伯克尔曼是颠覆行动小组和慕尼黑 SDS 的成员，现在，作为一名记者，他转向了极右翼——除此之外，他还为比约恩·霍克（Björn Höcke）的自传式访谈录《从未在同一条河流中两次》（*Nie zweimal in denselben Fluss*, Lüdinghausen, Berlin 2018）撰写了前言——是反权威人格消失、倒行逆施的一个例子。译者注：颠覆行动小组（Gruppe Subversive Aktion），脱胎于慕尼黑的前卫视觉艺术家团体 SPUR，于 1963—1966 年在德国慕尼黑、埃

尔兰根、斯图加特和西柏林等地活动。小组成员接受了法兰克福学派的批判理论，并从中衍生出带有挑衅性的、不守规矩的行动纲领，小组成员期待革新德国当时的文化环境。该小组于1964年起在杂志上发表文章，其内容涵盖了广泛的左翼解放思想，理论贡献主要涉及新马克思主义、第三世界和解放运动。

1965年初，SDS，即1946年在德国汉堡成立，作为德国社会民主党（SPD）的大学分支的社会主义德国学生联合会（Sozialistische Deutsche Studentenbund）吸收了它的西柏林小组。1966年，随着与其骨干成员的渐行渐远，颠覆行动小组停止活动。尽管如此，小组的思想及行动方式影响了SDS和此后于1967年成立的第一公社（Kummune I），从而影响了整个1960年代的西德学生运动。

16 Marcuse, *Der eindimensionale Mensch*, S. 80, 93.

17 Ebd., S. 90。与其称南半球的革命英雄为应被效仿的榜样，不如说他们是一种解放思想的示范："Die gegebenen Verhältnisse mögen beträchtlich vom Ideal abweichen, die Tatsache bleibt, daß für eine ganze Generation ›Freiheit‹, ›Sozialismus‹ und ›Befreiung‹ nicht zu trennen sind von Fidel, Ché und den Guerillas – nicht weil ihr revolutionärer Kampf das Modell für den Kampf in den Metropolen liefern könnte, sondern weil sie die Wahrheit dieser Ideen im tagtäglichen Kampf von Männern und Frauen für ein Leben als Menschen zurückerobert haben: für ein neues Leben" (Herbert Marcuse, *Versuch über die Befreiung*, Frankfurt/M. 1969, S. 126)。

18 关于1967年在玻利维亚被谋杀的游击队领袖被英雄化的问题，从保守主义角度出发的批评，参见：Hans Egon Holthusen, »Ché Guevara. Leben, Tod, Verklärung«, in: *Merkur* 25:259 (1969), S. 1051-1067。

19 Marcuse, *Der eindimensionale Mensch*, S. 11.

20 Vgl. für die USA John W. Gardner, *Excellence. Can We be Equal and Excellent Too?*, New York 1962.

21 Vgl. Luc Boltanski, Ève Chiapello, *Der neue Geist des Kapitalismus*, Konstanz 2003.

22 Martin Dornes, *Die Modernisierung der Seele. Kind – Familie – Gesellschaft*, Frankfurt/M. 2012, S. 318f.

23 Martin Dornes, *Macht der Kapitalismus depressiv? Über seelische Gesundheit und Krankheit*

in modernen Gesellschaften, Frankfurt/M. 2016, S. 109.

24 Dornes, *Die Modernisierung der Seele*, S. 322f., Marcel Gauchet, »A New Age of Personality: An Essay on the Psychology of Our Times«, in: *Thesis Eleven* 60 (2000), S. 23-41.

25 Ebd., S. 350.

26 Dornes, *Macht Kapitalismus depressiv?*, S. 108.

27 Dornes, *Die Modernisierung der Seele*, S. 429.

28 Ebd., S. 325.

29 Dornes, »Überlegungen zum Strukturwandel der Psyche. Eine programmatische Skizze«, in: Rainer Forst u. a. (Hg.), *Sozialphilosophie und Kritik*, Berlin 2009, S. 611-633, hier: S. 631-633，以及相关评论，如：Richard Sennett, *Der flexible Mensch. Die Kultur des neuen Kapitalismus*, Berlin 1998；Alain Ehrenberg, *Das erschöpfte Selbst. Depression und Gesellschaft in der Gegenwart*, Frankfurt/M. 2004。

30 参见大量涌现的有关时代症候之文章，如 Byung-Chul Han, *Müdigkeitsgesellschaft*, Berlin 2010；Manfred Spitzer, *Digitale Demenz. Wie wir uns und unsere Kinder um den Verstand bringen*, München 2014；Hans-Joachim Maaz, *Die narzisstische Gesellschaft. Ein Psychogramm*, München 2014。

31 Dornes, *Macht Kapitalismus depressiv?*, S. 110.

32 Dornes, *Die Modernisierung der Seele*, S. 351.

33 Paul Rebillot, Melissa Kay, *Die Heldenreise. Das Abenteuer der kreativen Selbsterfahrung*, Wasserburg 2011, S. 30.

34 Joachim Hammann, *Die Heldenreise im Film*, Frankfurt/M. 2007; Christopher Vogler, *Die Odyssee des Drehbuchschreibers. Über die mythologischen Grundmuster des amerikanischen Erfolgskinos*, Frankfurt/M. [6]2010; Voytilla Stuart, *Myth and the Movies. Discovering the Mythic Structure of 50 Unforgettable Films*, Studio City 1999.

35 Rebillot/Kay, *Die Heldenreise*; Angelika Höcker, *Business Hero. Eine Heldenreise in 7 Etappen*, Offenbach 2010；Franz Mittermair, *Neue Helden braucht das Land. Persönliche Entwicklung und Heilung durch rituelle Gestalttherapie. Das Handbuch für die »große*

Heldenreise«, Wasserburg 2011；Stephen Gilligan, Robert B. Dilts, *Die Heldenreise. Auf dem Weg der Selbstentdeckung*, Paderborn 2013；Cristián Galvéz, *Logbuch für Helden. Wenn Männer neue Wege gehen*, München 2014.

36　<http://heldenprinzip.de/universitaere-weiterbildung.html>，letzter Zugriff am 09.10.2019.

37　Nina Trobisch u. a., *Das Heldenprinzip®: Kompass für Innovation und Wandel*, Wiesbaden 2017, S. 24, 10.

38　Höcker, *Business Hero*, S. 12f.

39　Ebd., S. 13f.

40　Ebd., S. 15.

41　Vgl. Werner Sombart, *Händler und Helden. Patriotische Besinnungen*, Berlin 1915.

42　Das habe ich ausführlich beschrieben in: *Das unternehmerische Selbst. Soziologie einer Subjektivierungsform*, Frankfurt/M.,S.62-73.

43　Höcker, *Business Hero*, S. 15.

44　Ebd., S. 22.

45　Dornes, *Macht der Kapitalismus depressiv?*, S. 112.

46　Ebd., S. 108.

　　Gálvez, *Logbuch für Helden*, München 2014, S. 33.

第四章　后英雄时代的轮廓 Ⅱ：管理

1　Georg Eckert,»Händler als Helden. Funktionen des Unternehmertums in der Neuzeit«, in: *Historische Zeitschrift* 305:1 (2017), S. 37-69, Sophie Boutillier, Dimitri Uzinidis, Art. »Heroic Entrepreneur, Theories«, in: Elias G. Carayannis (Hg.), *Encyclopedia of Creativity, Invention, Innovation, and Entrepreneurship*, New York u. a. 2013, S. 838-850.

2　Eckert,»Händler als Helden«, S. 41.

3　Vgl. exemplarisch David Hamilton,»The Entrepreneur as Cultural Hero«, in: *Southwestern Social Science Quarterly* 38:3 (1957), S. 248-256；Ayala Malach-Pines u. a.,»Entrepreneurs as Cultural Heroes. A Cross-Cultural, Interdisciplinary Perspective«, in: *Journal of*

Managerial Psychology 20:6 (2005), S. 541-555；Dirk Baecker, *Postheroisches Management. Ein Vademecum*, Berlin 1994；ders.,»Postheroische Führung«, in: ders., *Organisation und Störung. Aufsätze*, Berlin 2011, S. 269-288.

4 Joseph Schumpeter, *Theorie der wirtschaftlichen Entwicklung*, Leipzig 1912, S. 104. 针对这一理念发展的历史区分，参见：Hugo Reinert, Erik S. Reinert,»Creative Destruction in Economics: Nietzsche, Sombart, Schumpeter«, in: Jürgen G. Backhaus, Wolfgang Drechsler (Hg.), *Friedrich Nietzsche (1844-1900). Economy and Society*, Boston 2006, S. 55-85。

5 Schumpeter, *Theorie der wirtschaftlichen Entwicklung*, S. 133.

6 Joseph Schumpeter, *Theorie der wirtschaftlichen Entwicklung*, Berlin ⁷1987 (unveränderter Nachdruck der 4. Aufl., Berlin 1934), S. 137. 关于"别开生面"这一座右铭的历史，参见：Hartmut Böhme,»Das Schumpetersche Paradox und die späte Triebtheorie Freuds«, in: Wolfram Bergande (Hg.), *Kreative Zerstörung. Über Macht und Ohnmacht des Destruktiven in den Künsten*, Wien 2017, S. 19-57, hier: S. 28-35。

7 Schumpeter, *Theorie der wirtschaftlichen Entwicklung* (1. Aufl.), S. 137f.

8 Schumpeter, *Theorie der wirtschaftlichen Entwicklung* (7. Aufl.), S. 138.

9 Schumpeter, *Theorie der wirtschaftlichen Entwicklung* (1. Aufl.), S. 158.

10 Ebd., S. 162f.

11 Ebd., S. 164.

12 Ebd., S. 174.

13 Ebd., S. 162.

14 Vgl. Michael Gamper, *Der große Mann. Geschichte eines politischen Phantasmas*, Göttingen 2016.

15 Joseph Schumpeter, Art. »Unternehmer«, in: *Handwörterbuch der Staatswissenschaften*, Bd. 8, Jena ⁴1928, S. 476-487, hier: S. 486.

16 Schumpeter, *Kapitalismus, Sozialismus und Demokratie* (1942), Tübingen ⁶1987, S. 209.

17 Ebd., S. 223.

18 Ebd., S. 216.

19　Ebd., S. 485.

20　Ebd., S. 488.

21　Vgl. Dazu Ulrich Bröckling, *Das unternehmerische Selbst. Soziologie einer Subjektivierungsform*, Frankfurt/M. 2007.

22　Vgl. exemplarisch Garvan Whelan, Colm O'Gorman, »The Schumpeterian and Universal Hero Myth in Stories of Irish Entrepreneurs«, in: *Irish Journal of Management* 28:2 (2007), S. 79-107; Joseph J. Pilotta, »The Entrepreneur as Hero?«, in: Vicente Berdayes, John W. Murphy (Hg.), *Neoliberalism, Economic Radicalism, and the Normalization of Violence*, Cham u. a. 2015, S. 37-52.

23　Clayton M. Christensen, Kurt Matzler, Stephan Friedrich von den Eichen, *The Innovator's Dilemma. Warum etablierte Unternehmen den Wettbewerb um bahnbrechende Innovationen verlieren*, München 2011.

24　Vgl. Mathias Stuhr, *Mythos New Economy. Die Arbeit an der Geschichte der Informationsgesellschaft*, Bielefeld 2010.

25　Schon die Titel beschwören heroische Größe: Walter Isaacson, *Steve Jobs. Die autorisierte Biographie des Apple-Gründers*, München 2011; JR MacGregor, *Jeff Bezos. Die Macht hinter der Maske. Einblick und Analyse des Lebens und der Erfolge des reichsten Mannes dieses Planeten*, Sheridan 2018; Ashley Vance, *Elon Musk. Tesla, PayPal, SpaceX. Wie Elon Musk die Welt verändert*, München 2015.

26　Schumpeter, *Theorie der wirtschaftlichen Entwicklung*, 4. Aufl., S. 129.

27　David L. Bradford, Allan R. Cohen, *Managing for Excellence. The Guide to Developing High Performance in Contemporary Organizations*, New York u. a. 1984.

28　Ebd., S. 11.

29　Ebd., S. 13-17.

30　Ebd., S. 62f.

31　Vgl. G. Eric Allenbaugh, »Coaching··· A Management Tool for a More Effective Work Performance«, in: *Management Review* 72:5 (1983), S. 21-26.

32　Bradford/Cohen, *Managing for Excellence*, S. 62.

33 Ebd., S. 283-289.

34 Robert B. Reich, »Entrepreneurship Reconsidered: The Team as Hero«, in: *Harvard Business Review* 65:3 (1987). S. 77-83.

35 Joyce K. Fletcher, »The Paradox of Postheroic Leadership: An Essay on Gender, Power, and Transformational Change«, in: *The Leadership Quarterly* 15:5 (2004), S. 647-661; H. Peter Dachler, »From Individualism to Post-Heroic Practices in Organizational Research«, in: Chris Steyaert, Bart van Looy (Hg.), *Relational Practices, Participative Organizing*, Bingley 2010, S. 41-53.

36 Charles Handy, *The Age of Unreason*, London 1989, S. 132.

37 Baecker, *Postheroisches Management*; ders., »Müllers Vermutung. Episches Theater und postheroisches Management«, in: *Lettre International* 43: IV (1998), S. 68-70; ders., Alexander Kluge, *Vom Nutzen ungelöster Probleme*, Berlin 2003; »Postheroisches Management 2.0 «, in: *Revue für postheroisches Management 1/07*, S. 121-123; ders., *Die Sache mit der Führung*, Wien 2009; »Postheroische Führung«, in: Sven Grote (Hg.), *Die Zukunft der Führung*, Berlin, Heidelberg 2012, S. 475-491; ders., »Vom postheroischen Umgang mit Risiken in der Sozialen Arbeit«, in: Hanspeter Hongler, Simon Keller (Hg.), *Risiko und Soziale Arbeit*, Wiesbaden 2015, S. 47-62. 2007—2012 年，《后英雄管理评论》共计出版了 11 期。巴埃克借用了查尔斯·汉迪（Charles Handy）曾在《非理性时代》（*The Age of Unreason*）中提到过一次的后英雄管理一词；显然，巴埃克并不熟悉布拉德福德和科恩于早前几年出版的著作，这些著作描述——并系统性地发展了“后英雄管理”这一概念。一位符合汉迪定义的后英雄行事作风的管理者，在处理每件事之前总要问：“怎样才能以提升他人能力的方式来解决每个问题？”在未参考布拉德福德和科恩的著作的情况下，巴埃克几乎逐字逐句复现了二人的提问，他问道：“如何才能以提升下属的能力和发展前景的方式来解决每一个问题?”

38 Baecker, »Postheroische Führung«, S. 476.

39 Baecker, »Vom postheroischen Umgang mit Risiken«, S. 57.

40 Baecker, »Postheroische Führung«, S. 478.

41 Ebd.

42 Baecker/Kluge, *Vom Nutzen ungelöster Probleme*, S. 57.

43 Baecker, *Postheroisches Management*, S. 80.

44 Ebd., S. 81.

45 Baecker, *Die Sache mit der Führung*, S. 60.

46 Baecker,»Postheroisches Management 2.0«, S. 121.

47 Baecker,»Postheroische Führung«, S. 476f.

48 Ebd., S. 477.

49 Baecker,»Müllers Vermutung«, S. 70.

50 Michel Foucault, *Geschichte der Gouvernementalität II : Die Geburt der Biopolitik*, Frankfurt/M. 2004, S. 342.

51 Friedrich August von Hayek,»Grundsätze einer liberalen Wirtschaftsordnung«, in: ders., *Freiburger Studien*, Tübingen 1969, S. 108-125, hier: S. 120. Vgl. dazu auch Ulrich Bröckling,»Wettkampf und Wettbewerb. Konkurrenzordnungen zwischen Sport und Ökonomie«, in: ders., *Gute Hirten führen sanft. Über Menschenregierungskünste*, Berlin 2017, S. 243-259.

第五章　后英雄时代的轮廓 III：战争

1 Carl von Clausewitz, *Vom Kriege*, Bonn [16]1952, S. 161.

2 John Keegan, The Mask of Command, London 1987; dt.: *Die Maske des Feldherrn. Alexander der Große, Wellington, Grant, Hitler*, Berlin 2000.

3 Keegan, *Die Maske des Feldherrn*, S. 455.

4 Ebd., S. 475.

5 Keegan, *The Mask of Command*, S. 351. Das Zitat ist inderdeut-schen Ausgabe, deren Schlusskapitel von der englischen Origi-nalausgabe abweicht,nicht enthalten.

6 Keegan, *Die Maske des Feldherrn*, S. 501.

7 Vgl. Bernd Greiner, *Die Kuba-Krise. Die Welt an der Schwelle zum Atomkrieg*, München 2010.

8   Keegan, *Die Maske des Feldherrn*, S. 509.

9   Edward N. Luttwak, »Toward Post-Heroic Warfare«, in: *Foreign Affairs* 74:3 (1995), S. 109-122. Vgl. dazu vom selben Autor ferner »Where are the Great Powers?«, in: *Foreign Affairs* 74:3 (1995), S. 109-122; »Post-Heroic Military Policy«, in: *Foreign Affairs* 73:4 (1994), S. 23-28; 以及 *Strategy. The Logic of War and Peace*, Cambridge, Ms. 2001, dt.: *Strategie. Die Logik von Krieg und Frieden*, Lüneburg 2003, insbesondere S. 101-116.

10   Luttwak, *Strategie*, S. 101.

11   Ebd., S. 102.

12   Ebd., S. 104.

13   Ebd.

14   Ebd.

15   Die *Youth-bulge*-These, die einen Zusammenhang zwischen dem demografischen Überschuss an jungen Männern und der Wahrscheinlichkeit bewaffneter Konflikte unterstellt, verhält sich komplementär zu Luttwaks Postheroismus-Diagnose. Vgl. Gunnar Heinsohn, *Söhne und Weltmacht.Terror im Aufstieg und Fall der Nationen*, Zürich 2003.

16   Luttwak, »Toward Post-Heroic Warfare«, S. 115f.

17   Luttwak, »A Post-Heroic Military Policy«, S. 41f.

18   Luttwak, »Toward Post-Heroic Warfare«, S. 116f.

19   Vgl. Martin van Crefeld, *Die Zukunft des Krieges*, München 1998; Mary Kaldor, *Neue und alte Kriege*, Frankfurt/M. 2000; Herfried Münkler, *Die neuen Kriege*, Berlin 2002; kritisch dazu Sven Chojnacki, »Wandel der Kriegsformen?–Ein kritischer Literaturbericht«, in: *Leviathan* 32:3 (2004), S. 402-424.

20   Von »postheroischen Gesellschaften« spricht Münkler erstmals in seinen Büchern *Die neuen Kriege*, S. 238, und Der neue Golf- krieg, Reinbek2003, S. 140; systematisch entwickelt er die Zeit- diagnose in: *Der Wandel des Krieges*, Weilerswist 2006, S. 310-354; »Heroische und postheroische Gesellschaften«, in: *Mer- kur 61*:8/9 (2007), S. 742-752; sowie in *Kriegssplitter. Die Evolu- tion der Gewalt im 20. und 21. Jahrhundert*, Berlin

2015, S. 143- 253.

21 Herfried Münkler (Hg.), *Der Partisan. Theorie, Strategie, Gestalt*, Opladen 1990; ders., Gewalt und Ordnung. *Das Bild des Krieges im politischen Denken*, Frankfurt/M. 1992; ders., Johannes Kunisch (Hg.), *Die Wiedergeburt des Krieges aus dem Geist der Revolution. Studien zum bellizistischen Diskurs des ausgehenden 18. Und beginnenden 19. Jahrhunderts*, Berlin 1999; ders., Clausewitz' *Theorie des Krieges*, Baden-Baden 2003; ders., *Über den Krieg. Stationen der Kriegsgeschichte im Spiegel ihrer theoretischen Reflexion*, Weilerswist 2003.

22 Vgl. Herfried Münkler, *Mitte und Maß. Der Kampf um die richtige Ordnung*, Berlin 2010; ders., *Macht in der Mitte. Die neuen Aufgaben Deutschlands in Europa*, Hamburg 2015.

23 Herfried Münkler, »Wir sind der Hegemon«, in: *Frankfurter Allgemeine Zeitung* v. 20. 08. 2015.

24 Münkler, *Kriegssplitter*, S. 179.

25 Münkler, *Der Wandel des Krieges*, S. 323.

26 Ebd., S. 329.

27 Ebd. Vgl. dazu auch Nina Leonhard, »Militär und Krieg in der postheroischen Gesellschaft: Implikationen einer Krisendiagnose zivilmilitärischer Beziehungen«, in: dies., Jürgen Franke (Hg.), *Militär und Gewalt: sozialwissenschaftliche und ethische Perspektiven*, Berlin 2015, S. 137-161, hier: S. 144.

28 Münkler, *Kriegssplitter*, S. 182f.

29 Ebd., S. 183.

30 Herfried Münkler, »Die Kriege der Zukunft«, in: Wolfgang Knöbl, Gunnar Schmidt (Hg.), *Die Gegenwart des Krieges. Staatliche Gewalt in der Moderne*, Frankfurt/M. 2000, S. 52-71, hier: S. 65.

31 Münkler, *Der Wandel des Krieges*, S. 316, 313.

32 Ebd., S. 312f. Vgl. Michael Howard, *Die Erfindung des Friedens. Über den Krieg und die Ordnung der Welt*, Lüneburg 2001, S. 99.

33 Münkler, »Die Kriege der Zukunft«, S. 65.

34 Münkler, *Die neuen Kriege*, Reinbek 2002, S. 239.

35 Münkler, *Kriegssplitter*, S. 185; Münkler zitiert hier Heinsohn, *Söhne und Weltmacht*, S. 16.

36 Münkler, »Schmerzlicher, blutiger und grausamer« [Gespräch mit Adam Soboczynski und Katja Nicodemus], in: *Die Zeit* v. 14. 08. 2014.

37 Vgl. dazu Ulrich Bröckling, »Heldendämmerung? Der Drohnenkrieg und die Zukunft des militärischen Heroismus«, in: *Behemoth* 8:2 (2015), S. 97-107. DOI: 10.6094/ behemoth. 2015. 8. 2. 871.

38 Herfried Münkler, »Wir brauchen heroische Gelassenheit« [In- terview mit Kai Lange], in: *Manager Magazin* v. 08. 09. 2006.

39 Münkler, »Unser Recht auf Feigheit«, in: *Süddeutsche Zeitung* v. 20. 01. 2015.

40 Herfried Münkler, »Militärisches Totengedenken in der postheroischen Gesellschaft«, in: Manfred Hettling, Jörg Echternkamp (Hg.), *Bedingt erinnerungsbereit. Soldatengedenken in der Bundesrepublik*, Göttingen 2008, S. 22-30, hier: S. 25.

41 Münkler, *Macht in der Mitte*, S. 191, 186.

42 Christopher Gelpi, Peter D. Feaver, Jason Reifler, *Paying the Human Costs of War: American Public Opinion and Casualties in Military Conflicts*, Princeton 2009; Peter D. Feaver, Charles Miller, »Provocations on Policymakers, Casualty Aversion and Post-Heroic Warfare«, in: Sibylle Scheipers (Hg.), *Heroism and the Changing Character of War. Toward Post-Heroic Warfare?*, Basingstoke 2014, S. 145-161. Ähnlich auch Christoph Schwarz, »Krieg trotz Risikoaversion – Die fragwürdige These von der postheroischen Verfasstheit entwickelter Gesellschaften und die soziale Dimension strategischen Handelns«, in: Mandana Biegi u. a. (Hg.), *Demokratie, Recht und Legitimität im 21. Jahrhundert*, Wiesbaden 2008, S. 269-288.

43 Susan L. Carruthers, »›Casualty Aversion‹: Media, Society and Public Opinion«, in: Scheipers (Hg.), *Heroism and the Changing Character of War*, S. 162-187, hier: S. 183.

44 Nina Leonhard, »Die postheroische Gesellschaft und ihr Militär«, in: Matthias Junge

(Hg.), *Metaphern soziologischer Zeitdiagnosen*, Wiesbaden 2016, S. 101-121, hier: S. 112.

45　Leonhard, »Militär und Krieg in der postheroischen Gesellschaft«, S. 151. Vgl. dazu zuch Karl W. Haltiner, »Die Demilitarisierung der europäischen Gesellschaften und die Remilitarisierung ihrer Streitkräfte«, in: Thomas Jäger u. a. (Hg.), *Sicherheit und Freiheit. Außenpolitische, innenpolitische und ideengeschichtliche Perspektiven. Festschrift für Wilfried von Bredow*, Baden- Baden 2004, S. 226-241。

46　Vgl. Volker Heins, Jens Warburg, *Der Kampf der Zivilisten. Militär und Gesellschaft im Wandel*, Bielefeld 2004, S. 125f.

47　<https://www.bundeswehrkarriere.de/einzelkaempferlehr gang-ekl/153544>, letzter Zugriff am 02.04.2019.

48　Vgl. <http://www.maz-online.de/Nachrichten/Kultur/kaemp fen-und-fuehren-neue-Plakat-Kampagne-der-Bundeswehr>；<http://www.spiegel.de/karriere/bundeswehr-als-arbeitgeber-die-werbemaschine-a-1194461.html>, 2019.4.2.

49　Vgl. Judith Butler, »Gewalt, Trauer, Politik«, in: dies., *Gefährdetes Leben. Politische Essays*, Frankfurt/M. 2005, S. 36-68；dies., *Raster des Krieges. Warum wir nicht jedes Leid beklagen*, Frankfurt/M. 2010.

50　Vgl. Stephan Lessenich, *Neben uns die Sintflut. Die Externalisierungsgesellschaft und ihr Preis*, Berlin 2016.

51　Martin Shaw, *The New Western Way of War. Risk-Transfer War and its Crisis in Iraq*, Cambridge 2005; ders., »Risk-Transfer Militarism, Small Massacres, and the Historical Legitimacy of War«, in: *International Relations* 16:3 (2002), S. 343-359.Vgl. dazu auch Wolfgang Knöbl, »Das Militär in der ›postheroischen Gesellschaft‹: Reflexionen zu den Auswirkungen kulturellen und sozialstrukturellen Wandels auf die Institutionen des staatlichen Gewaltmonopols«, in: Dieter Ose (Hg.), *Sicherheitspolitische Kommunikation im Wandel, Baden-Baden* 2008, S. 65-82.

52　Shaw, *The New Western Way of War*, S. 84-95.

53　Jo Becker, Scott Shane, »Secret ›Kill List‹ Proves a Test of Obama's Principles and Will«, in: *New York Times* v. 29. 05. 2012.

第六章　后英雄时代的英雄

1　Vgl. zur Theoriegeschichte der Gegenüberstellung von heroi- schem und alltäglichem Leben Mike Featherstone,»The Heroic Life and Everyday Life«, in: *Theory, Culture & Society* 9:1 (1992), S. 159-182；zur Unterscheidung von exklusiven und inklusiven Heroismen Kristian Frisk,»What Makes a Hero? Theorising the Social Structuring of Heroism«, in: *Sociology* 53:1 (2019), S.87-103.

2　Diakonisches Werk der Evangelischen Landeskirche in Baden e.V., *Unerhört! Diese Alltagshelden. Arbeitshilfe zur Woche der Diakonie 2019*, Karlsruhe o. J., S. 3.

3　<https://www.heroicimagination.org>，letzter Zugriff am 04. 06. 2019.

4　Vgl. Craig Haney, Curtis Banks, Philip G. Zimbardo,»Interpersonal Dynamics in a Simulated Prison«, in: *International Journal of Criminology and Penology* 1 (1973), S. 69-97；Philip Zimbardo, Craig Haney, W. Curtis Banks, *Das Stanford-Gefängnis-Experiment. Eine Simulationsstudie über die Sozialpsychologie der Haft*, Duderstadt 2005；Philip Zimbardo, *Der Luzifer-Effekt. Die Macht der Umstände und die Psychologie des Bösen*, Heidelberg 2008.

5　Ali Banuazizi, Siamak Movahedi,»Interpersonal Dynamics in a Simulated Prison: A Methodological Analysis«, in: *American Psychologist* 30 (1975), S. 152-160; Thibaud Le Texier, *Histoire d'un mensonge. Enquête sur l'expérience de Stanford*, Paris 2018; S. Alexander Haslam, Stephen D. Reicher, Jay J.Van Bavel,»Rethinking the Nature of Cruelty: The Role of Identity Leadership in the Stanford Prison Experiment«, in: *PsyArXiv Preprints*, 2018, DOI: 10. 31234/osf.io/b7crx.

6　Zimbardo, *Der Luzifer-Effekt*, S. 413.

7　Ebd., S.449.

8　Philip Zimbardo,»The Banality of Evil, the Banality of Heroism«, in: John Brockman (Hg.), *What is Your Dangerous Idea? Today's Leading Thinkers on the Unthinkable*, New York 2009, S. 275f.; Vgl. auch Zeno Franco, Philip Zimbardo,»The Banality of Heroism«, in: *Greater Good* 3:2 (2006), S. 30-35.

9　Zimbardo, *Der Luzifer-Effekt*, S. 415.

10 Ebd., S. 415-420.

11 Vgl. <https://www.heroicimaginationproject.squarespace. com>, 2019.11.26. ber einen
    von Zimbardo geleiteten Workshop in Ungarn berichtet Max Rauner,»Du Held«, in:
    ZEIT Wissen 3 (2019), S. 60-64.

12 Vgl. John M. Darley, Bibb Latané,»Bystander Intervention in Emergencies: Diffusion of
    Responsibility«, in: *Journal of Personality and Social Psychology* 8:4 (1968), S. 377-383；
    Bibb Latané, John M. Darley,»Bystander ›Apathy‹«, in: *American Scientist* 57:2 (1969),
    S. 244-268；最近的一次研究得出了不同的结论：Richard Philpot u. a.,»Would
    I be Helped? Cross-National CCTV Footage Shows that Intervention is the Norm in
    Public Conflicts«, in: *American Psychologist*, advance online publication, <http://dx.doi.
    org/10.1037/ amp0000469>，最近一次访问于 2019 年 6 月 27 日。

13 Vgl. John Platt,»Social Traps«, in: *American Psychologist* 28:8 (1973), S. 641-651.

14 Carol Dweck, *Selbstbild. Wie unser Denken Erfolge oder Niederlagen bewirkt*, München
    2017.

15 Zimbardo, *Der Luzifer-Effekt*, S. 424.

16 Ebd., S. 427, 429.

17 Ebd., S. 428.

18 Peter Sloterdijk, *Du mußt dein Leben ändern. Über Anthropotechnik*, Frankfurt/M. 2009,
    S.28.

19 Karl-Heinrich Bette, *Sporthelden. Spitzensport in postheroischen Zeiten*, Bielefeld 2019, S.
    22, 8, 37.

20 Ebd., S. 37.

21 Ebd., S. 40f.

22 Ebd., S. 47.

23 Ebd., S. 52f.

24 Ebd., S. 181.

25 Vgl. exemplarisch John Fiske, *Understanding Popular Culture,* London, New York 1989.

26 Teju Cole,»The Superhero Photographs of the Black Lives Matter Movement«, in: *New*

York Times Magazine v. 26. 07. 2016, S. 16, <https://www.nytimes.com/2016/07/31/magazine/the- superhero-photographs-of-the-black-lives-matter-movement. html>, 2019.6.25.

27 Vgl. Peter Coogan, »Die Definition des Superhelden«, in: Lukas Etter, Thomas Nehrlich, Joanna Nowotny (Hg.), *Reader Superhelden*, Bielefeld 2018, S. 85-108, hier: S. 86-92.

28 Dietmar Dath, *Superhelden. 100 Seiten*, Stuttgart 2016, S. 38f.

29 Umberto Eco, »Der Mythos von Superman« (1964), in: Etter/ Nehrlich/ Nowotny (Hg.), *Reader Superhelden*, S. 275-300, hier: S. 292.

30 Jeff McLaughlin, *Comics as Philosophy*, Jackson 2005; Ben Saunders, *Do the Gods Wear Capes? Spirituality, Fantasy, and Superheroes*, New York 2011; Anthony Mills, *American Theology, Superhero Comics, and Cinema. The Marvel of Stan Lee and the Revolution of a Genre*, London 2013; James Kakalios, *Physik der Superhelden*, Berlin 2006.

31 Eco, »Der Mythos von Superman«, S. 279.

32 Dath, *Superhelden*, S. 84, 3, 69.

33 Georg Seeßlen, »Die Verachtung der Massen«, in: *Tages-Anzeiger* v. 24. 06. 2013.

34 David Graeber, »Über Batman und die Problematik der rechtsetzenden Gewalt«, in: ders., *Bürokratie. Die Utopie der Regeln,* Stuttgart 2016, S. 247-271, hier: S. 259.

35 Seeßlen, »Die Verachtung der Massen«.

36 Dath, *Superhelden*, S. 95.

37 Ebd., S. 99.

38 Max Horkheimer, Theodor W. Adorno, *Dialektik der Aufklärung. Philosophische Fragmente*, Amsterdam 1947, S. 167.

39 Vgl. Dani Rodrik, »Populism and the Political Economy of Globalization«, in: *Journal of International Business Policy* 1:1 (2018), S. 12-33; Philip Manow, *Die politische Ökonomie des Populismus*, Berlin 2018, Kap. 3.

40 Max Weber, »Politik als Beruf«, in: ders., *Gesammelte Politische Schriften*, Tübingen ³1958, S. 505-560, hier: S. 560.

41 Uwe Schimank, »Nur noch Coping: Eine Skizze postheroischer Politik«, in: *Zeitschrift für*

Politikwissenschaft 21:3 (2011), S. 455-463, hier: S. 456f.

42 Jochen Hoffmann, Juliana Raupp, »Politische Personalisierung. Disziplinäre Zugänge und theoretische Folgerungen«, in: *Publizistik* 51:4 (2006), S. 456-478, hier: S. 463.

43 Vgl. Ernesto Laclau, *On Populist Reason*, London, New York 2005, S. 99f.

44 Jan-Werner Müller, »Was ist Populismus?«, in: *Zeitschrift für politische Theorie* 7:2 (2016), S. 187-201, hier: S. 190.

45 Eine Figur, die Leo Löwenthal und Norbert Guterman bereits am Beispiel faschistischer Agitatoren der 1940er-Jahre beschrie-ben haben:»Falsche Propheten. Studien zur faschistischen Agi-tation« (1949), in: Leo Löwenthal, *Zur politischen Psychologie des Autoritarismus* (= *Schriften*, Bd. 3), Frankfurt/M. 1982, S. 9-159, hier: S. 128-132. Vgl. dazu auch Benjamin Moffitt, *The Global Rise of Populism. Performance, Political Style, and Representation*, Stanford 2016, S. 55-68.

46 »Der Mann, der Salvini ins Gespräch bringt«, in: *Süddeutsche Zeitung Online* v. 27. 06. 2019, <https://www.sueddeutsche. de/politik/salvini-lega-nord-social-media-1.4498407>, 2019.7.12.

47 Vgl. dazu Ulrich Bröckling, »Gewaltdrohung und Schutzversprechen. Zur Theorie des Rackets«, in: *West End. Neue Zeitschrift für Sozialforschung* 15:2 (2018), S. 139-152.

48 Georg Seeßlen, »Die junge Frau als Heldin. Oh Captain, mein Captain«, in: *Jungle World* v. 26. 07. 2019.

49 Ebd.

结语 英雄主义之 "否思"？

1 Immanuel Wallerstein, *Die Sozialwissenschaft »kaputtdenken«.Die Grenzen der Paradigmen des 19. Jahrhunderts*, Weinheim 1995, S. 5.

2 Christian Schneider, »Heldenland ist abgebrannt«[Interview mit Oliver Link] , in: *Brand Eins* 13:8 (2011), S. 36-42, hier: S. 42.

3 Ebd., S. 38.

4 Hans-Magnus Enzensberger, »Die Helden des Rückzugs. Brouillon zu einer politischen

Moral der Entmachtung« (1989), in: ders., *Zickzack. Aufsätze*, Frankfurt/M. 1999, S. 55-63, hier: S. 61f.

5   René Descartes, *Von der Methode des richtigen Vernunftgebrauchs und der wissenschaftlichen Forschung* (1637), Hamburg 1978, S. 20.

6   Vgl. Michel Serres, »Ich denke mit den Füßen« [Gespräch mit Martin Legros], in: *Philosophie Magazin* 5 (2016), S. 68-73, hier: S. 68f.

7   Odo Marquard, »Schwierigkeiten mit der Geschichtsphilosophie«, in: ders., *Schwierigkeiten mit der Geschichtsphilosophie. Aufsätze*, Frankfurt/M. 1982, S. 13-33, hier: S. 13.

8   Vgl. Tobias Schlechtriemen, »The Hero and a Thousand Actors. On the Constitution of Heroic Agency«, in: *helden. heroes. héros. E-Journal zu Kulturen des Heroischen* 4:1 (2016), DOI 10.6094/ helden. heroes. heros. 2016, S. 17-32.

9   Rebecca Solnit, »When the Hero is the Problem. On Robert Mueller, Greta Thunberg, and Finding Strength in Numbers«, in: *Literary Hub* v. 02. 04. 2019, <https://lithub.com/ rebecca-solnit-when-the-hero-is-the-problem/>,letzter Zugriff am 25.07.2019.

10   Ebd.

11   Hannah Arendt, *Was ist Politik? Fragmente aus dem Nachlass*, München 2003, S. 9.

12   Vgl. Judith Butler, »Gewalt, Trauer, Politik«, in: dies., *Gefährdetes Leben. Politische Essays,* *Frankfurt*/M. 2005, S.36-68, dies., *Raster des Krieges. Warum wir nicht jedes Leid beklagen*, Frankfurt/M. 2010.

13   Claude Lefort, »Die Frage der Demokratie«, in: Ulrich Rödel (Hg.), *Autonome Gesellschaft und libertäre Demokratie*, Frankfurt/M. 1990, S. 281-297, hier: S. 293.

14   Ursula K. Le Guin, »The Carrier Bag Theory of Fiction«, in: Cheryll Glotfelty, Harold Fromm (Hg.), *The Ecocriticism Reader. Landmarks in Literary Ecology*, Athens, London 1996, S. 149-154. Den Hinweis auf diese Geschichte verdanke ich Jonas Metzger, »Wir brauchen neue Narrative. Vom Ende der Heldengeschichte«, in: Michaela Fink, Jonas Metzger, Anne Zulauf (Hg.): *Was wird aus der Hoffnung? Interdisziplinäre Denkanstöße für neue Formen des Miteinanders. Für Reimer Gronemeyer zum 80. Geburtstag*, Gießen 2019, S. 273-281.

15 Le Guin, »The Carrier Bag Theory of Fiction«, S. 150, 152.

16 Ebd., S. 153.

17 Donna J. Haraway, *Unruhig bleiben. Die Verwandtschaft der Arten im Chthuluz*än, Frankfurt/M., New York 2018, S. 60.

18 Le Guin beruft sich auf Elizabeth Fisher, *Women's Creation. Sexual Evolution and the Shaping of Society*, New York 1979.

著作权合同登记号 图字：01-2022-0279

图书在版编目（CIP）数据

后英雄时代：一幅时代画卷 /（德）乌尔里希·布吕克林著；张文奕译. —北京：北京大学出版社，2024.1

ISBN 978-7-301-34586-3

Ⅰ.①后… Ⅱ.①乌… ②张… Ⅲ.①英雄－文化社会学 Ⅳ.①G05

中国国家版本馆 CIP 数据核字（2023）第 203408 号

Postheroische Helden Ein Zeitbild by Ulrich Bröckling

© Suhrkamp Verlag Berlin 2020

All rights reserved by and controlled through Suhrkamp Verlag Berlin.

The translation of this work was financed by the Goethe-Institut China.

本书获得歌德学院（中国）全额翻译资助

书　　　名	后英雄时代：一幅时代画卷
	HOU YINGXIONG SHIDAI: YIFU SHIDAI HUAJUAN
著作责任者	[德] 乌尔里希·布吕克林（Ulrich Bröckling ） 著　张文奕 译
责 任 编 辑	赵　聪　闵艳芸
标 准 书 号	ISBN 978-7-301-34586-3
出 版 发 行	北京大学出版社
地　　　址	北京市海淀区成府路 205 号　 100871
网　　　址	http://www.pup.cn　新浪微博：@ 北京大学出版社
电 子 邮 箱	zpup@pup.cn
电　　　话	邮购部 010-62752015　发行部 010-62750672
	编辑部 010-62753154
印 刷 者	北京九天鸿程印刷有限责任公司
经 销 者	新华书店
	880 毫米×1230 毫米　32 开本　9.25 印张　210 千字
	2024 年 1 月第 1 版　2024 年 1 月第 1 次印刷
定　　　价	58.00 元